用党史讲党课

YONG DANGSHI JIANG DANGKE

孟源北 主编

广东人民出版社
·广州·

图书在版编目（CIP）数据

用党史讲党课 / 孟源北主编. —广州：广东人民出版社，2021.6
（2024.11重印）
ISBN 978-7-218-15095-6

Ⅰ.①用… Ⅱ.①孟… Ⅲ.①中国共产党—党课—学习参考资料 Ⅳ.①D261.42

中国版本图书馆CIP数据核字（2021）第107219号

YONG DANGSHI JIANG DANGKE
用党史讲党课
孟源北　主编

版权所有　翻印必究

出 版 人：肖风华

责任编辑：梁　茵　廖志芬　陈泽航　胡　萍
装帧设计：奔流文化
责任技编：吴彦斌

出版发行：广东人民出版社
地　　址：广州市大沙头四马路10号（邮政编码：510199）
电　　话：（020）85716809（总编室）
传　　真：（020）83289585
网　　址：http://www.gdpph.com
印　　刷：广州小明数码印刷有限公司
开　　本：787mm×1092mm　1/16
印　　张：15.5　　　字　　数：240千
版　　次：2021年6月第1版
印　　次：2024年11月第5次印刷
定　　价：45.00元

如发现印装质量问题，影响阅读，请与出版社（020-85716849）联系调换。
售书热线：（020）87716172

序 言

讲党课，一直是我们党的一项光荣传统和政治优势。毛泽东等老一辈无产阶级革命家讲党课的许多故事至今仍然被传为佳话，让听课的同志大受其益，乃至受用终身。新时代，我们党正带领全党全国满怀信心投身全面建设社会主义现代化国家的伟大征程，面临着难得机遇，也面临着严峻挑战。在这个关键当口，容不得任何停留、迟疑、观望，越是任务艰巨，越需要凝聚全党力量，越需要用好讲党课这个"法宝"。

2021年，是中国共产党成立一百周年。在全党开展党史学习教育之际，应广大读者、特别是许多党员领导干部和基层党支部书记所需，中共广州市委党校常务副校长孟源北研究员主编出版《用党史讲党课》一书，旨在帮助基层党组织书记进一步增加知识积累、丰富理论储备、增强党课"党味"、提升讲课水平，为党组织书记讲党课提供及时、有效的参考，是应时之作、应势之作、应用之作。

历史是过去的现实，现实是未来的历史。"用党史讲党课"，就是要真正讲出中国共产党"为什么能"的历史逻辑和理论逻辑，讲出马克思主义的真理力量、思想力量和实践力量，教育引导广大党员群众深刻学习领会新时代党的创新理论，坚持不懈用党的创新理论最新成果武装头脑、指导实践、推动工作。2021年2月，习近平总书记在党史学习教育动员大会上指出："回望过往的奋斗路，眺望前方的奋进路，必须把党的历史学习好、总结好，把党的成功经验传承好、发扬好。"正确看待历史，真正了解党和国家事业的来龙去脉，准确把握历史的主题和主线、主流和本质，才能深知中国特色社会主义道路来之不易，才会进一步打牢政治定力，确保党始终成为中国特色社会主义事业的坚强领导核心，坚定不移走中国道路、弘扬中国精神、凝聚中国力量，实现中华民族伟大复兴的中国梦。要认真学习党史、国史，知史爱党，知史爱国，用党的伟大成就激励人，用党的优良传统教育人，用党的成功经验启迪人。党史国史这门功课不仅必修，而且必须修好。

党史学习教育的一个重要任务是引导全体党员坚定理想信念、筑牢初心使命，从党的百年奋斗历史中汲取智慧和力量。讲党课是开展党史学习的重要途径，是强化党员日常教育管理的重要方式，同时也是基层党组织的一项经常性工作。党员领导干部讲党课的质量和效果，不仅影响党课的生命力和影响力，还会直接影响党组织的凝聚力和感召力。新时代，党课教育应主动适应教育对象、社会环境、形势任务等诸多新变化，与时俱进、注重创新，不断增强党课吸引力与感染力，提高党课教育实效。

《用党史讲党课》面向基层、贴近党员，图文并茂，打破了传统类似书籍的刻板印象，不但让读者"可以照着讲"，而且还能让读者"懂得如何讲"，既享"理论大餐"又品"百姓快餐"，同时也为实操实务提供了参考借鉴和示范样本，是一本有故事、有温度的读物。总体来讲，有以下亮点和特点：一是坚持正确的历史观，体现历史与现实相贯通。通过"伟大历程""辉煌成就""光荣使命""基本经验""精神谱系"五个方面梳理了党史，充分展示了党在革命、建设、改革各个历史时期领导人民所取得伟大成绩、积累的宝贵经验，深入论述了历史和人民选择中国共产党、选择马克思主义、选择社会主义道路、选择改革开放的历史必然性。二是把基本道理讲透彻，体现理论与实践相结合。通过"党的领导""以人民中心""国家治理""不忘初心""制度优势"，对中国共产党的理想信念、执政基础、执政方法等作了深入探讨，加强思想引导和理论辨析，还用丰富的案例进行阐述，生动形象。三是突出为党组织建设服务，体现规范和实用相统一。以党的政治建设为统领，着眼于发挥基层党组织战斗堡垒作用，全面梳理推进"五大建设"的工作要求，进一步增强规范化标准化，提升党组织的政治领导力、思想引领力、群众组织力、统筹协调力和强大执行力。四是注重通俗易懂形象生动，体现学史与实功相促进。讲清楚发展党员、主题党日、组织生活、党费收缴、民主评议的历史源流和必要步骤，讲清楚党员的权利与义务，为党员做合格党员、参加组织生活提供可操作性的意见，可作为党务工作者的常备参考。

党课要达到入脑入心的效果，决不能抽象地讲理论、空洞地喊口号，要有丰富的事实基础和坚实的理论支撑，不仅使受众达到"知其然"，更要让他们清楚"政治"背后的背景、逻辑或规律，达到"知其所以然"。同时还要带着感情讲党课，真心投入，善于借用身边和当下发生的典型事例，以小见大，以事寓理。这本著作选取了丰富的"金句"、故事，力求使抽象的理论具体化、形象化，让党课讲起来生动、有趣，听起来亲切、鲜活。

希望这本著作能够发挥应有的作用，受到广大读者欢迎。

广东省委党史研究室主任、教授：杨建伟
2021年4月

目录

第一讲　伟大历程 / 001
　　引言："开天辟地的大事变"：中国共产党成立 / 001
　　一、夺取新民主主义的胜利 / 004
　　二、在探索中建设社会主义 / 010
　　三、开创中国特色社会主义 / 014

第二讲　辉煌成就 / 018
　　一、带领中国人民走出中国特色社会主义道路 / 018
　　二、带领中国人民探索出一套中国特色社会主义理论 / 022
　　三、完善中国特色社会主义制度 / 024
　　四、弘扬中国特色社会主义文化 / 027

第三讲　光荣使命 / 031
　　一、实现伟大复兴中国梦是中国共产党与生俱来的光荣使命 / 031
　　二、中国共产党是光荣使命的最好担当者 / 035
　　三、只有中国共产党才能承担光荣使命 / 039
　　四、在新的历史时期勇担光荣使命 / 042

第四讲　基本经验 / 046
　　导言：靠总结经验吃饭 / 046

一、善于总结经验是中国共产党人的特质 / 046

二、中国共产党人在总结历史经验中不断前进 / 049

三、在不断总结经验中持续前进 / 054

第五讲　精神谱系 / 057

一、"精神"之光群星闪耀 / 057

二、共产党人精神谱系的特点 / 068

第六讲　党的领导 / 071

一、如何理解"党是领导一切的" / 071

二、深刻认识坚持和加强党的领导的重大意义 / 076

三、怎样更好地坚持党的领导 / 078

第七讲　以人民为中心 / 082

一、如何理解以人民为中心 / 082

二、为什么要坚持以人民为中心 / 086

三、如何落实以人民为中心 / 090

第八讲　国家治理 / 094

一、如何理解国家治理现代化这一时代命题 / 094

二、推进实现国家治理现代化有何现实意义 / 097

三、把我国制度优势更好转化为国家治理效能 / 100

第九讲　不忘初心 / 103

一、因初心而生 / 103

二、为使命而行 / 108

三、不忘初心，牢记使命 / 112

第十讲　制度优势 / 116

一、中国特色社会主义制度优势是什么 / 116

二、中国制度为何具有优势 / 120

三、如何更好发挥我国的制度优势 / 124

第十一讲　政治建设 / 128

一、什么是党的政治建设 / 128

二、为什么要把政治建设摆在首位 / 130

　　　　三、新时代党支部将政治建设摆在首位的重点工作是
　　　　　　什么 / 132

第十二讲　思想建设 / 134
　　　　一、坚持思想建党、理论强党是我们党的优良传统和政
　　　　　　治优势 / 134
　　　　二、新形势下加强支部的思想建设重要而紧迫 / 136
　　　　三、把握新时代支部思想建设的着力点 / 138

第十三讲　组织建设 / 143
　　　　一、新时代加强党支部组织建设的意义 / 143
　　　　二、党的组织路线和支部组织建设的内容 / 146
　　　　三、以提升组织力为重点，提高党支部的组织建设质
　　　　　　量 / 150

第十四讲　作风建设 / 157
　　　　一、什么是党的作风 / 157
　　　　二、为什么要高度重视作风建设 / 162
　　　　三、如何加强新时代党支部的作风建设 / 166

第十五讲　纪律建设 / 169
　　　　一、什么是党的纪律建设 / 169
　　　　二、为什么必须加强党的纪律建设 / 174
　　　　三、新时代如何加强党支部的纪律建设 / 177

第十六讲　发展党员 / 182
　　　　一、新时代发展党员的根本遵循 / 182
　　　　二、新时代发展党员的工作流程 / 189

第十七讲　主题党日 / 198
　　　　一、主题党日的基本知识 / 198
　　　　二、主题党日的实践路径 / 201

第十八讲　组织生活 / 207
　　　　一、"党的组织生活"的由来与演变 / 207
　　　　二、党的组织生活的主要内容和形式 / 210

第十九讲　党费收缴 / 220
　　一、党费制度的历史沿革 / 220
　　二、交纳党费的标准要求 / 224
　　三、交纳党费的其他事项 / 226

第二十讲　民主评议 / 229
　　一、民主评议制度的由来 / 229
　　二、民主评议的内容 / 230
　　三、民主评议的步骤 / 231

后　记 / 235

第一讲
伟大历程

引言:"开天辟地的大事变":中国共产党成立

为什么说中国共产党成立是"近代中国社会发展和革命发展的客观要求"?

(一)几个关键历史节点

1587年:黄仁宇先生在《万历十五年》中有这样的感叹,1587年,在我们生活的这片土地上,曾经的大明朝表面上似乎是四海升平,平淡无奇,但实际上,明帝国已走到发展的尽头。也正是这个时候,西班牙正在和英格兰海战,第二年后英格兰决定性击败西班牙,从而成为世界第一霸权国家;莎士比亚在伦敦漂了两年,将要发表第一部话剧。西方很多国家开始走上工业化,世界似乎都充满着生机。①

1799年:"十全老人"的乾隆(88岁)和美国国父华盛顿(67岁)同年逝世。乾隆皇帝为自己总结了"十全武功",留下四万余首诗,文化禁锢也已经处于顶峰。此时,牛顿已经去世60多年(1727年),孟德斯鸠《论法的精神》(1748年)已经出版50年,亚当·斯密《国富论》(1776年)出版了20多年,康德《实践理性批判》(1788年)出版已经11年,美国宪法颁布(1787年)已经12年。

---

① 黄仁宇:《万历十五年》,北京:生活·读书·新知三联书店,1991年。

1894年:"甲午,对中国人民和中华民族具有特殊的含义,在我国近代史上也具有特殊的含义。"①7月25日丰岛海战爆发,甲午战争第一战。最终中国战败、北洋水师全军覆没。清朝政府于1895年签订了《马关条约》,主要影响:割让台湾等大片领土,承认日本对朝鲜的控制,巨额赔款加重了中国人民的负担,帝国主义掀起瓜分中国的狂潮。历时三十余年的洋务运动失败,中国人民探索维新变法和民主革命。

(二)出路在何方?

几种探索:

义和团运动:农民,扶清灭洋

维新变法:资产阶级维新派(改良派),自上而下推行的资本主义改良运动

辛亥革命:资产阶级民主革命派,"辛亥革命有它胜利的地方,也有它失败的地方。你们看,辛亥革命把皇帝赶跑,这不是胜利了吗?说它失败,是说辛亥革命只把一个皇帝赶跑,中国仍旧在帝国主义和封建主义的压迫之下,反帝反封建的革命任务并没有完成。"②

——两大历史任务:①民族独立和人民解放;②国家富强和人民富裕

(三)迎来新生

1. 五四运动:工人阶级以独立的姿态登上政治舞台

听闻北洋军阀政府准备在巴黎和会上签字,由学生罢课开始,到工人罢工、商人罢市。最终代表没有签字。

重要意义:马克思主义在中国传播与工人运动的结合,为中国共产党的成立在思想上、干部上作了准备。

---

① 习近平:《在中国科学院第十七次院士大会、中国工程院第十二次院士大会上的讲话》,人民网,2014年6月9日。
② 毛泽东:《青年运动的方向》,《毛泽东选集》(第二卷),北京:人民出版社,1991年,第564页。

2. 马克思主义在中国的传播

十月革命是"世界人类全体的新曙光",开辟了人类历史的"新纪元",将"带来新生活、新文明、新世界。"①

学习了马克思主义的先进分子,投身到群众斗争实践,感受到工人阶级的伟大力量,转变为无产阶级的先进分子。

——中国共产党是20世纪中国历史发展的必然产物,是人民的选择、是历史的选择。

1921年7月23日,代表了全国50位党员的13名代表,在上海召开中国共产党第一次全国代表大会,宣告中国共产党成立。

一个全新的政治力量的出现,给中华民族带来新的希望、新的生机,中国革命有了正确的前进方向,中国人民有了强大的凝聚力量,中国命运有了光明的发展前景。

 习近平讲党史故事

真理的味道很甜

1920年的初春,在浙江义乌分水塘村一间久未修葺的柴屋内,一名年轻人正在奋笔疾书。母亲爱子心切,特意端来粽子和红糖。母亲走到外面,还特意喊着说:"你吃粽子要加红糖,够甜吗?"他回答道:"够甜,够甜的了。"谁知,当老太太进来收拾碗筷时,却发现儿子的嘴里满是墨汁,红糖却一点儿也没动。原来,他竟是蘸着墨汁吃掉粽子的!这个年轻人就是正在翻译《共产党宣言》的陈望道。墨汁当然不是甜的,但在有信仰的共产党人心中,真理的味道比红糖更甜。

——2012年11月29日习近平总书记在参观《复兴之路》展览时讲述

---

① 中共中央党史研究室:《中国共产党的九十年》,北京:中共党史出版社、党建读物出版社,2016年,第17页。

一、夺取新民主主义的胜利

（一）在国民革命和土地革命的洪流中

1. 国共合作

在北洋军阀的统治之下，国家连年战乱、四分五裂，社会的主要矛盾表现为北洋军阀统治集团与中国人民之间的矛盾，中国人民的任务是打倒列强剪除军阀、统一全中国。

（1）合作的基础

A. 国民党的威信："国民党比较是革命的民主派，比较是真的民主派"（《中国共产党对于时局的主张》，1922年），孙中山是民主革命的象征。

B. 国民党已经有了革命根据地：1923年，孙中山建立陆海军大元帅府，各种革命力量在珠三角地区活动。

C. 孙中山的合作意向："国民党正在堕落中死亡，因此要救活它，就需要新血液。"

（2）两个会议

1923年6月12—20日，共产党三大。共产党以个人身份加入国民党，团结国民党中的革命派，推动国民党革新，通过国民党的组织发动工农群众。——不足之处：没有明确提出要争取对民主革命的领导权问题，"中国国民党应该是国民革命之中心势力，更应该立在国民革命之领袖地位"。

1924年1月20—30日，国民党一大。对三民主义的新解释："联俄、联共、扶助农工"。

（3）形成结果

工：组织罢工（沙面租界）、五卅运动、省港大罢工

农：开办农民运动讲习所，培养农民骨干

学：创办黄埔军校

舆论上：全国范围内传播革命思想

军事上：北伐战争（1927年，北伐军占领长江以南地区）

北伐战争是在共产党反对帝国主义、反对军阀的口号下进行的，中国共产党人在战争中最为勇猛，作出巨大贡献。北伐战争在短时间内取得成功，是两党合作的硕果。

2. 合作的破裂

孙中山逝世，威望和权力出现真空，国民党左右之争日趋激烈。共产党没有意识到要主动争夺国民党中的决策权、北伐战争的军事指挥权，以至于失去了主导革命的主动权。"四一二""七一五"政变，为共产党带来巨大损失，同时标志着两党合作的破裂。

同时，国民党继续一路北上，东北改旗易帜，北洋军阀统治不再，国民党形式上暂时统一全国。中国社会主要矛盾发生了转变，国民党新军阀代替北洋旧军阀统治，人民困苦的境遇没有改变。而同时，中国革命进入低潮，中国共产党面临被瓦解和消灭的危险。

"以后要非常注意军事。须知政权是由枪杆子中取得的。"[①]1927年8月1日，中国共产党在南昌起义，打响"武装反抗国民党反动派的第一枪"，树起革命武装斗争的旗帜，标志着中国共产党独立领导革命战争、创建人民军队和武装夺取政权的开始。

3. 土地革命的淬炼

工作中心的转移。国际共产主义运动史上，都是以城市运动为中心。但由于敌我力量悬殊，占领中心城市为目标的起义：广州起义、秋收起义、南昌起义都失败了，中国社会的客观条件，迫使中国共产党人走出一条不同于其他国家共产党的道路。"中国革命斗争的胜利要靠中国同志了解中国情况"[②]，要开辟新道路、创造新理论，才能指导革命发展。"农村包围城市，武装夺取政权"，是1927年大革命失败后中国共产党领导的红军和根据地斗争经验的科学概括。

随着红军和农村革命根据地的建立和发展，在根据地范围内，改变原

[①] 毛泽东：《在中央紧急会议上的发言》，《毛泽东著作选读》，北京：人民出版社，1986年，第23页。

[②] 毛泽东：《反对本本主义》，《毛泽东选集》（第一卷），北京：人民出版社，1991年，第115页。

> 还敢不敢革命？要怎样坚持革命？——"中国共产党和中国人民并没有被吓倒、被征服、被杀绝。他们从地下爬起来，揩干身上的血迹，掩埋好同伴的尸首，他们又继续战斗了。"①

有的土地所有制，实现"耕者有其田"，中国共产党在农村进行着最重大、最根本的社会变革。——只有中国共产党，坚决地与广大贫苦农民站在一起，向着传承几千年的土地制度开火。相应的，中国共产党的付出得到了回馈：农民分清了两个政党、两个政权的优劣。

中国革命能够得到坚持和发展，关键就是党紧紧依靠占全国人口绝大多数的农民，在农村建立根据地，并在根据地范围内深入开展土地革命。中国共产党领导的农村革命根据地生机勃勃，和国民党统治区民不聊生的悲惨景象形成鲜明对照，根据地成为新民主主义共和国的雏形，为中国人民带来了光明的希望。

（二）谁是抗日战争的中流砥柱？

1931年9月18日，日本策动事变，并在短短4个月内，占领辽宁、吉林和黑龙江三省100多万平方土地，并于1932年3月扶植清朝废帝在长春成立伪满洲国。中日之间的民族矛盾逐渐上升为主要矛盾，中国革命面临新的任务。中国共产党于1931年明确提出"反对日本帝国主义强占东三省"，并派党组织力量到东北领导抗日游击队，发展起东北的主要抗日武装力量。

随着抗日救亡运动新高潮兴起，中国共产党有了新的使命：把各种要求抗日的力量汇合起来，组成抗日民族统一战线，共御外敌。1936年和平解决西安事变，迫使蒋介石作出"停止剿共，联红抗日"的承诺，推动国共重新合作。联合抗日成为不可抗拒的大势。

---

① 毛泽东：《论联合政府》，《毛泽东选集》（第三卷），北京：人民出版社，1991年，第1036页。

1. 国共第二次合作

1937年7月7日,日本发动卢沟桥事变,平津危急、华北危急、中华民族危急,只有全民族实行抗战,才是出路。1937年9月,迫于内外压力,国民党切实转变对共态度,联共抗日。在民族危亡关键时刻,中华民族"兄弟阋于墙外御其侮",空前团结在抗日民族统一战线的伟大旗帜下。

在抗战前景不明朗的危难关头,人不免有犹疑与动摇。1938年,毛泽东发表《论持久战》,科学预见到抗日战争必将经过战略防御、战略相持和战略反攻的三个阶段,明确指出,抗日战争是持久的,最后胜利必然属于中国。同时指出,"战争的伟力之最深厚的根源,存在于民众之中",争取抗战胜利的唯一正确道路是充分动员和依靠群众,实行人民战争。

2. 开辟敌后战场

随着抗战深入,抗日战争逐渐形成战略上互相配合的两个战场,一个是主要由国民党军队担负的正面战场,一个是由共产党领导的人民军队为主担负的敌后战场。经过长期革命战争锻炼的人民军队,成为抗战的火种和骨干力量,建立和发展起强大的人民武装。农民是民主革命的主要力量,农村是广阔的革命阵地,中国共产党在中国人民那里得到最有力的支持。

在根据地,共产党建设民主政权,要"做出一个榜样给全国人民看",大大增强中国共产党和人民的血肉联系,使群众更加信任党和人民军队,为建设积累了许多经验,对建设新中国产生深远影响。这里政治民主、政府廉洁、民族团结、经济发展,越来越多的人在这里看到中国未来的希望。"中国的希望在延安",共产党"将成为中国唯一的主导力量"。

3. 坚持抗战到底

在战争的相持阶段,在国民党统治集团内的投降、分裂、倒退的活动抬头形势下,坚持抗战、团结、进步的方针,打击汪精卫集团,争取同国民党中抗日力量合作,巩固并扩大抗日民族统一战线。

1943年,后方战场逐步扭转困难局面,开辟新的根据地;而在正面战场,却是豫湘桂大撤退。战场的胜负也表明,国民党统治集团不能担负起争取抗战的任务,无法履行国家独立、经济发展的责任。越来越多的中国人把实现民族独立、人民民主和国家富强的希望,寄托在中国共产党身上。

抗日战争胜利是近代以来中国反抗外敌入侵第一次取得完全胜利的民族解放战争,捍卫了国家主权和领土完整,促进了中华民族的觉醒和大团结,成为中华民族走向复兴的历史转折点。抗日战争实践表明,中国共产党是领导中国人民争取民族独立和人民解放的坚强核心。

 习近平讲党史故事

杨靖宇的故事

抗日战争时期,在极其恶劣的条件下,杨靖宇将军领导抗日武装冒着零下四十摄氏度的严寒,同数倍于己的敌人浴血奋战,牺牲时胃里全是枯草、树皮、棉絮,没有一粒粮食,其事迹震撼人心。

——2020年7月24日习近平总书记在吉林考察工作结束时的讲话

(三)将革命进行到底

两种道路和两种前途:国民党统治集团目标是独占抗战胜利的果实,"使抗战胜利后的中国仍回到抗战前的老样子",继续维持国民党的一党专政。中国共产党的目标是和平建设、和平建国,努力为"巩固国内和平,实现民主改革,建立独立、自由和富强的新中国而奋斗"。两条路线纷争不可调和。

1. 从自卫战争到战略反攻

1945年5月,改变解放区土地政策,将抗战以来的"减租减息"改为"耕者有其田"政策,支持广大农民获得土地的正当要求,进一步发动农民群众为巩固解放区而斗争。

1945年6月,国民党军队进攻中原解放区,全面内战爆发。

第一阶段：战略防御（1946年6月—1947年6月）。

第二阶段：战略反攻（1947年6月—1948年9月）。

第三阶段：战略决战（1948年9月—1949年12月）——最关键的阶段。三大战役：辽沈战役、淮海战役、平津战役。1949年4月，中国人民解放军横渡长江，解放了南京，宣告了国民党统治的覆灭。中国人民解放军用劣势装备战胜了拥有优势装备的强大敌人，取得了第三次国内革命战争的伟大胜利。

解放战争中国民党军队与人民解放军人数变化表

（单位：万人）

时间	国民党军队	人民解放军
1946年夏	430	130
1947年6月	373	195
1948年夏	365	280
1948年11月	290	300
1949年4月	149	400

第四阶段：战略追歼（1949年12月—1955年2月）。

2. 绘制新中国的蓝图

通过解放战争，中国共产党领导下的中国人民解放军彻底摧毁了国民党的反动政权，基本上完成中国民主革命反帝反封建最主要的历史任务。革命力量会合起来，有力地发挥组织动员作用，中华大地上呈现出万象更新的局面。

两个新篇章：

中国历史的新篇章。解放战争的胜利，结束了一百多年来帝国主义勾结封建统治者剥削压迫中国各族人民和内外战乱频仍、国家四分五裂的局面，实现了梦寐以求的民族解放和国家独立，中国历史开始了新的纪元。

党的历史的新篇章。领导和组织这场革命取得胜利的中国共产党，从在革命根据地、解放区局部执政的党成为执政全国政权的党，担负起领导全国各族人民建设新国家新社会的重任。

> 1945年，党的七大召开，将毛泽东思想确定为党的指导思想并写入党章。毛泽东思想是中国共产党集体智慧的结晶，毛泽东思想的形成和发展，实现了马克思列宁主义基本原理同中国革命实际相结合过程的第一次历史飞跃。

二、在探索中建设社会主义

1949年，中华人民共和国成立，中华民族呈现出美好光明的前景，这是中国近代衰落、走向强盛的历史转折点。新中国在共产党的领导下，向着社会主义现代化迈进。

（一）站稳脚跟，顺利过渡

1. 面临的困难与应对

中国人民革命取得伟大胜利，是大势所趋、历史必然。但同时，中华人民共和国从中央到地方的各级人民政权是彻底打碎旧的国家机器之后，在全新的基础上建立起来的，面临着错综复杂的国内形势和国际环境，党和人民政府面临许多困难。

军事上：解放战争还没有完全结束。

A. 西南、华南和沿海还有国民党残余力量。

B. 解放区还有残余力量。

经济上：

A. 生产萎缩、生态破坏、交通梗阻、失业众多。

B. 物价飞涨、投机猖獗、市场混乱。

C. 新解放区还没有进行土改，生产力被束缚。

国际环境上：美国拒绝承认中华人民共和国，并阻挠中华人民共和国恢复在联合国的合法席位。

应对：

军事上："大迂回、大穿插、大包围"。1950年底，除西藏、台湾和少数海岛外，解放全境。大规模剿匪。

政治上：对城乡基层政权进行系统改造：人民政府的组织系统从中央、大行政区、省、地（市）、县、区一直延伸到社会的最基层，初步形成了上下贯通、集中高效、具有高度组织动员能力的国家行动体系，这是中国社会政治结构的一次重大变革。

经济上：打击投机倒把，通过"银元之战""米棉之战"，稳定金融和物资供应，控制经济命脉。

外交上："另起炉灶""打扫干净再请客""一边倒"，亦即：不承认旧的外交关系，在新的基础上同各国另行建立新的外交关系；肃清帝国主义在中国的特权，然后再考虑建交问题；联合苏联，站在社会主义阵营的一边。

2. 三大运动

A. 抗美援朝战争。1950年6月25日，朝鲜战争爆发，历时两年九个月。抗美援朝战争胜利，极大提高了中国共产党在全国人民心目中的威信，提高了中国人民的民族自信心和民族自豪感，中国社会动员能力空前提高，国家在经济建设和社会改革获得了相对稳定的和平环境。

B. 土地改革。1950年6月，颁布《中华人民共和国土地改革法》，1952年底，基本完成全国土改工作，在中国延续2000多年的封建土地所有制被彻底废除，"耕者有其田"理想在中国共产党的领导下变成了现实，工农联盟和农村基层政权进一步巩固。

C. 镇压反革命。1950年12月开始，全国大张旗鼓开展了一场镇压反革命的运动，打击的重点是特务、土匪、恶霸、反动党团骨干及反动会道门头子。

3. 过渡时期（从新民主主义向社会主义过渡）的四个重要时间节点

从1949年10月到1952年底，经过全国人民三年多的艰苦奋斗，中华人民共和国成立前遭到严重破坏的国民经济，得到全面恢复，并有了初步发展。

1952年，党在过渡时期总路线：在一个相当长的时期内，逐步实现国家的社会主义工业化，并逐步实现国家对农业、对手工业和对资本主义工商业的社会主义改造。"一化三改"或"一体两翼"。

1954年，第一届全国人民代表大会召开，制定的中华人民共和国宪法是一部社会主义类型的宪法，体现了人民民主和社会主义两大原则。

1956年底基本完成了对生产资料私有制的社会主义改造，初步建立起公有制占绝对优势的社会主义经济制度。

（二）着力建设，激情燃烧

社会主义制度建立后，党领导全国各族人民进行大规模的社会主义建设，对适合中国国情的社会主义建设道路进行了艰辛探索。初步建立起独立的比较完整的工业体系，为社会主义现代化建设奠定了重要的物质技术基础，培养了大批政治经济文化建设方面的骨干力量，积累了领导社会主义建设的重要经验。

苏联成功的经验并不都适合中国的情况，学习苏联终究不能代替对自己道路的寻求。中国道路终究要自己来探索，建设社会主义必须根据本国的情况走自己的道路。

1. 《论十大关系》

1956年4月，毛泽东关于社会主义建设的代表作，总结我国经济建设经验，提出的基本方针，反映了经济发展的客观规律和社会政治稳定的需要，中国社会主义建设道路的基本思路逐步清晰起来。

2. 党的八大

正确分析国内形势和国内主要矛盾：人民对于先进的工业国的要求同落后的农业国的现实之间的矛盾，人民对于经济文化迅速发展的需要同当前经济文化不能满足人民需要的状况之间的矛盾。实质就是：先进的社会制度和落后的生产力之间的矛盾。党和人民当前的主要任务，就是要集中力量来解决这个矛盾。——工作重心转向经济建设。

3. 正确处理人民内部矛盾

1957年6月，毛泽东同志著作《关于正确处理人民内部矛盾的问题》发表。

A. 矛盾普遍存在，社会主义社会也充满了矛盾。

B. 社会主义社会的基本矛盾仍然是生产力和生产关系、经济基础和上层建筑之间的矛盾，可以经过社会主义制度本身的自我调整和完善不断地得到解决。

C. 敌我矛盾需要用强制的专政的方法去解决，人民内部矛盾，只能用民主的、说服教育、"团结—批评—团结"的方法去解决。

大规模的社会主义建设使中国的面貌发生了巨大变化，在工业建设方面，工业生产能力大幅度提高，交通运输业有了长足的发展，农田水利建设取得重大成就，科学技术的发展进步成绩十分显著，教育卫生新闻出版文化艺术体育等事业的成就相当可观，党的民主工作取得了重大进展，培养了一大批治党治国治军和社会主义建设事业需要的专门人才，党的建设得到加强，党的队伍得到进一步发展。军队建设取得显著成绩。

中国20世纪50年代后期和60年代前期是一个艰辛探索和积极进取的年代，是一个艰苦奋斗和意气风发的年代，带有那个时代特色的社会风尚和精神面貌，铭记在社会主义建设的史册上。

（三）曲折发展，艰辛探索

重提阶级斗争的特定历史背景：1960年后，中苏两党在意识形态上的分歧日益明显化、公开化，国家关系也由于一系列的矛盾而趋于紧张，1964年中苏边界大量增兵；美国侦察机频繁侵犯我国内陆领空；中印边界的军事冲突增加；台湾蒋介石集团有明显的反攻大陆意图。"准备大打、早打、打原子战争"。最高领导人努力追求实现完美的社会理想，极为关注艰难缔造的党和人民政权的巩固，高度警惕资本主义复辟的危险，维护

> 在后来的实践中，由于党在指导思想上"左"的错误，很多关于社会主义建设的正确思想没有得到贯彻落实，甚至发生了"文化大革命"这样的全局性、长时间的严重错误，使我们党在探索社会主义历程中遭到严重挫折。尽管探索艰辛坎坷，但我们党取得的积极成果是极其宝贵的，为新的历史时期开创中国特色社会主义提供了宝贵经验、理论准备、物质基础。①

党的纯洁性。

如何看待探索时期的失误与成绩？

——20世纪六七十年代，在蓬勃兴起的新科技革命的强力推动下，西方发达国家与亚洲一些国家和地区都经历了一段高速发展的时期。

——党的干部无论是曾被错误地打倒的，或是一直坚持工作和恢复工作的，对社会主义共产主义事业的信念是坚定的。历史再次证明，中国人民是伟大的人民，中国共产党和社会主义制度具有强大的生命力。

——我国社会主义制度的根基仍然保存着，社会主义经济建设还在进行，我们的国家仍然保持统一并且在国际上发挥重要影响。

——在探索中，虽然经历了严重曲折，党在社会主义建设中取得的独创性理论成果和巨大成就，为新的历史时期开创中国特色社会主义提供了宝贵经验理论准备和物质基础。

三、开创中国特色社会主义

十一届三中全会作出把党的工作中心转移到经济建设上来，实行改革开放的历史性决策，实现了中华人民共和国成立以来党历史上具有远意义的伟大转折，开启了我国改革开放和社会主义现代化建设的新时期。

1. 真理标准讨论

《实践是检验真理的标准》（1978年5月）：社会实践不仅是检验

---

① 习近平：《实现中华民族伟大复兴的必由之路》，人民网，2016年4月21日。

真理的标准,而且是唯一的标准。要在实践中不断增加新的观点、新的结论。

2. 工作中心转移

十一届三中全会(1978年12月):提出改革开放的任务,要求大幅度提高生产力,确定把全党的工作重点转移到社会主义现代化建设上来。

(一)开启中国特色社会主义

——党顺应时代潮流和人民愿望,成功开创了中国特色社会主义,开始从理论到实践的伟大创造。中国共产党人和中国人民以一往无前的进取精神和波澜壮阔的创新实践,踏上建设中国特色社会主义新的伟大征程。

1. 初级阶段

第十三次全国代表大会(1987年10月)系统阐述了社会主义初级阶段理论,明确概括了党的社会主义初级阶段的基本路线。

(1)初级阶段。

A. 我国已经是社会主义社会,我们必须坚持而不能离开社会主义;

B. 我国的社会主义社会还处于初级阶段,我们必须从这个实际出发,而不能超越这个阶段。在社会主义初级阶段中,主要矛盾是人民日益增长的物质文化需要同落后的社会生产之间的矛盾。党和国家的主要任务是发展生产力,推进社会主义现代化建设。

(2)初级阶段背景下的基本路线。

领导和团结全国各族人民,以经济建设为中心,坚持四项基本原则,坚持改革开放,自力更生,艰苦创业,为把中国建设成为富强民主文明的社会主义现代化国家而奋斗。

2. 邓小平理论

中国共产党第十五次全国代表大会(1997年)把邓小平理论确定为党的指导思想,邓小平理论坚持解放思想、实事求是,第一次比较系统地初步回答了建设有中国特色社会主义的一系列基本问题,抓住了"什么是社会主义,怎样建设社会主义"这个根本问题,指导党制定了社会主义初级阶段的基本路线,把社会主义的认识提高到新的科学水平,开拓了马克思主义的新境界。

3. "三个代表"重要思想

中国共产党第十六次全国代表大会（2002年）将"三个代表"重要思想确立为党的指导思想。"中国共产党始终代表中国先进生产力的发展要求、中国先进文化的前进方向、中国最广大人民的根本利益"，坚持马克思主义的基本原理，又反映了当代世界和中国的发展变化，深刻回答"建设什么样的党，怎样建设党"这一问题。

4. 科学发展观

中国共产党第十七次全国代表大会（2007年）把科学发展观写入党章，充分体现了党对中国特色社会主义发展规律认识的深化。取得一切成绩和进步的根本原因，是开辟了中国特色社会主义道路，形成了中国特色社会主义理论体系。坚持中国特色社会主义道路和中国特色社会主义理论体系。现实依据：社会主义初级阶段、基本国情和新世纪新阶段；实践基础：坚持和发展中国特色社会主义的成功实践；时代背景：当代世界发展大势，国外发展的经验教训。

（二）中国特色社会主义进入新时代

1. 新时代的历史脉络

"我们这一代人，继承了前人的事业，进行着今天的奋斗，更要开辟明天的道路。"[①]在新的历史条件下继续夺取中国特色社会主义伟大胜利，一如既往地紧紧围绕坚持和发展中国特色社会主义这个党的全部理论和实践的主题，团结带领人民奋力实现"两个一百年"奋斗目标。

2. 新时代的实践路径

"两步走"的新战略安排，即到2035年基本实现社会主义现代化，到本世纪中叶把我国建成富强民主文明和谐美丽的社会主义现代化强国。与原来"三步走"战略中第三步的要求相比，内涵更加充实，内容更加全面，目标更加宏大。

---

① 习近平：《在纪念红军长征胜利80周年大会上的讲话》，人民网，2016年10月21日。

3. 新时代的价值取向

着力解决人民群众所需所急所盼，更加关注人民对美好生活新的多样化需求，更加注重使全体人民共享经济、政治、文化、社会、生态等各方面发展成果，让改革发展成果更多更公平惠及全体人民。

4. 新时代的民族特征

实现中华民族伟大复兴，是近代以来中华民族最伟大的梦想，凝聚了几代中国人的夙愿。中国特色社会主义新时代，比历史上任何时期都更接近、更有信心和能力实现中华民族伟大复兴的目标。

5. 新时代的世界定位

积极参与和引领全球治理，同各方一道打造国际合作新平台，成为全球化的引领者、全球治理体系变革的重要推动者、人类命运共同体的积极倡导者，为国际社会健康持续发展贡献中国智慧、提供中国方案。

习近平讲党史故事

"半截皮带"的故事

2016年元旦刚过，习近平视察当时的第13集团军。走进军史馆，他在半截皮带展柜旁停下了脚步。

长征途中，红军将士面临的最大威胁是粮食的严重短缺。三过草地的一个红军班早已断粮断炊，半截皮带成了全班最后的食粮，战士周广才含着泪说："同志们，我们把它留下作个纪念吧，带着它到陕北，去找党中央，去见毛主席！"

到陕北去、见毛主席，就是这样的信念支撑着年轻的红军战士，走出茫茫草地，走到了陕北。半截皮带的故事，令习近平动容。他感慨地说："这就是信仰的力量，就是'铁心跟党走'的生动写照。"

第二讲
辉煌成就

中国共产党对中华民族的伟大贡献，也就是带领中国人民取得的辉煌成就，概括总结起来，体现在四个方面：领导人民走出一条中国特色社会主义道路、形成一个中国特色社会主义理论、完善一套中国特色社会主义制度、弘扬一种中国特色社会主义文化。

一、带领中国人民走出中国特色社会主义道路

中国特色社会主义道路是中国共产党团结带领中国人民艰苦探索的必然结果，是历史和人民的正确选择。

（一）中国特色社会主义道路是中国共产党带领中华民族的不懈探寻

20世纪初，中国面临着向何处去的道路选择问题。当时，马克思主义和社会主义并不是第一个备选项。

鸦片战争后，面对支离破碎的家园和灾难深重的同胞，无数仁人志士怀着强烈的使命感和民族意识，开始寻找中国的出路，于是便开启了中国

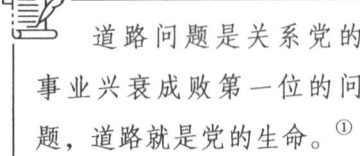

道路问题是关系党的事业兴衰成败第一位的问题，道路就是党的生命。①

---

① 《习近平谈"中国特色社会主义"：道路就是党的生命》，新华网，2013年1月5日。

人民奋起抗争、救亡图存、奋发图强，谋求中华民族伟大复兴的历史征程，这条路曲折漫长，艰辛多难。

"师夷长技以制夷"的洋务运动，因其根深蒂固的封建性以及过分依赖国外技术最终失败；戊戌变法，由于过于急躁的改革措施以及对西方势力的过分幻想，也以失败告终。孙中山领导的辛亥革命，结束了统治中国几千年的封建君主专制制度，成立了中华民国。然而，最终也未能改变中国半殖民地半封建的社会性质，未能改变人民的悲惨境遇。从根本上说，无论是农民起义、自强运动还是维新改良都最终夭折，他们都没有找到一条适合中国发展的道路。

十月革命的胜利在方向上、方法上、精神上都对中国产生了深厚影响，"催速了中国革命的实现"。

在反抗法西斯战争胜利后，中

> 一切别的东西都试过了，都失败了。①
>
> 君主立宪制、复辟帝制、议会制、多党制、总统制都想过了、试过了，结果都行不通。②

> 十月革命一声炮响，给我们送来了马克思列宁主义。十月革命帮助了全世界的也帮助了中国的先进分子，用无产阶级的宇宙观作为观察国家命运的工具，重新考虑自己的问题。走俄国人的路——这就是结论。③

> 西方资产阶级的文明，资产阶级的民主主义，资产阶级共和国的方案，在中国人民的心目中，一齐破了产。资产阶级的民主主义让位给工人阶级领导的人民民主主义，资产阶级共和国让位给人民共和国。④

---

① 毛泽东：《论人民民主专政》，《毛泽东选集》（第四卷），北京：人民出版社，1991年，第1471页。
② 《习近平在布鲁日欧洲学院的演讲》，人民网，2014年4月2日。
③ 毛泽东：《论人民民主专政》，《毛泽东选集》（第四卷），北京：人民出版社，1991年，第1471页。
④ 毛泽东：《论人民民主专政》，《毛泽东选集》（第四卷），北京：人民出版社，1991年，第1471页。

国依然面临着走什么路的两种选择,是回到抗日前的大地产大地主大资本控制下的"旧中国"还是继续前进,创造"新中国"?历史作出了选择:选择了马克思主义,选择了中国共产党,走上了社会主义道路。

社会主义国家建成后,摆在前面是一条从未走过的路:是复制他国经验,用僵化的教条指导发展,还是按照中国自己的方式发展自己?中国共产党人带领全党全国各族人民完成了新民主主义革命,进行了社会主义改造,确立了社会主义基本制度;带领全党全国人民实现了工作中心的转移,做出社会主义本质的科学论断,确立了社会主义初级阶段基本路线,成功开创了中国特色社会主义。经过几十年一以贯之的接力探索,中国特色社会主义道路不断向前推进和发展,最终形成一条符合中国独特文化传统、独特历史命运、独特国情的发展道路。

(二)中国特色社会主义道路是中国共产党带领中国人民的实践创造

从改革开放40多年的伟大实践中,从中华人民共和国成立70多年的持续探索中,从对近代以来170多年中华民族发展历程的深刻总结中,从对中华民族5000多年悠久文明的传承中,中国共产党人用实践创造证明了中国特色社会主义道路是一条正确的道路,这条道路给中国人带来了伟大成就。

中国道路的确立解决了中国近代以来面临的挨打、挨饿、挨骂的问题,真正让中国人民站起来、富起来、强起来。

经济上,中华人民共和国成立70多年尤其是改革开放40多年,中国经济发展实现了惊人的"跃迁",实现了快速的持续性经济增长。

政治上,党的领导、人民当家做主、依法治国有机统一的制度建设全面加强,社会主义民主不断发展,社会主义协商民主全面展开,爱国统一战线巩固发展,民族宗教工作创新推进。中国特色社会主义法治体系日益完善。

社会上,城乡免费义务教育全面实现,城乡基本养老保险制度全面建立,全面医保基本实现,社会和谐稳定。

民生上，人民获得感显著增强，六千多万贫困人口稳定脱贫。教育事业全面发展，就业状况持续改善，人民健康和医疗卫生水平大幅提高，社会大局保持稳定，国家安全全面加强。

对于中国发展取得的巨大成就，应当归功于我们坚定不移地走中国特色社会主义道路。正是因为坚持中国特色社会主义道路，而不是其他什么道路才创造了中国发展的"奇迹"。成绩和进步是中国坚定道路自信的底气和根基，这条道路是全面建成小康社会、加快推进社会主义现代化、实现中华民族伟大复兴的必由之路。

（三）中国特色社会主义道路是中国共产党对国际发展的贡献

70多年前，梁漱溟曾向国人发问："中国以什么贡献给世界？"70多年后，经济实力和综合国力逐步提高的中国能为世界贡献什么是今人必须回答的时代问题。可以说，中国共产党带领中国人民探索出来的中国道路是中国对世界的重要贡献。中国道路是一条对内求发展、对外促和平的道路。这条道路向世界贡献了发展红利、发展经验、发展机遇和发展理念。

落后国家如何实现现代化是一个历史性的课题。迄今为止，国际上曾出现过几种产生较大影响力的现代化发展模式，比如：苏联模式和拉美模式。

A．苏联模式。单一生产资料

> 印度人失掉了他们的旧世界而没有获得一个新世界，这就使他们现在所遭受的灾难具有一种特殊的悲惨色彩。[①]

> 中国发展得益于国际社会，中国也为全球发展做出了贡献。中国将继续奉行互利共赢的开放战略，将自身发展机遇同世界各国分享，欢迎各国搭乘中国发展的"顺风车"。[②]

---

① 马克思：《不列颠在印度的统治》，《马克思恩格斯选集》（第一卷），北京：人民出版社，1995年，第762页。

② 习近平：《共同构建人类命运共同体》，人民网，2017年1月20日。

公有制和自上而下的指令性计划经济体制，管理过多过死，束缚了企业和人民的生产积极性，人民生活无法得到有效改善。

B. 拉美模式。在美国的压力下，拉美国家推行了新自由主义外向型的发展模式，结果导致贫富差距过大、收入分配不公、失业问题严重等社会问题，陷入了"中等收入陷阱"。

与资本主义现代化的发展道路不同，中国道路没有沿袭剥削、掠夺、侵略、扩张的发展模式，而是主要依靠对内科学发展，对外维护世界和平的方式来实现国家现代化。中国道路是一条不同于西方现代化道路的新路，这条新路以"共有""共享""共赢"理念代替了"独占""独有""独霸"思维，向国际社会展示了一条不以扩张主义为出发点，也不以霸权主义为必然归宿的人类文明新路。中国将自身发展经验和机遇同世界各国分享，欢迎各国搭乘中国发展的"快车""便车""顺风车"，实现共同发展，让大家一起过上好日子。

二、带领中国人民探索出一套中国特色社会主义理论

中国共产党从诞生之日起就把马克思主义确立为自己的指导思想，坚守马克思主义理论的科学性、真理性，推动与中国国情相结合、与时代发展同进步、与人民群众共命运，探索一套源于实践并指导实践的中国特色社会主义理论。

（一）中国共产党领导中国人民在长期实践中推动理论新飞跃

中国共产党是高度重视理论指导、不断推进马克思主义中国化、善于进行理论创新的党。着力推动马克思主义基本原理同中国具体实际和时代特征结合起来，运用马克思主义的立场、观点、方法研究和解决中国革命、建设、改革中的实际问题，坚持和发展马克思主义，运用中国人民喜闻乐见的民族语言来阐述马克思主义理论，揭示中国革命、建设、改革的规律，使之成为具有中国风格、中国气派的马克思主义。

在领导中国革命、建设、改革的长期实践中，把马克思列宁主义基本

原理同中国具体实际和时代特征相结合,不断推进马克思主义中国化,实现了两次历史性飞跃,即毛泽东思想和中国特色社会主义理论体系。

坚持从实际出发,注重总结改革开放不同时期、不同阶段的新鲜经验,注重探索和回答不同时期、不同阶段遇到的新矛盾、新问题,在理论创新和理论发展上都作出了各自的独特贡献。既相互贯通又层层递进,体现了新时期以来我们党理论创新成果的科学性体系、阶段性成果和发展性要求的内在统一。中国特色社会主义理论是中国共产党继往开来、与时俱进,团结带领全国各族人民沿着中国特色社会主义道路实现中华民族伟大复兴唯一正确的理论。

(二)中国共产党领导中国人民解决现实问题中开展理论新探索

中国共产党总结社会主义建设正反两方面历史经验和改革开放以来新鲜经验,在建设中国特色社会主义的思想路线、发展道路、发展阶段、发展战略、根本任务、发展动力、依靠力量、国际战略、领导力量和根本目的等问题上,推动形成了一系列独创性的重大理论观点,丰富发展了中国特色社会主义理论。这个理论,内容贯通哲学、政治经济学、科学社会主义等学科,涵盖社会主义经济建设、政治建设、文化建设、社会建设和党的建设以及国防和军队现代化建设、祖国统一、国际战略和外交工作等各个领域,内涵丰富、思想深刻、系统科学,是解决现实问题的行动指南。

不断深化和丰富对共产党执政规律、社会主义建设规律、人类社会发展规律认识,形成一系列新思想、新观点、新论断,开辟了马克思主义中国化的新境界。

中国特色社会主义理论及其指导下的创新实践,既体现了中国建设和发展社会主义的特殊性,又对世界社会主义和人类进步事业产生广泛而深远的影响,为暂时处于低潮的世界社会主义运动展现了光明的前途。

(三)中国共产党领导中国人民迈向新征程中开辟理论新境界

十八大以来形成的习近平中国特色社会主义思想,集中反映了新一届

习近平总书记著作陈列

中央领导集体的执政理念、工作思路和信念意志,深刻回答了新的历史条件下党和国家发展的一系列重大理论和现实问题,是马克思主义中国化最新成果的集中体现,是中国特色社会主义理论体系的丰富和发展。

习近平新时代中国特色社会主义理论以马克思主义的宽广眼界观察世界,以科学思维审视时代,充分吸纳借鉴当代人类社会文明成果,围绕坚持和发展中国特色社会主义这一主题,在改革发展稳定、治党治国治军、内政外交国防各个领域,创造性地提出了一系列紧密联系、相互贯通的新思想、新观点、新论断,全面系统地阐述了坚持和发展中国特色社会主义伟大事业、推进党的建设新的伟大工程中的一系列基本问题,为在新的历史起点上实现新的奋斗目标提供了根本遵循,成为一个对党和国家发展全局起着统领作用的科学理论。

勇担历史使命,开创发展新局面,是深刻彻底的马克思主义科学理论,奠定了全国人民团结奋斗的共同思想基础;反映了中国人的美好夙愿,进一步揭示了中华民族的历史命运和当代中国的发展走向,成为海内外中华儿女的最大公约数和最大共识,宣示了坚定不移推进改革开放的坚定决心和勇气。

三、完善中国特色社会主义制度

中国共产党始终坚持以马克思主义为指导,始终坚持从中国实际出发,建立了具有科学性、符合中国基本国情的中国特色社会主义制度。

（一）中国特色社会主义制度来自于中国共产党人对历史规律的尊崇

中国特色社会主义制度是植根中国大地、具有深厚中华文化根基、深得人民拥护的制度和治理体系，是在具有中华民族"文化基因"的中国共产党和中国人民的实践中形成的，是有历史根基、文化底蕴和社会基础的科学的制度体系。

符合我国历史传承。"人们自己创造自己的历史，但是他们并不是随心所欲地创造……而是在直接碰到的、既定的、从过去承继下来的条件下创造。"①中国特色社会主义制度是在改革开放伟大实践中确立的，也是在继承我们党民主革命时期探索的制度特别是中华人民共和国成立后确立的制度基础上形成的，建立在历史传承的基础上，具有制度的稳定性、连续性和权威性。

符合我国文化传统。中华民族在数千年历史进程中积淀的讲仁爱、重民本、守诚信、崇正义、尚和合、求大同等优秀文化传统，为中国特色社会主义制度奠定了坚实文化根基。中国特色社会主义制度坚持中国共产党领导的多党合作和政治协商制度、民族区域自治制度、基层群众自治制度等，既契合我国中央集权、多民族大一统的文化传统，又体现现代政治文明发展成果。

符合我国现实国情。一个国家实行什么样的制度，必须与这个国家的现实国情相适应。中国特色社会主义制度把社会主义的本质特征和初级阶段的现实要求有机统一起来，既坚持公有制为主体又发展多种所有制经济，既坚持按劳分配为主体又实行多种分配方式，符合我国现实国情，因而能够极大地促进社会生产力发展，

> 设计和发展国家政治制度，必须注重历史和现实、理论和实践、形式和内容的有机统一。②

---

① 马克思：《路易·波拿巴的雾月十八日》，《马克思恩格斯选集》（第一卷），北京：人民出版社，1995年，第585页。
② 习近平：《在庆祝全国人民代表大会成立60周年大会上的讲话》，人民网，2014年9月6日。

极大地激发社会活力，极大地提高人民生活水平。

（二）中国特色社会主义制度来自于中国共产党人对人民立场的坚守

中国特色社会主义制度始终坚持以人民为中心，尊重人民主体地位，是保障人民权利、代表人民利益、反映人民意愿的制度，因而具有不竭的力量源泉。

尊重人民主体地位。尊重人民主体地位，发挥人民主体作用，最广泛地动员和组织人民参与经济社会建设，经济社会发展才会有不竭动力。中国特色社会主义制度尊重人民首创精神，能够调动和激发最广大人民和社会各方面的积极性主动性创造性，全社会创造活力得以竞相迸发，创新源泉会充分涌流，能极大地解放和发展社会生产力。

代表人民根本利益。中国特色社会主义制度把实现好、维护好、发展好最广大人民根本利益作为一切工作的根本出发点和落脚点，顺应民心、尊重民意、关注民情、致力民生，保障最广大人民根本利益，促进实现整体利益和局部利益、集体利益和个人利益、当前利益和长远利益的有机平衡，因而得到最广大人民的衷心拥护。

促进人民共同富裕。中国特色社会主义制度能够有效解决人民群众所需所急所盼，让人民共享经济、政治、文化、社会、生态等各方面发展成果，拥有更多、更直接、更实在的获得感、幸福感、安全感，不断促进人的全面发展、全体人民共同富裕。中国特色社会主义制度能够在推动社会发展进步的同时，有力保证人民共享改革发展成果，不断朝着全体人民共同富裕的目标稳步前进。

（三）中国特色社会主义制度来自于中国共产党人对科学治理的追求

中国特色社会主义制度，坚持把根本政治制度、基本政治制度同基本经济制度以及各方面体制机制等具体制度有机结合起来，坚持把国家层面民主制度同基层民主制度有机结合起来，坚持把党的领导、人民当家做主、依法治国有机结合起来，集中体现了中国特色社会主义的特点和优势。

遵循严密的理论逻辑。中国共产党领导是中国特色社会主义最本质的特征、是中国特色社会主义制度的最大优势，在制度层面上体现为党的领导制度体系；人民当家做主是社会主义民主政治的本质和核心，在制度层面上体现为人民当家做主制度体系；全面依法治国是新时代坚持和发展中国特色社会主义的本质要求，在制度层面上体现为中国特色社会主义法治体系。此外，中国特色社会主义政治、经济、文化、社会、生态文明等领域的理论内涵，在制度设计上都得到了充分的体现。

保持完整的层次结构。一是系统完备，即制度体系应覆盖所有重要领域，不留制度漏洞。通过不断地坚持和发展，中国特色社会主义制度已经成为覆盖中国特色社会主义事业的全方位的制度体系。二是协调配套，即制度体系各组成部分之间相互协调、相互补充、相互促进。中国特色社会主义制度已经形成十分强大的整体合力和整体效应，共同推动着我国社会主义现代化事业的发展。三是明确管用，即制度设计不是一些抽象的原则，而是要求明确、便于操作的制度性约定。

具有鲜明的实践特色。中国的形成和发展都是在回答和解决实践中的问题过程中形成，并在实践中不断发展和完善的。中华人民共和国成立后，中国共产党逐步建立起社会主义制度的基本架构和基础。改革开放以来，中国共产党带领人民立足改革开放新时期我国发展的现实需要，成功地探索出中国特色社会主义制度。进入新时代，着眼于实现"两个一百年"奋斗目标、实现中华民族伟大复兴的中国梦，积极完善和发展中国特色社会主义制度，推进国家治理体系和治理能力现代化。

四、弘扬中国特色社会主义文化

中国共产党继承中华优秀传统文化，以世界眼光把马克思主义与中国具体实践相结合，从而使中国人民有了"全新的选择"，也使得中国文化通过吸纳世界文明有了翻天覆地的变化。

（一）中国共产党是中华优秀传统文化的忠实传承者

中华民族五千年的悠久历史和丰厚优秀文化传统，是中国特色社会主义深厚的历史渊源。作为马克思主义政党，中国共产党既是政治上的先锋队，也是文化上的先锋队，时刻不忘传承和光大中华传统，是传统文化的传承者。中国共产党高度重视、充分继承和吸取古人治国理政的政治智慧，并与党的宗旨和任务相契合，从而形成了内涵丰富、独具特色的治国理政智慧与方略。

中国共产党人继承和弘扬了中华文化优秀传统，在各个历史时期，涌现出了千千万万个具有崇高道德情操和风范的模范共产党员，为了祖国和人民的利益，建功立业，作出了不朽的贡献，并起到了示范作用。视死如归、舍生取义的李大钊；自强不息、威武不屈的杨靖宇；大义凛然、不怕牺牲的刘胡兰；吃苦耐劳、公而忘私的草原小姐妹；廉洁奉公、鞠躬尽瘁的孔繁森等等，从他们身上反映了无产阶级对中华传统美德的坚守，又张扬了中国传统的道德力量，他们既是一代又一代人眼中的英雄豪杰，又是后世子孙心目中的道德楷模。

中国共产党促进构建中国特色社会主义核心价值体系，成为光大中华传统美德的示范者、引领者。中国共产党人以与时俱进的精神，将其继承

> 我们是马克思主义的历史主义者，我们不应当割断历史。从孔夫子到孙中山，我们应当给以总结，继承这一份珍贵的遗产。①
>
> 中国特色社会主义植根于中华文化沃土。②
>
> 博大精深的中华优秀传统文化是我们在世界文化激荡中站稳脚跟的根基。③

---

① 毛泽东：《中国共产党在民族战争中的地位》，《毛泽东选集》（第二卷），北京：人民出版社，1991年，第533页。

② 习近平：《胸怀大局把握大势着眼大事 努力把宣传思想工作做得更好》，人民网，2013年8月21日。

③ 习近平：《把培育和弘扬社会主义核心价值观作为凝魂聚气强基固本的基础工程》，人民网，2014年2月5日。

和发扬光大，带动了整个社会道德体系的发展和社会道德水平的提升。

（二）中国共产党是革命文化的主创者

革命文化孕育于中国共产党人为中国人民谋幸福、为中华民族谋复兴的初心，形成于中国革命的伟大实践之中，它是中华民族历史文化的宝贵精神财富，已经成为实现民族复兴的强大精神动力和文化支撑。

革命文化是中国共产党领导新时代民族复兴的"根"与"魂"。

在艰苦卓绝的革命斗争和曲折艰辛的探索中，中国共产党结合革命不同历史阶段的目标与任务，系统地领导人民群众在以不同方式参与民族独立、人民解放的革命事业的过程中，共同创造了革命文化。

井冈山斗争，使我们领会了革命之初思想动摇的必然，以及坚定革命胜利信心的重要。

古田会议，明确了红军"为谁扛枪为谁打仗"的基本问题；确立了党对军队绝对领导的原则；理顺了军队中军事工作与政治工作的关系。

遵义会议，标志着中国革命摆脱教条主义束缚，中国共产党开始独立探索中国革命问题，显示了毛泽东思想形成之初的中国风格与中国气派。

革命文化与红色文化

1927年第一次国共合作破裂后，中国共产党为挽救革命，实行武装抵抗。南昌起义部队沿用了国民革命军的番号；秋收起义打出了"工农革命军"的人民武装旗号；广州起义宣布组织"工农红军"，并打出了"工农红军"旗帜。井冈山时期，将工农革命军第四军正式改称"中国工农红军第四军"，各革命根据地武装力量先后奉命改称"红军"。1931年后，全国各地革命军队统一改称"中国工农红军"。1936年，红军长征的胜利，使中国工农红军的红色传奇故事走向世界。

——中国革命的底色是红色的，中国革命的旗帜也是千百万烈士的鲜血染红的。

延安岁月，让人感受抗日救亡时期的艰苦卓绝，以及在革命圣地精神世界的富足；西柏坡——中国革命最后的农村指挥部，中共中央在走向执政舞台前向全体党员发出"进京赶考"的谆谆告诫。

（三）中国共产党是社会主义先进文化的开拓者

中国特色社会主义共同理想和共产主义远大理想、马克思主义中国化的制度和理论成果、社会主义核心价值观、以爱国主义为核心的民族精神和以改革创新为核心的时代精神等，共同熔铸了社会主义先进文化。

——早在1940年，毛泽东就提出了新中国的文化纲领，即建立中华民族的新文化，也就是民族的、科学的、大众的新民主主义文化。

——中华人民共和国成立后，随着社会主义制度的建立，新民主主义文化逐步转变为社会主义先进文化。

——改革开放后，对社会主义精神文明的认识不断深化，形成了一个比较完整的体系，并提出了社会主义精神文明是建设有中国特色社会主义的重要组成部分和本质特征。

——十五大正式提出了建设有中国特色社会主义的文化纲领，即以马克思主义为指导，以培养有理想、有道德、有文化、有纪律的公民为目标，发展面向现代化、面向世界、面向未来的，民族的科学的大众的社会主义文化。

——中共十八届三中全会进一步明确以激发全民族文化创造活力为中心环节，进一步深化文化体制改革。

文化事业的空前繁荣，文化自信进一步增强，文化对外影响力逐渐扩大，文化已成为综合国力的重要标志。

第三讲
光荣使命

新时代承载大梦想,新时代开启大事业,新时代需要大担当。中国共产党顺应时代潮流,指引创造发展奇迹,在中国大地上展现出了中华民族伟大复兴的光明前景。

以百倍的信心、勇气和干劲,在新征程上努力担当民族复兴大任,勇敢担负起党赋予的光荣时代使命。

中华民族的昨天:
"雄关漫道真如铁"。
中华民族的今天:
"人间正道是沧桑"。
中华民族的明天:
"长风破浪会有时"。

一、实现伟大复兴中国梦是中国共产党与生俱来的光荣使命

实现中华民族伟大复兴,是中华民族近代以来最伟大的梦想。这个梦想,凝聚了几代中国人的夙愿,是每一个中华儿女的共同期盼。中国共产党是实现中华民族伟大复兴中国梦的领导者,这是历史和时代赋予中国共产党人的崇高使命和艰巨重任。

(一)对伟大梦想的追求深深融化在中国人民的血脉中

在几千年历史长河中,中国人民不仅始终心怀梦想,更不懈追求梦想。最好最优的人与自然的关系:盘古开天、女娲补天、伏羲画卦、神农

> 大同社会:"大道之行也,天下为公,选贤与能,讲信修睦。故人不独亲其亲,不独子其子,使老有所终,壮有所用,幼有所长,矜寡孤独废疾者皆有所养,男有分,女有归。货恶其弃于地也,不必藏于己;力恶其不出于身也,不必为己。是故谋闭而不兴,盗窃乱贼而不作,故外户而不闭。是谓大同。"(《礼记·礼运》)

> 天下情怀:"视人之国,若视其国;视人之家,若视其家;视人之身,若视其身。是故诸侯相爱,则不野战;家主相爱,则不相篡;人与人相爱,则不相贼;君臣相爱,则惠忠;父子相爱,则慈孝;兄弟相爱,则和调。天下之人皆相爱,强不执弱,众不劫寡,富不侮贫,贵不敖贱,诈不欺愚。凡天下祸篡怨恨,可使毋起者,以相爱生也,是以仁者誉之"。(《墨子·兼爱》)

尝草、夸父追日、精卫填海、愚公移山等古代神话表现的就是中国人民最初的梦想。这些梦想更多反映的是通过征服自然、改造自然,甚至包括创造自然来建设美好家园,为此赴汤蹈火、舍生取义在所不惜。

最好最优的人与社会的关系:随着历史的发展,追求建设美好的社会,"大同社会"是中国传统文化中人类社会的最高阶段,反映了当时人们对公平正义美好生活的向往,对自由平等的憧憬和追求,代表着中华儿女对未来社会的美好憧憬。这种社会理想其影响一直绵延不断。"中华民族历来讲求'天下一家',主张民胞物与、协和万邦、天下大同,憧憬'大道之行,天下为公'的美好世界。"①

(二)共产主义是人类社会最美好最科学的理想

在马克思主义的共产主义思想产生以前,各种"共产主义"的思潮被

---

① 习近平:《在中国共产党与世界政党高层对话会上的主旨讲话》,人民网,2017年12月1日。

冠以"乌托邦""空想"等字眼。马克思恩格斯考察人类社会发展规律和资本主义社会的特殊规律，批判继承前人优秀成果，总结工人运动的经验和教训，使共产主义走向科学化。

1. 科学的

A．人类社会是要进步；从低级向高级阶段发展，是向上的发展不是循环。（唯物主义历史观）

B．剩余价值是资本积累的源泉。资本积累就是资本家依靠剥削工人创造的剩余价值而实现的。（剩余价值说）

2. 美好的

A．广度上。"过去的一切运动都是少数人的，或者为少数人谋利益的运动。无产阶级的运动是绝大多数人的，为绝大多数人谋利益的独立的运动。"（《共产党宣言》，马克思恩格斯）。要依靠绝大多数人即无产阶级的力量建立没有剥削和压迫的理想社会。

B．深度上。理想社会中，"消除阶级和阶级对立的联合体"，在其中，"一切人"都能自由发展。"每个人的自由发展是一切人的自由发展的条件。"人们共同而有计划地利用生产力，与自然高度和谐，把生产发展到能够满足全体成员需要的规模；彻底消灭阶级和阶级对立，共同享受大家创造出来的福利，社会全体成员得到全面发展。

3. 崇高的

人民群众是历史的创造者，他们就理所应当地成为社会的主人。建立共产主义社会，是阶级斗争的必然结果，符合人类社会发展规律。

（三）中国共产党人的历史使命

"中国共产党一经成立，就把实现共产主义作为党的最高理想和最终目标，义无反顾肩负起实现中华民族伟大复兴的历史使命。"[①]

[①] 习近平：《决胜全面建成小康社会 夺取新时代中国特色社会主义伟大胜利——在中国共产党第十九次全国代表大会上的报告》，人民网，2017年10月18日。

曾经的梦

> 我们将会把若干年帝国主义者们所给予我们的创痕与血迹，医涤得干干净净。我们将不再见什么帝国主义者们的兵舰与军队在中国内地及海边停留着……军阀的争斗，饥饿，水灾，以及一切苦难，都将成为过去的一梦。

> 梦想中的中国，是一个太平的国家，富足，强盛，中国人走到外国去不被轻视，外国人走到中国来，让我们敢骂一声"洋鬼子"——你知道，先生，现在是不敢骂的。

> 康有为、梁启超等维新派谋求政治制度变革，主张用君主立宪，但以光绪皇被囚、戊戌六君子被杀宣告失败。

> 辛亥革命推翻封建帝制，建立民主共和。国家民族的命运被军阀和帝国主义所操纵。

> 林则徐、魏源等主张"师夷长技以制夷"；洋务派兴学堂、办实业。然而，北洋水师在甲午海战的全军覆没，宣告了洋务派"强国梦"的破灭。

中国人也曾作出不懈努力，但都失败了。

中国共产党一经成立，就把马克思主义写在自己的旗帜上，把实现共产主义作为最高理想和最终目标，义无反顾肩负起实现中华民族伟大复兴的历史使命，把党实现中华民族伟大复兴的民族国家历史使命与共产主义的世界历史远大使命有机统一起来。

——她是以马克思主义为指导思想建立起来的政党，注定了要承载起拯黎民于水火、救民族于危难、挽狂澜于既倒、扶大厦于将倾的重大责任，注定了要担负起带领中国人民谋求民族独立、人民解放和国家富强、人民幸福，实现中华民族伟大复兴的历史使命。

"我们所做的一切都是为人民谋幸福，为民族谋复兴，为世界谋大同。"①在近百年的奋斗历程中，为人民谋幸福，为民族谋复兴，为世界谋大同，引领我们党的发展方向，昭示中国共产党人事业的正义性，彰显中国共产党人的使命担当。

二、中国共产党是光荣使命的最好担当者

没有一种担当，比肩负民族的前途命运更为伟大。没有一项使命，比实现人民的共同梦想更为崇高。中国共产党百年光辉历程，始终围绕着实现民族复兴梦展开，党的历史就是一部践行初心和使命的奋斗史。实践充分证明，中国共产党是民族复兴使命的合格担当者，只有中国共产党才能带领人民实现中华民族伟大复兴的梦想。

（一）中国共产党带领中华民族"站起来"

中国共产党的成立，始终把国家民族利益放在首要位置。

1922年，党的二大就确定了反帝反封建的革命纲领。大革命时期，喊出了打倒列强、除军阀的口号。

1931年九一八事变的第三天，党中央就通电全国，呼吁停止内战、一致对外。愿意把自己的军队改编成国民革命军的一部分，愿意把自己的根据地变成国民政府统一管辖下的边区，推动实现全民族团结抗战。深入敌后抗日，消灭和牵制大量日伪军，对中国以至世界反法西斯战争的胜利做出巨大贡献。始终解决民生问题，实现人民民主权利。

土地革命战争时期，实施"打土豪，分田地"政策；抗日战争时期，为了争取地主富农抗日，改行减租减息政策；解放战争时期，没收地主多余的土地分给农民。在自己局部执政的区域，中国共产党实行了普选，在政权组成人员的分配上，实行"三三制"。

---

① 《习近平会见联合国秘书长古特雷斯》，人民网，2018年4月9日。

> A．以毛泽东同志为核心的第一代中央领导集体完成了新民主主义革命，确立了社会主义基本制度，为当代中国一切发展进步奠定了根本政治前提和制度基础。B．在社会主义建设中，虽然经历了严重曲折，但"取得的独创性理论成果和巨大成就，为新的历史时期开创中国特色社会主义提供了宝贵经验、理论准备、物质基础"。

——经过28年奋战，中国共产党带领中国人民推翻帝国主义、封建主义、官僚资本主义统治，完成了新民主主义革命，建立了中华人民共和国，使中国人从此站立起来。1949年中华人民共和国成立，旧的不平等条约、帝国主义国家攫取的非法权益被一概废除，中华民族站起来。

中华人民共和国成立后，充分调动各阶层的积极性，为恢复和发展国民经济做出不懈努力。1952年底，国民经济恢复到旧中国的最高水平，国民党留下的严重通货膨胀问题也解决了。从1953年到1956年，中国共产党领导人民实现对个体农业、手工业和资本主义工商业的社会主义改造，建立了社会主义的基本制度，完成了中华民族有史以来最为广泛而深刻的社会变革。

——团结带领人民完成社会主义革命，推进社会主义建设，实现了中华民族由近代不断衰落到根本扭转命运、持续走向繁荣富强的伟大飞跃，为中华民族伟大复兴奠定了坚实基础。中华民族站稳了。

（二）中国共产党带领中华民族"富起来"

"一个是底子薄。帝国主义、封建主义、官僚资本主义长时期的破坏，使中国成了贫穷落后的国家。……现在中国仍然是世界上很贫穷的国家之一。……第二条是人口多，耕地少。现在全国人口有九亿多，其中百分之八十是农民。……吃饭、教育和就业就都成为严重的问题。"[①]改变贫穷落后面貌是党和国家的主要任务。

---

① 邓小平：《坚持四项基本原则》，《邓小平文选》（第二卷），北京：人民出版社，1994年，第163页。

党的十一届三中全会实现了中华人民共和国成立以来具有深远意义的伟大转折,实现工作重心转移,在不断开创和拓展中国特色社会主义道路的过程中,中国共产党领导人民取得了国家建设和发展的重大成就。

1978年,我国GDP总量为3645.2亿元,人均381元;2012年,我国GDP为519322亿元,人均GDP为38354元。在三十多年里,我国GDP年均增长近10%,GDP总量在2010年跃居世界第2位,重要工农业产品的产量跃居世界前列。

1978年,中国还是贫困国家,温饱还没有解决,农村家庭的恩格尔系数约68%,城镇家庭约59%,平均计算超过60%;到2012年,城镇居民恩格尔系数37.1%,接近中等收入国家水平,农村居民家庭为40.8%,农村绝对贫困人口从1978年的2.5亿下降到2007年的1479万,贫困发生率从1978年的30%下降到2007年的1.6%。

同时,民主法治建设取得长足进步,不断推进政治体制改革,加强民主法治建设,建立了基层群众自治制度,中国人民享受着越来越多的民主自由权利,法治环境愈加完善;中国文化走出国门,产生着越来越大的影响;教育事业的规模位居世界前列,质量也有很大程度提高;科技创新能力明显增强,有些领域已居于世界领先地位;体育事业发展迅速,竞技体育的很多项目达到世界最高水平;社会保障制度初步建立起来,已覆盖到全国城乡大部分人群。

改革开放后的第一个30年,中国取得了举世公认的成就,走过了有些国家用一百多年甚至更长时间走过的现代化历程,创造了人类发展史上的奇迹,从根本上改变了贫穷落后的旧面貌,中国人民富起来。

(三)中国共产党带领中华民族"强起来"

"党的十八大以来,在新中国成立特别是改革开放以来我国发展取得的重大成就基础上,党和国家事业发生历史性变革,我国发展站到了新的历史起点上","解决了许多长期想解决而没有解决的难题,办成了许多过去想办而没有办成的大事",推动党和国家事业发生历史性变革。

——经济建设取得重大成就。经济保持中高速增长,经济结构不断优

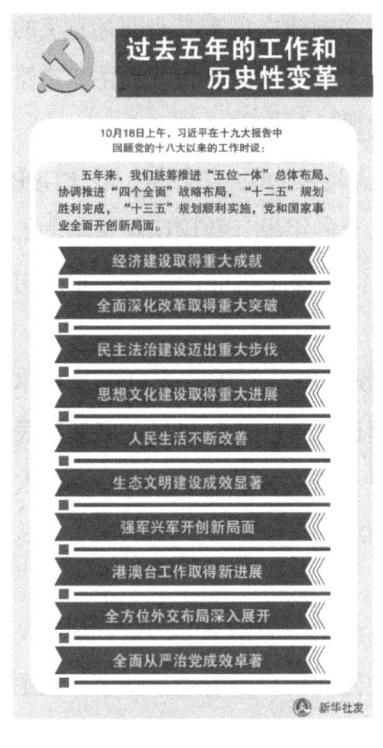

化,新兴产业蓬勃发展,基础设施建设快速推进。农业现代化稳步推进,区域发展协调性增强。创新型国家建设成果丰硕。对外贸易、对外投资、外汇储备稳居世界前列。

——全面深化改革取得重大突破。重要领域和关键环节改革取得突破性进展,主要领域改革主体框架基本确立。中国特色社会主义制度更加完善,国家治理体系和治理能力现代化水平明显提高。

——民主法治建设迈出重大步伐。党的领导体制机制不断完善,社会主义民主不断发展,社会主义协商民主全面展开,爱国统一战线巩固发展,民族宗教工作创新推进。

——思想文化建设取得重大进展。中国特色社会主义和中国梦深入人心,社会主义核心价值观和中华优秀传统文化广泛弘扬。文艺创作持续繁荣,文化事业和文化产业蓬勃发展,国家文化软实力和中华文化影响力大幅提升。

——人民生活不断改善。人民获得感显著增强,脱贫攻坚战取得决定性进展。教育事业全面发展,就业状况持续改善,人民健康和医疗卫生水平大幅提高,社会大局保持稳定,国家安全全面加强。

——生态文明建设成效显著。重大生态保护和修复工程进展顺利,生态环境治理明显加强。

——强军兴军开创新局面。人民军队在中国特色强军之路上迈出坚定步伐。

——港澳台工作取得新进展。

——全方位外交布局深入展开。形成全方位、多层次、立体化的外交布局。倡导构建人类命运共同体，促进全球治理体系变革。国际影响力、感召力、塑造力进一步提高。

——全面从严治党成效卓著。全面加强党的领导和党的建设，党的建设制度改革深入推进，党内法规制度体系不断完善。不敢腐的目标初步实现，不能腐的笼子越扎越牢，不想腐的堤坝正在构筑。

为了实现中华民族伟大复兴的历史使命，初心不改、矢志不渝，团结带领人民历经千难万险，付出巨大牺牲，敢于面对曲折，勇于修正错误，攻克了一个又一个看似不可攻克的难关，创造了一个又一个人间奇迹。

三、只有中国共产党才能承担光荣使命

"办好中国的事情，关键在党"。中国共产党是民族复兴的主心骨，能够把中国各地区、各民族十几亿人力量凝聚起来，除了中国共产党，没有任何一个政治组织具有这样的条件和能力。坚持和完善中国共产党的领导，是党和国家的根本所在、命脉所在，是全国各族人民的利益所在、幸福所在，是实现国家富强、民族振兴、人民幸福伟大梦想的"中流砥柱"。

为什么，只有中国共产党才能担当光荣使命，才能完成历史赋予的重任？

（一）始终坚定信仰

中国共产党始终奉行马克思主义理论，始终坚定对马克思主义的信仰。理论的坚定性，锻造了这个党的信仰坚定性和道路坚定性，促使她始终如一地坚定追求共产主义事业，追求为人民谋幸福、为民族谋复兴的宏伟大业。

中国共产党不是把马克思主义理论作为束之高阁的本本和一成不变的教条，而是将马克思主义的基本原理原则与中国的具体实际紧密结合，指导活生生的社会实践，随着实践的发展创造性地丰富和发展这一理论，与时俱进地把这一理论不断推向新高度、新境界。

> （马列著作）特别深刻地铭记在我的心中，使我树立起对马克思主义的信仰。我接受马克思主义、认为它是对历史的正确解释，以后，就一直没有动摇过。①

在马克思主义中国化的历史进程中，中国共产党人不断根据时代特点和实践要求，以实践为源泉，以问题为导向，具体地指导中国革命、建设、改革中遇到的各种疑难问题，不断总结出创造性的理论成果，形成了毛泽东思想和中国特色社会主义理论体系，分别回答了在经济文化十分落后的中国如何建设马克思主义政党、开辟新民主主义革命新路、夺取社会主义革命和建设伟大胜利并进而建设中国特色社会主义、实现中华民族伟大复兴等一系列重大问题。

（二）始终扎根人民

人民是伟大梦想的主体，伟大梦想是伟大人民的梦想，人民既是伟大梦想的享有者和受益者，也是实现伟大梦想的参与者和创造者。共产党是为民族、为人民谋利益的政党，它本身决无私利可图。"我们这个队伍完全是为着解放人民的，是彻底地为人民的利益工作的。"②

中国共产党始终强调，党不变的根基在人民之中，党的力量来自于人民，党的根本立场就是人民立场。这个党始终把人民放在心中最高位置，把人民拥护不拥护、赞成不赞成、高兴不高兴、答应不答应作为衡量一切工作得失的根本标准。

特别是进入改革开放历史时期，更是坚持把改革开放事业看作亿万人民自己的事业，始终尊重人民首创精神，把人民的要求和党的主张高度统一起来，顺应人民自身的要求，一切为了人民、一切依靠人民，充分发挥广大人民群众的积极性、主动性、创造性，从人民群众中寻找政治智慧、增强执政本领、提高领导艺术，从人民群众中得到推动发展的根本力量，

---

① 毛泽东：《毛泽东自述》（增订本），北京：人民出版社，1996年，第45页。
② 毛泽东：《为人民服务》，《毛泽东选集》（第三卷），北京：人民出版社，1991年，第1004页。

因而能够不断把改革开放和中国特色社会主义事业推向前进。这个党坚信，要取得成功，根本条件和秘诀，就是始终与人民同呼吸、共命运、心连心，正如习近平所说："离开了人民，我们就会一事无成。"①

（三）始终自我革新

中国共产党的一个鲜明品格，就是能够不断进行自我革命、不断进行自我奋斗，以永葆党的先进性、纯洁性。从建立之初只有几十个人的小党，逐步成长、壮大为拥有几千万党员的执政大党，中国共产党具有一种内在活力和生机，善于自我净化、自我完善、自我革新、自我提高，具有极强的纠错机能和修复机制。中国共产党历来主张，在思想上不断开展积极的思想斗争，保证信仰的坚定性；在组织上不断加强组织建设，保证队伍的纯洁性；在政治上不断强化纪律和规矩意识，保证党能够完成肩负的历史重任和崇高使命。

一路走来，筚路蓝缕，不全是顺境，许多时候是处在逆境和挫折当中，经过许许多多的艰难险阻，甚至犯过错误，有过失败，但是，处在逆境中时，仍然能够正视自己，在挫折当中，能够越挫越勇；在错误当中，能够不断地修正缺点，改正错误。正因为这个党具有自我净化、自我完善、自我革新、自我提高的精神，所以当她遇到困难、挫折甚至犯错误的时候，并不会消沉下去，最后总能够通过自我革命和自我纠偏，总结经验教训，变错误和挫折为动力，并从中得到升华和超越，从而走出困境，最终走向胜利。

> 错误和挫折教训了我们，使我们比较地聪明起来了，我们的事情就办得好一些。任何政党，任何个人，错误总是难免的，我们要求犯得少一点。犯了错误则要求改正，改正得越迅速，越彻底，越好。②

---

① 习近平：《在常学带新中加强理论修养 在知行合一中主动担当作为》，人民网，2019年3月日。
② 毛泽东：《论人民民主专政》，《毛泽东选集》（第四卷），北京：人民出版社，1991年，第1480页。

（四）始终建强组织

中国共产党自创立时候起，就把政治纪律、政治规矩挺在前面，正如习近平总书记所说："没有规矩不成其为政党，更不成其为马克思主义政党。"经过近百年党的建设洗礼，中国共产党形成了一整套规矩体系，保证了这个党在严格有序的范围内活动，也保证了这个世界第一大政党在治党、治国方面能够稳步地走向成功。

中国共产党组织严密，人数众多，战斗力和动员力强大。从南昌起义、三湾改编到古田会议，中国共产党通过政治简报、训练班等方法，逐渐确立了党对军队的绝对领导和从思想上建党的思想。抗日战争时期，党的各级宣传机构领导和组织社会各界人士进行抗日救国运动，为中国革命的胜利提供了根本保证。在社会主义建设时期和改革开放新时期，通过开展真理标准问题大讨论、拨乱反正等活动为中国共产党提供了有力的精神动力和舆论环境。新时代依然要不断增强党的号召力、组织力与凝聚力，积极发挥各级党组织的坚强堡垒作用。

四、在新的历史时期勇担光荣使命

实践发展永无止境，矛盾无止境，问题无止境。我们已经站在一个新的历史起点，正在进行具有许多新的历史特点的伟大斗争，面临的新情况新问题越来越多、矛盾和困难越来越多、风险和挑战越来越多，阻力和压力也会越来越大。当代中国正处于爬坡过坎的紧要关口，进入发展关键期、改革攻坚期、矛盾凸显期，许多问题相互交织、叠加呈现。——实现新时代历史使命必须

> 我国发展站到了新的历史起点上，中国特色社会主义进入了新时代，我们比历史上任何时期都更接近、更有信心和能力实现中华民族伟大复兴的目标。①

---

① 习近平：《实现中华民族伟大复兴的中国梦是新时代中国共产党的历史使命》，新华社，2017年11月8日。

付出更为艰苦的努力。

如何顺应和平、发展、合作的时代潮流,在识变、应变、求变中急起直追?如何更好统筹国内国际两个大局,在激烈的国际竞争中赢得优势、赢得主动、赢得未来?如何破解前进道路上面临的各种难题?如何有效应对重大挑战、抵御重大风险、克服重大阻力、解决重大矛盾?

——统揽伟大斗争、伟大工程、伟大事业、伟大梦想。

把伟大斗争、伟大工程、伟大事业、伟大梦想作为一个统一整体提出来,是一个重大理论创新,体现了奋斗目标、实现路径、前进动力的高度统一,体现了历史传承、现实任务、未来方向的高度统一。

(一)实现伟大梦想,必须进行伟大斗争

要更加自觉地坚持党的领导和我国社会主义制度,对一切否定党的领导、否定我国社会主义制度、否定改革开放的言行,对一切歪曲、丑化、否定中国特色社会主义的言行,对一切违背、歪曲、否定党的基本路线的言行,必须旗帜鲜明地反对和抵制。

要更加自觉地维护人民利益,坚决防止和反对脱离群众、损害和侵占群众利益的行为。

要更加自觉地投身改革创新时代潮流,敢于向积存多年的顽瘴痼疾开刀,坚决清除妨碍生产力发展的体制机制障碍。

要更加自觉地维护我国主权、安全、发展利益,坚决反对一切分裂祖国、破坏民族团结和社会和谐稳定的行为。

要更加自觉地防范各种风险,增强忧患意识、风险意识,坚决战胜一切在政治、经济、文化、社会等领域和自然界出现的困难和挑战。

(二)实现伟大梦想,必须建设伟大工程

要始终成为时代先锋、民族脊梁,保持马克思主义政党本色,自身必须始终过硬。越是目标远大、任务艰巨,越是挑战频仍、矛盾集中,越是要把党建设得更加坚强有力,越是要求全党同志精神状态、思维方式、行为方式、工作方式有新的转变,素质能力有新的提升。

要牢固树立全面从严治党永远在路上的理念，消除一切损害党的先进性和纯洁性的因素，清除一切侵蚀党的健康肌体的病毒，不断增强管党治党的系统性、预见性、创造性、实效性，不断增强党的政治领导力、思想引领力、群众组织力、社会动员力，确保党永葆旺盛生命力和强大战斗力。

要把党的政治建设摆在首位，用习近平新时代中国特色社会主义思想武装全党，建设高素质专业化干部队伍，加强基层组织建设，持之以恒正风肃纪，夺取反腐败斗争压倒性胜利，健全中国特色国家监察体制，全面增强执政本领。

（三）实现伟大梦想，必须推进伟大事业

新时代推进伟大事业，必须保持强大政治定力，坚定道路自信、理论自信、制度自信、文化自信，既不走封闭僵化的老路，也不走改旗易帜的邪路，坚定不移走中国特色社会主义道路。

要深刻认识新时代坚持和发展中国特色社会主义的新要求，顺应我国社会主要矛盾发生的新变化，准确把握实现"两个一百年"奋斗目标新的战略安排，统筹推进"五位一体"总体布局，协调推进"四个全面"战略布局，在继续推动发展的基础上，着力解决好发展不平衡不充分问题，大力提升发展质量和效益，更好满足人民在经济、政治、文化、社会、生态等方面日益增长的需要，更好推动人的全面发展、社会全面进步。

知识点

中国梦的提出

2012年11月29日，习近平和其他中央政治局常委来到国家博物馆，走进一个个展厅，仔细观看展览，认真听取工作人员讲解。一幅幅图片，一张张图表，一件件实物，一段段视频，把人们带回了近代以来跌宕起伏、波澜壮阔的难忘岁月。在参观完展览后，习近平深情提出并深刻阐述了"中国梦"，指出：每个人都有理想和追

求，都有自己的梦想。现在，大家都在讨论中国梦，我以为，实现中华民族伟大复兴，就是中华民族近代以来最伟大的梦想。正是从这时起，中国梦成为全党全社会乃至全世界高度关注的一个重要思想概念。

中国梦再出发，
感悟祖国伟大风云录。

第四讲
基本经验

导言：靠总结经验吃饭

1965年，毛泽东在会见李宗仁夫妇时，突然对李宗仁的机要秘书程思远说："你知道我靠什么吃饭吗？"来宾不知如何回答。毛泽东同志意味深长地说："我是靠总结经验吃饭的。"善于总结经验、把握规律，是中国共产党人的历史自觉，也是推动工作的制胜法宝。

1992年，邓小平在南方谈话中指出，每年领导层都要总结经验，对的就坚持，不对的赶快改，新问题出来抓紧解决。总结经验就是为了坚持对的、改正不对的，既避免犯同样的错误，也能廓清迷雾、找准方向，更好地行稳致远。

陈云说，在前进中随时总结经验，这是提高自己的重要方法。一个人提升自己有很多途径和方法，概括起来无非一靠学习，二靠实践。

总结经验既是一种态度，也是一种能力；既是一种方法，也是一种作风。不断总结经验，努力寻求事物发展变化的客观规律，才能纠正错误，解决问题，赢得革命战争的胜利，取得建设和改革开放事业的伟大成就。

一、善于总结经验是中国共产党人的特质

"靠总结经验吃饭"既是毛泽东对自己一生成功之道的高度概括，也是对中国共产党成功之道的科学总结。

（一）善于总结经验、勇于自我革新是马克思主义信仰的题中之意

马克思主义是随着实践的发展和时代的进步而不断丰富发展的科学理论。马克思指出，无产阶级革命与其他任何革命不同的地方，就在于它"经常自己批判自己"。恩格斯在《〈英国工人阶级状况〉序言》中提出，"伟大的阶级，正如伟大的民族一样，无论从哪方面学习都不如从自己所犯错误的后果中学习来得快"。

马克思主义是发展的理论，不迷信任何权威与时俱进是马克思主义理论的宝贵品质，伴随时代的发展而发展，这是马克思主义始终保持旺盛生命力的原因所在。实事求是是中国共产党的思想路线，中国共产党人将马克思主义与实践相结合，以发展的马克思主义来指导实践，并在实践中发展马克思主义。

中国具体实践不断发展变化，马克思主义基本原理与中国具体实际相结合，不可能是一劳永逸的一次性的工作。一方面，只有在实践中大胆探索，不断地总结经验，及时纠正错误，才能使主观符合客观，做到实事求是。另一方面，只有坚持实事求是的科学态度和科学精神，才能正确地总结经验。

善于总结经验的民族、国家、政党、团体、企业和个人才能取得更大的成就，才能发展得更好、更快，才

> 人类的历史，就是一个不断地从必然王国向自由王国发展的历史。这个历史永远不会完结。在有阶级存在的社会内，阶级斗争不会完结。在无阶级存在的社会内，新与旧、正确与错误之间的斗争永远不会完结。在生产斗争和科学实验范围内，人类总是不断发展的，自然界也总是不断发展的，永远不会停止在一个水平上。因此，人类总得不断地总结经验，有所发现，有所发明，有所创造，有所前进。[①]

---

① 毛泽东：《学习马克思主义的认识论和辩证法》，《毛泽东文集》（第八卷），北京：人民出版社，1999年，第325页。

能走在时代前列；反之则落伍于时代，落伍于竞争者，甚至为历史所淘汰。重视总结经验、善于总结经验，是成就任何事业的秘诀。

（二）善于总结经验、勇于自我革新是为民服务宗旨的题中之意

从诞生之日起，我们党就把"为中国人民谋幸福、为中华民族谋复兴"作为初心使命。中国共产党"除了工人阶级和最广大人民群众的利益，没有自己特殊的利益"。中国共产党谋的就是"绝大多数人的利益"；人民是中国共

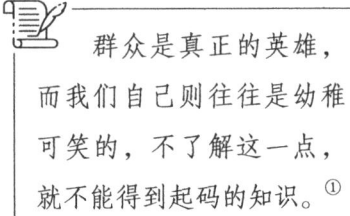

群众是真正的英雄，而我们自己则往往是幼稚可笑的，不了解这一点，就不能得到起码的知识。①

产党的根基所在、血脉所系。顺应人民求幸福、民族求复兴的潮流，站在最广大人民这一边，站在历史正确的一边，就能始终拥有面向未来、面对挑战、永立潮头的不竭动力。

着眼于党和人民事业的长远发展，以对人民高度负责的态度郑重对待党的历史，能够抛开个人恩怨，以发展的眼光全面总结党的正反两个方面的历史经验，进而形成统一的思想认识，勇于纠正错误，并从中吸取宝贵的经验教训，使全党从新的历史起点出发，继续坚定不移地为党和人民的事业而不懈奋斗。

人民群众是实践的主体，也是认识的主体。他们站在实践的第一线，有着丰富的感性经验和深刻的理性认识，总结历史经验必须依靠人民和集体的智慧。人民群众是实践的主体，也是认识的主体。他们站在实践的第一线，有着丰富的感性经验和深刻的理性认识。党对中国革命和建设经验的认识，是从实践过程中得出来的，是对人民群众实践经验的概括和提炼。

---

① 毛泽东：《农村调查的序言和跋》，《毛泽东选集》（第三卷），北京：人民出版社，1991年，第790页。

(三)善于总结经验、勇于自我革新有坚强党的组织的题中之意

全党统一意志、统一行动、步调一致前进,这是党在有着13亿多人口的大国长期执政、凝聚起磅礴中国力量的关键所在。对党的重大历史问题取得基本一致的认识,是统一党内思想、增强党的团结、加强党的建设的首要前提和基础。

民主集中制是中国共产党的根本组织制度和领导制度,是保证党的路线方针政策正确制定和执行的科学的合理的有效率的制度。通过民主,党员和党组织生活意愿的充分表达和积极性主动性创造性的有效发挥;通过集中,全党智慧、力量的凝聚和行动的一致。

通过建立集体领导制度,实行集体领导和个人分工负责相结合,坚持科学民主依法决策,尊重党员主体地位、保障党员民主权利,畅通党员参与讨论党内事务的途径。同时,中国共产党向来坚持干部标准,精准科学选人用人,把党和人民需要的好干部精心培养起来、及时发现出来、合理使用起来。党性坚强、党纪严明,勇于把自己摆进去,勇于自我批评、自我剖析、刮骨疗伤。

二、中国共产党人在总结历史经验中不断前进

(一)总结历史经验是中国共产党取得革命胜利的重要武器

在革命时期,中国共产党作为一个革命性政党,要想最终取得战争的胜利,必须拥有独立的政治路线,同时也要依靠组织上的巩固。这都需要我们对中国革命、中国社会的特点和规律进行总结。

1. 遵义会议

1935年1月,中共中央政治局在遵义召开了扩大会议,独立自主地运用马克思主义基本原理解决自身在路线、方针、政策上面临的突出问题。结束了"左"倾教条主义错误在中央的统治,在极端危急的历史关头,挽救了党,挽救了红军,挽救了中国革命。

A．奠定了红军长征和中国革命胜利的基础。明确回答了红军在战略战术方面的是非问题，重新肯定了以毛泽东同志为代表的正确军事路线，解决了党内所面临的最迫切的组织问题和军事问题。

B．开创了中国共产党独立自主领导中国革命的先河。中国共产党开始独立自主地解决中国革命的重大问题，确立中国革命的基本方针原则，制定了一系列正确政治路线和政策策略。

C．开启了马克思主义中国化的新征程。把马克思主义基本原理同中国革命具体实际相结合，把中国国情和时代特征相结合，为毛泽东思想的形成奠定了坚实的思想政治基础。

2．六届六中全会

1938年9月，六届六中全会召开。毛泽东称之为"决定中国之命运"的重要会议。

A．总结抗战经验。总结抗战以来15个月的主要经验：政治上，坚持长期作战的全面抗战路线。军事上，坚持游击战争的战略方针。统一战线上，坚持独立自主的基本策略。

B．推动马克思主义中国化。第一次提出"马克思主义中国化"的命题。毛泽东号召"来一个全党的学习竞赛"，培养"系统地""实际地"而不是"零碎地""空洞地"理解马克思主义的党员干部。

C．形成新的中央领导集体。1939年6月的《共产国际》第6期在称毛泽东为"中国共产党的领导者与组织者之一""中国共产党卓越领导人之一""不屈不挠的领袖和民族英雄"。

D．夯实伟大工程基石。第一次把党的建设称之为"伟大的工程"。在纪律方面，全会重申了个人服从组织、少数服从多数、下级服从上级、全党服从中央的纪律。在组织建设方面，在党内施行民主生活教育，实行民主集中制。在干部队伍方面，"任人唯贤"，善于识别、使用和爱护干部。

3．延安整风

延安整风运动开始于1941年5月，以毛泽东同志在延安高级干部会议上作《改造我们的学习》报告为标志，至1945年4月党的六届七中全会通过《关于若干历史问题的决议》，整风运动胜利结束。

——开创了用整风方式加强党的作风建设的成功范例，形成的理论和实践相结合的作风，和人民

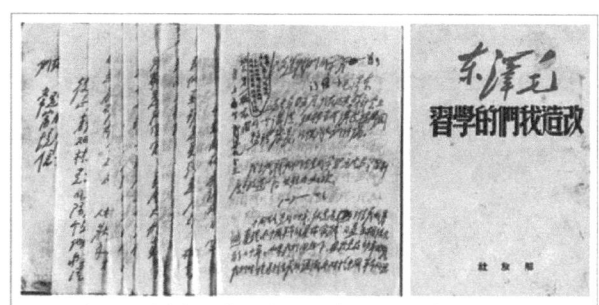

1941年5月，毛泽东在延安高级干部会议上作《改造我们的学习》的报告，深刻批判了主观主义的学风，号召全党树立理论和实际相统一的马克思主义学风。这是毛泽东的手稿和解放社出版的《改造我们的学习》单行本。

群众紧密地联系在一起的作风以及自我批评的作风，成为中国共产党作风建设的源头活水，塑造了中国共产党人独特的人格力量。

A．理论联系实际。以反对主观主义、宗派主义、党八股，树立马克思主义作风为主要内容。许多领导带队深入基层调查研究，成果丰硕。

B．密切联系群众。采取上下结合、领导蹲点、深入群众、调查研究、总结经验等一整套有效的群众路线的工作方法。

C．开展批评和自我批评。毛泽东带头开展批评和自我批评，营造了与人为善、团结同志，同时又敢于批评、帮助同志的良好局面。

D．作风建设。破除党内把马克思主义教条化、把共产国际决议和苏联经验神圣化错误倾向。

（二）总结经验是中国共产党取得建设成功的重要指南

总结经验、发现真理，指引中国共产党在建设时期排除干扰，取得了丰硕成果。

1. 中共八大

1956年，中国共产党第八次全国代表大会：中国共产党在全国范围执政后召开的第一次全国代表大会。目的是探索中国社会主义建设道路的方向。

——以毛泽东为核心的党中央领导集体及时分析、总结我国基本国情，决心走出一条属于中国的、符合中国国情的社会主义建设之路。在总结了新民主主义革命和社会主义革命历史经验的基础上，提出了一系列有

关社会主义建设的方针，社会主义建设思想体系雏形初现。

会议通告全党：即使各项工作取得了极其伟大的成就，但也没有任何值得骄傲自满的地方，一定要牢记"虚心使人进步，骄傲使人落后"这个真理。

八大概述了中国社会主义现代化建设的基本路径——将马克思列宁主义的基本原理与中国建设的具体实际相结合，探索适合中国的社会主义现代化道路，在社会主义经济建设中也必须走这条道路。

2. 七千人大会

1962年，参加中央工作会议的有县委以上的各级党委主要负责人7000人，因此这次大会又称"七千人大会"。

大会对新中国成立以来12年的工作，特别是"大跃进"以来的工作经验和教训进行了总结。

——民主的、批评和自我批评的大会。与会者对各省委、各中央局和中央国家机关提出了批评意见。各地区、各部门的负责人作了自我批评。中央主要领导人在发言中对党的工作、作风方面存在的缺点、错误提出了批评，并主动承担了自己应负的责任。

大会主要解决了三方面的问题：初步总结了"大跃进"以来党在经济工作中的经验教训；发扬了党内民主，开展了批评和自我批评，强调了要恢复实事求是、群众路线的优良作风；动员全党贯彻"八字方针"，切实抓好国民经济的调整工作。

（三）总结历史经验是中国共产党奋勇改革的重要动力

1. 十一届三中全会

1978年，中国共产党在十一届三中全会上明确了建设社会主义事业的根本指导思想，廓清了基本国情、明确了时代主题。

——高度评价关于真理标准问题的讨论，认为关于实践是检验真理的唯一标准问题的讨论，促进全党同志和全国人民解放思想，端正思想路线。

——根据新的历史条件和实践经验，采取一系列新的重大的经济措施,对经济管理体制和经营管理方法着手进行认真的改革,在自力更生的基础上积极发展同世界各国平等互利的经济合作。

——坚持实事求是地解决历史遗留问题,科学评价毛泽东同志的伟大功绩,全面准确掌握毛泽东思想。

从根本上冲破了长期以来"左"倾思想的严重束缚,开始了系统的拨乱反正,结束了1976年10月以来党的工作在徘徊中前进的局面。端正了党的指导思想,重新确立了马克思主义的思想路线、政治路线和组织路线,确定把党和国家的工作重点转移到社会主义现代化建设上来,作出了实行改革开放的重大决策,开辟了改革开放和社会主义现代化建设的历史新时期。

2. 党的十四大

1992年,中国共产党第十四次全国代表大会召开,第一次明确提出了建立社会主义市场经济体制的目标模式,对改革开放以来党领导全国各族人民的伟大实践作了基本总结。十四年伟大实践经验：毫不动摇地坚持以建设有中国特色社会主义理论为指导的党的基本路线。

十四大还作出了三项大的决策。

A. 抓住机遇,加快发展。有条件能搞快一些的就快一些。不要被一些姓"社"姓"资"的抽象争论束缚自己的思想和手脚。

B. 确立社会主义市场经济体制的改革目标。第一次明确提出了建立社会主义市场经济体制。

C. 确立了邓小平建设有中国特色社会主义理论在全党的指导地位。

3. 党代会的正常化

改革开放以来,党代会召开恢复常态,中国共产党用五年一次规律性的总结作为一个又一个的新起点,不断调整发展策略,每一次总结既是一次阶段性地成绩汇报,又是一次立足现实对未来的展望。

——十二大(1982年),提出"走自己的道路,建设有中国特色的社会主义"的重要思想。大会通过的《中国共产党章程》,对党的民主集中制和各项组织制度、党的纪律作了更充分、更具体的规定。

——十三大(1987年),提出并系统阐述了社会主义初级阶段理论,制定党在社会主义初级阶段的基本路线，制定"三步走"发展战略和各项改革任务。

——十四大（1992年），确立邓小平建设有中国特色社会主义理论在全党的指导地位，概括了建设有中国特色社会主义理论的主要内容。

——十五大（1997年），提出社会主义初级阶段的基本纲领，规划跨世纪发展的战略部署。

——十六大（2002年），提出全面建设小康社会的战略目标，把"三个代表"重要思想写入党章。

——十七大（2007年），是对科学发展观的时代背景、科学内涵和精神实质进行了深刻阐述，对深入贯彻落实科学发展观提出了明确要求。

直到今天，中国共产党仍然孜孜不倦地从历史经验中汲取养分。从党的十七大报告对中国深刻变革与机遇的分析，到党的十八大报告对"两个一百年"目标的庄严承诺，以及党的十九大报告中，习近平对中国社会主要矛盾的最新概括，都是中国共产党在历史经验的基础上不断展望未来，不断对政策做出预见性的调整。

三、在不断总结经验中持续前进

（一）坚定不移地探索适合自己路

世界上没有放之四海皆准的革命和建设道路，也没有一成不变的革命和建设理论。只有科学运用马克思主义、深刻认识本国国情、正确判断时代特征，才能找到通向胜利的道路。新民主主义革命道路就是这样开辟的，中国特色社会主义道路也是这样形成的。

沿着新民主主义革命道路，中国人民推翻了帝国主义、封建主义、官僚资本主义的统治，把命运牢牢掌握在自己手中；沿着中国特色社会主义道路，中国人民的面貌、社会主义中国的面貌、中国共产党的面貌发生了历史性的变化，人民对幸福美好生活的向往正在变成现实。实践证明：中国特色社会主义道路，走得通、走得对、走得好。

（二）顺应时代发展潮流

顺应世界发展大势，把握时代发展潮流，是一切进步事业产生、发展和壮大的根本原因。中国共产党就是在民族民主革命运动成为时代潮流的大势下登上历史舞台的，并迅速走在那个时代的前列，成为时代的弄潮儿。

中华人民共和国是在世界社会主义运动凯歌行进，在被压迫民族解放运动风起云涌的环境中诞生。抓住并成功运用了重要战略机遇期，对世界大势作出了新的准确判断，确立和平与发展是时代主题的认识，推动改革开放和开创中国特色社会主义。

（三）始终植根人民群众

习近平总书记指出："历史和现实都告诉我们，密切联系群众，是党的性质和宗旨的体现，是中国共产党区别于其他政党的显著标志，也是党发展壮大的重要原因；能否保持党同人民群众的血肉联系，决定着党的事业的成败。"[1]

坚持全心全意为人民服务的宗旨，把实现好、维护好、发展好最广大人民根本利益作为一切工作的出发点和落脚点，使党的工作获得最广泛最可靠最牢固的群众基础和力量源泉。始终尊重人民主体地位，尊重人民首创精神，拜人民为师，问政于民、问需于民、问计于民，把政治智慧的增长、执政本领的增强深深扎根于人民的创造性实践之中，极大地调动人民革命、建设和改革的积极性，也极大地推动了革命、建设和改革事业的前进和发展。

（四）加强党的自身建设

党要管党，才能管好党；从严治党，才能治好党。始终把自身建设牢牢抓在手中。坚持解放思想、改革创新，坚持党要管党、全面从严治党，全面加强党的思想建设、组织建设、作风建设、反腐倡廉建设、制度建

---

[1] 习近平：《在党的群众路线教育实践活动工作会议上的讲话》，人民网，2013年6月18日。

设，不断增强自我净化、自我完善、自我革新、自我提高能力，确保党在世界形势深刻变化的历史进程中始终走在时代前列，在应对国内外各种风险和考验的历史进程中始终成为全国人民的主心骨，在坚持和发展中国特色社会主义的历史进程中始终成为坚强领导核心。

 习近平讲党史故事

苏共垮台，"竟无一人是男儿"

我们常说，基础不牢，地动山摇。信念不牢也是要地动山摇的。苏联解体、苏共垮台、东欧剧变不就是这个逻辑吗？苏共拥有20万党员时夺取了政权，拥有200万党员时打败了希特勒，而拥有近2000万党员时却失去了政权。习近平说过，在那场动荡中，竟无一人是男儿，没什么人出来抗争。什么原因？就是理想信念已经荡然无存了。

习近平指出：历史和现实都告诫我们，全党理想信念坚定，党就拥有无比强大力量；全党理想信念淡薄，党就会成为乌合之众，风一吹就散。

第五讲

精神谱系

百年的奋斗历程中，中国共产党培育形成了一系列彰显政党的性质、反映民族精神、体现时代要求、凝聚各方力量的伟大精神。一个个鲜明具体的"坐标"形成了一个可以长久涵养后人的"精神谱系"。这个精神谱系炫目多彩，前后相接，多以地点、事件或代表人物命名，犹如鲜活生动的历史链条，把中国共产党的伟大精神串接起来，展示出来。

> 在一百年的非凡奋斗历程中，一代又一代中国共产党人顽强拼搏、不懈奋斗，涌现了一大批视死如归的革命烈士、一大批顽强奋斗的英雄人物、一大批忘我奉献的先进模范，形成了一系列伟大精神，构筑起了中国共产党人的精神谱系，为我们立党兴党强党提供了丰厚滋养。[1]

一、"精神"之光群星闪耀

（一）革命时期的"精神谱"

1. 红船精神

2005年6月，习近平发表《弘扬"红船精神"走在时代前列》，首次

---

[1] 《习近平在党史学习教育动员大会上的讲话》，人民网，2021年2月21日。

提出并阐释了"红船精神"。2017年10月31日,党的十九大闭幕仅一周,习近平带领新一届中共中央政治局常委专程前往上海和浙江嘉兴,瞻仰中共一大会址和嘉兴红船,回顾建党历史,重温入党誓词,宣示新一届党中央领导集体的坚定政治信念。

一个大党诞生于一条小船。从此,中国共产党引领革命的航船,劈波斩浪,开天辟地,使中国革命的面貌焕然一新。

A. 开天辟地、敢为人先的首创精神。顺应求民族独立、谋人民解放的历史使命,勇立社会历史发展的潮头。

B. 立党为公、忠诚为民的奉献精神。在长期艰苦卓绝的奋斗中,历经曲折而不畏艰险,屡受考验而不变初衷,始终坚定自己的理想和信念,矢志推动中国革命和建设事业的大船不断奋进。

C. 立党为公、忠诚为民的奉献精神。从诞生那天起,从来就没有自己的私利,而是以全心全意为人民谋福利为根本宗旨。

从这里走向井冈山,走向延安,走向西柏坡,由一个领导人民为夺取政权而奋斗的党,成为领导人民掌握政权并长期执政的党。

2. 井冈山精神

1927年10月,毛泽东率领秋收起义部队走上井冈山,开始工农武装割据斗争,中国革命的星星之火在这里点燃。井冈山斗争只有两年零四个月的时间,却有4.8万余人牺牲,平均每天近60人献出生命。腥风血雨中,因为有着坚定的理想信念,不变的初心使命,真正的中国共产党人没有被吓倒,于黑暗中冲破迷雾,杀出一条光明的新路。星星之火,终成燎原之势。

1962年3月,朱德为井冈山亲笔题写了"天下第一山"。第四套百元人民币背面图案为井冈山主峰。

"第一山"不是指它的海拔高度,而是指它在中国革命史上的地位和作用。它直接影响着中国革命的前途和命运。

2016年2月,习近平来到井冈山。他深情地说:"井冈山是革命的山、战斗的山,也是英雄的山、光荣的山,每次来缅怀革命先烈,思想都受到洗礼,心灵都产生触动。回想过去那段峥嵘岁月,我们要向革命先烈表示崇高的敬意,我们永远怀念他们、牢记他们,传承好他们的红色基因。"①

A．坚定执着追理想。井革命根据地和红色政权之所以在胜利中奋进、在挫折中奋起,理想信念起到引领和支撑作用。

B．实事求是闯新路。在井冈山斗争时期,创造性地走出的农村包围城市、武装夺取政权的正确革命道路,是完全不同于历史上农民起义的革命新路,完全不同于苏俄十月革命经验的革命新路。

C．艰苦奋斗攻难关。工农红军、革命根据地和红色政权在物质条件极度匮乏、白色政权经济封锁和军事围剿之下,军民白手起家,奋勇前进。

D．依靠群众求胜利。工农红军深深扎根人民群众之中,"宣传群众、组织群众、武装群众、帮助群众建立革命政权",群众的斗争力量熔成革命胜利的推动之力。

3. 延安精神

延安是中国共产党和人民军队的根据地,是毛泽东思想从形成、发展到成熟的圣地。1935—1948年,中共中央和毛泽东在延安领导、指挥了抗日战争和解放战争,实现了马克思列宁主义同中国实际相结合的第一次历史性飞跃,诞生了毛泽东思想,奠定了中华人民共和国的基石。"延安精神"是中国共产党的传家宝,是中华民族宝贵的精神财富。

A．坚定正确的政治方向。延安时期,许多老一辈无产阶级革命家和仁人志士甘冒出生入死之险,身陷囹圄之难,丧亲失友之痛,错误对待之冤,缺衣少食之苦,抛头颅、洒热血、夙兴夜寐,栉风沐雨,铸造了追求真理者向往的

> 延安精神培育了一代代中国共产党人,是我们党的宝贵精神财富。②

---

① 《习近平春节前夕赴江西看望慰问广大干部群众》,人民网,2016年2月4日。
② 习近平:《扎实做好"六稳"工作 落实"六保"任务奋力谱写陕西新时代赶超新篇章》,人民网,2020年4月24日。

> 共产党人的一切言论行动,必须以合乎最广大人民群众的最大利益,为最广大人民群众所拥护为最高标准。①

精神高地。

B. 解放思想、实事求是的思想路线。每个时代都有每个时代的问题,要解决时代问题,就要深入实际调查研究,理论联系实际。延安时期,中国共产党人成功地推进马克思主义中国化、在理论上实现第一次历史性飞跃。

C. 全心全意为人民服务的根本宗旨。中国共产党响亮地提出了"为人民服务"的口号并在全党认真实践,在中国局部地区建立人民政权并不断扩大执政区域,那时的陕甘宁边区政府,被誉为"民主的政治"。

D. 自力更生、艰苦奋斗的创业精神。毛泽东、周恩来、朱德等老一辈无产阶级革命家,住的是普通的窑洞,用的是部队配发的木椅、木床,为我们做出了良好的表率。

4. 西柏坡精神

1948年5月至1949年3月,中共中央曾在地处太行山东麓的河北省平山县西柏坡办公,在这里指挥了辽沈战役、淮海战役、平津战役三大战役,召开了著名的七届二中全会,毛泽东同志向全党发出"两个务必"的号召。以"两个务必"为核心的西柏坡精神,是党和国家的宝贵精神财富。

> 全党同志要不断学习领会"两个务必"的深邃思想,始终做到谦虚谨慎、艰苦奋斗、实事求是、一心为民,继续把人民对我们党的"考试"、把我们党正在经受和将要经受各种考验的"考试"考好,使我们的党永远不变质、我们的红色江山永远不变色。②

新中国从西柏坡走来。西柏坡时期,是我们党从胜利走向新的胜利时期。

A. 解放战争取得战略决战胜利,中国革命取得全国性胜利

---

① 毛泽东:《论联合政府》,《毛泽东选集》(第三卷),北京:人民出版社,1991年,第1096页。

② 习近平:《调动干部和群众积极性 保证教育实践活动善做善成》,人民网,2013年7月13日。

已成定局。

B．颁布《中国土地法大纲》，农民获得了安身立命的土地，群众基础进一步稳固。

C．民主党派纷纷响应参加新政协，形成了最广泛的统一战线。

以"两个务必"为核心的西柏坡精神，为夺取全国政权后经受住执政考验，做了充分的精神准备。"两个务必"包含着对我国几千年历史治乱规律的深刻借鉴，包含着对我们党艰苦奋斗历程的深刻总结，包含着对胜利了的政党永葆先进性和纯洁性、对即将诞生的人民政权实现长治久安的深刻忧思，也包含着对我们党坚持全心全意为人民服务根本宗旨的深刻认识，思想意义和历史意义十分深远。

河北省平山县西柏坡中国共产党七届二中全会会址（图片来源：人民网）

（二）建设时期的"精神谱"

1．抗美援朝精神

1950年6月，朝鲜内战爆发。1950年10月19日，中国人民志愿军奉命开赴朝鲜战场。同时，国内掀起全民抗美援朝运动，有力支援前方作战。1953年7月，参战双方签署停战协定。抗美援朝战争胜利，打破了美帝国主义不可战胜的神话，极大地提高了中国共产党在全国人民心目中的威信，提高了中国人民的民族自信心和民族自豪感，维护了亚洲和世界和平，为国家经济建设和社会改革获得了一个相对稳

> 抗美援朝战争锻造形成的伟大抗美援朝精神，是弥足珍贵的精神财富，必将激励中国人民和中华民族克服一切艰难险阻、战胜一切强大敌人。①

---

① 习近平：《在新时代继承和弘扬伟大抗美援朝精神为实现中华民族伟大复兴而奋斗》，人民网，2020年10月19日。

1950年10月19日，中国人民志愿军跨过鸭绿江抗美援朝，保家卫国（图片来源：人民网）

定的和平环境。伟大的抗美援朝精神，是中国共产党人和人民军队崇高风范的生动写照，是中华民族传统美德和民族品格的集中展示，是以爱国主义为核心的民族精神的具体体现。

A. 祖国和人民利益高于一切、为了祖国和民族的尊严而奋不顾身的爱国主义精神。面对美国这个世界上的头号强国，面对新中国刚成立后百废待兴的局面，在国家安全面临重大威胁的危急关头，为了捍卫祖国和人民的利益、为了维护祖国和民族的尊严，240多万中国人民志愿军毅然奔赴朝鲜战场，用鲜血和生命赢得这场"开国之战""正义之战"的伟大胜利。

B. 英勇顽强、舍生忘死的革命英雄主义精神。抗美援朝战争中，涌现了杨根思、黄继光、邱少云等30多万名英雄功臣和近6000个功臣集体，铸就了革命英雄主义的精神丰碑。

C. 不畏艰难困苦、始终保持高昂士气的革命乐观主义精神。抗美援朝战争，是两个国力和军力对比严重失衡的国家之间的较量，志愿军部队在药品、粮食及油料等物资十分短缺的情况下就投身天寒地冻的战场，始终士气高扬。

D. 为完成祖国和人民赋予的使命、慷慨奉献自己一切的革命忠诚精神。彭德怀毅然闻令出征，完全置个人荣辱于度外。毛泽东同志在彭德怀临危受命后感慨地说："得良将者，兵强国昌。"有对党和人民的"革命忠诚"，才会有大无畏的英雄气概和坚毅决绝的伟大壮举。

E. 为人类和平与正义事业而奋斗的国际主义精神："和平、发展、公平、正义、民主、自由"，是中国共产党坚持和倡导的全人类共同价值。朝鲜半岛同中国山水相连，抗美援朝既从中国的安全和发展利益出发，也从朝鲜人民的民族解放事业需要考虑，更着眼于维护和促进世界的和平。

2. 大庆精神

60多年前,党中央作出石油勘探战略东移的重大决策,广大石油、地质工作者历尽艰辛发现大庆油田,翻开了中国石油开发史上具有历史转折意义的一页。60多年来,几代大庆人艰苦创业、接力奋斗,在亘古荒原上建成我国最大的石油生产基地。大庆油田的卓越贡献已经镌刻在伟大祖国的历史丰碑上,大庆精神、铁人精神已经成为中华民族伟大精神的重要组成部分。

> 大庆油田的卓越贡献已经镌刻在伟大祖国的历史丰碑上,大庆精神、铁人精神已经成为中华民族伟大精神的重要组成部分。①

> "三老四严":对待革命事业,要当老实人,说老实话,办老实事;对待工作,要有严格的要求,严密的组织,严肃的态度,严明的纪律。

A. 为国争光、为民族争气的爱国精神。1959年9月,大庆油田诞生,从此,中国甩掉了"贫油"的帽子。大庆石油人为了国家民族的利益奉献牺牲,用自己的忠诚担当和鲜血汗水兑现着"我为祖国献石油"的爱国誓言。

B. 自力更生、艰苦奋斗的创业精神。创业初期的大庆石油人不服输、不信邪,敢于改天换地,坚持"有条件要上,没有条件创造条件也要上",克服环境、气候、地质、饥荒等种种常人难以想象的艰难困苦,成为自力更生的典范。

C. 讲求科学、"三老四严"的求实精神。大庆科研工作者坚持实践第一观点,不断超越权威、超越前人、超越自我,形成了"三老四严"的务实精神,创造了"四勤四看""五到现场"等科学方法,依靠自主创新攻克多项关键核心技术。

D. 胸怀全局、为国分忧的奉献精神。第一批大庆石油人王进喜喊出"宁肯少活20年,拼命也要拿下大油田"的口号,始终不渝地把国家的利

---

① 《习近平致大庆油田发现60周年的贺信》,新华社,2019年9月6日。

益放在第一位，识大体，顾大局，自觉自愿用鲜血和生命履行了"为国分忧、为民奉献"的诺言。

3. "两弹一星"精神

1964年10月，罗布泊一声巨响，我国第一颗原子弹爆炸成功；1967年6月，我国第一颗氢弹空爆试验成功，成为世界上第四个掌握氢弹技术的国家；1970年4月，我国第一颗人造卫星发射成功，成为世界第

> 要弘扬以爱国主义为核心的民族精神和以改革创新为核心的时代精神，继续发扬敢闯敢试、敢为人先、埋头苦干的特区精神，激励干部群众勇当新时代的"拓荒牛"。①

五个独立发射卫星的国家。这是广大科研工作者在攀登现代科技高峰的征途中创造的奇迹，把热爱祖国、无私奉献、自力更生、艰苦奋斗、大力协同、勇于攀登的"两弹一星"精神永久地镌刻在中国大地上。

A. 热爱祖国、无私奉献。当初怀着"科学救国"梦想远渡重洋、学有所成的科学家们毅然冲破重重阻挠、克服种种困难，放弃国外优厚条件，义无反顾地回到祖国，投身经济、文化和国防等方面的建设。他们淡泊名利、潜心研究，甘当无名英雄，在茫茫无际的戈壁荒原、在人烟稀少的深山峡谷，不计报酬、不辞辛劳，奉献自己的青春与生命。

B. 自力更生、艰苦奋斗。世上没有救世主，唯有靠自己才能撑起核保护伞。"两弹一星"事业是新中国在内有困难、外有压力下，独立自主从零起步。创造了核工业发展史上的奇迹，是广大科研人员和全体中国人民自力更生、艰苦奋斗的结果。

C. 大力协同、勇于登攀。"两弹一星"体系庞大、关涉众多。在党的集中统一领导下，发扬社会主义制度的优越性，全国一盘棋，成千上万的科学技术人员、工程技术人员、后勤保障人员分工负责、通力合作、群策群力，在全国范围内形成了科研攻关协作网、大型试验协作网、物资材料协作网。"两弹一星"的成功是社会主义制度优势的充分体现和成功实践。

---

① 《习近平在深圳经济特区建立40周年庆祝大会上的讲话》，人民网，2020年10月15日。

（三）改革时期的"精神谱"

1. 特区精神

1980年，为推进改革开放和社会主义现代化建设，我国决定兴办经济特区。深圳、珠海、汕头、厦门、海南充分发扬敢闯敢试、敢为人先、埋头苦干的特区精神，探索形成了许多具有自身特色和推广价值的改革创新成果，诠释了特区作为改革开放"重要窗口""排头兵"和"试验田"的使命担当。

> 广大科技工作者要弘扬"两弹一星"精神，主动肩负起历史重任，把自己的科学追求融入建设社会主义现代化国家的伟大事业中去。①

A. 敢闯敢试。就是敢于突破、敢于探索，敢于面临复杂挑战，破除一切妨碍发展的体制机制障碍和利益固化藩篱，破除一切阻碍发展的陈旧观念和框框套套，不被逆风和回头浪所阻，以开放胸襟积极参与并深度融入世界经济大循环，"杀出一条血路来"。

B. 敢为人先。只有敢于走别人没有走过的路，才能收获别样的风景。创新只有第一、没有第二，敢于尝试、敢于创新，从人民群众普遍关注、反映强烈、反复出现的问题出发，坚决改革创新，勇当时代的"拓荒牛"。

C. 埋头苦干。空谈误国，实干兴邦。始终坚持和完善中国特色社会主义制度，全面准确贯彻"一国两制"基本方针，以"功成不必在我"的觉悟，紧盯发展目标，瞄准前进方向，一步一个脚印向前走稳当、走扎实。

2. 奥运精神

2008年，中国成功举办了北京奥运会。继2008年成功举办夏季奥运会和残奥会后，北京携手张家口将于2022年举办冬奥会，成为历史上第一个"奥运举办大满贯"国家。

---

① 《习近平在科学家座谈会上的讲话》，人民网，2020年9月12日。

> 习近平总书记提出的"重在参与、自强不息、顽强拼搏""奥运精神"和"奥运之父"顾拜旦对"奥运精神"的阐释如出一辙:"奥运会最重要的不是胜利,而是参与;正如在生活中最重要的事情不是成功,而是奋斗;但最本质的事情并不是征服,而是奋力拼搏。"

A. 重在参与。每一枚"金牌"都是沉甸甸的,每一枚"金牌"都是为国争光、令国人自豪。奥林匹克精神在大众中生根发芽,增强了全社会参与体育的意识,激发了人民群众的体育热情。

B. 自强不息。体育作为一项健身运动,不仅可以增强体质还能磨练人的心性,从体育精神中获得健康向上的力量。体育精神衍生的力量不仅是促使人民提高健康水平,也是实现中国梦的重要内容,能为中华民族伟大复兴提供凝心聚气的强大精神力量。

C. 顽强拼搏。"更快、更高、更强"的奥运精神鼓舞着运动员拼搏奋斗,创造纪录,超越纪录,也感召着赛场之外的普通人在生活的各个方面发现和提升自我,保持向上的朝气和创新的勇气。

3. 载人航天精神

1970年4月24日,我国第一颗人造地球卫星"东方红一号"发射成功。2016年10月17日,执行与天宫二号交会对接任务的神舟十一号载人飞船,顺利将两名航天员送上太空,标志着我国探索太空的脚步又迈出了关键而坚实的一步,是国家综合实力的重要体现,更是航天人充分发扬航天精神的重要体现。

> 伟大的事业需要并将产生崇高的精神,崇高的精神支撑和推动着伟大的事业。航天精神就是建设航天强国、实现航天梦的崇高精神力量。[①]

A. 热爱祖国、为国争光的坚定信念。祖国的需要高于一切,祖国的荣誉高于一切,这是中国航天人心中高扬的旗帜,报效祖国是他

---

① 《习近平接见神舟十号任务团队时谈话》,中国网,2013年7月26日。

们毕生的理想和信念。航天人热爱祖国体现在为国争光的使命担当,体现在以国家至上的无悔选择。

B. 勇于登攀、敢于超越的进取意识。航天事业的每一步前进,航天技术水平的每一点提高,都是航天人克服困难、锲而不舍地努力所取得的成果。一项项关键技术的突破,一道道科学难题的破解,一个个辉煌成就的取得,无一不是勇于登攀、敢于超越精神的最好体现。

C. 科学求实、严肃认真的工作作风。中国航天人始终坚持把工程的科学性和可靠性摆在首位,把政治热情与科学态度相结合,把开拓创新与求真务实相结合,严格按照科学规律,以高度负责的态度对待每一道程序、每一个部件、每一项操作。

D. 同舟共济、团结协作的大局观念。航天工程是一项规模宏大、高度集成的系统工程。团结就是力量,协作凝聚希望,从"东方红一号"到"神舟十一号",中国航天工程充分发挥了社会主义制度集中力量办大事的政治优势,凝聚成一股气势磅礴的强大合力。

E. 淡泊名利、默默奉献的崇高品质。为了祖国的航天事业,中国航天人默默承受着常人难以承受的困难和压力,不计个人得失,不求名利地位,以苦为荣,以苦为乐,无怨无悔,甘当无名英雄。

4. 抗疫精神

2020年,我们党团结带领全国各族人民,进行了一场惊心动魄的抗疫大战,经受了一场艰苦卓绝的历史大考,付出巨大努力,取得抗击新冠肺炎疫情斗争重大战略成果,创造了人类同疾病斗争史上又一个英勇壮举。习近平强调,要在全社会大力弘扬伟大抗疫精神,使之转化为全面建设社会主义现代化国家、实现中华民族伟大复兴的强大力量。

> 在这场同严重疫情的殊死较量中,中国人民和中华民族以敢于斗争、敢于胜利的大无畏气概,铸就了生命至上、举国同心、舍生忘死、尊重科学、命运与共的伟大抗疫精神。[1]

A. 生命至上。党的根

---

[1] 习近平:《在全国抗击新冠肺炎疫情表彰大会上的讲话》,《求是》,2020年10月15日。

本宗旨是全心全意为人民服务，国家是人民当家做主的社会主义国家，在保护人民生命安全面前，必须不惜一切代价，也能够做到不惜一切代价。每一个生命都得到全力护佑，人的生命、人的价值、人的尊严得到悉心呵护。

B. 举国同心。全国人民心往一处想、劲往一处使，把个人冷暖、集体荣辱、国家安危融为一体，"天使白""橄榄绿""守护蓝""志愿红"迅速集结，14亿中国人民同呼吸、共命运，肩并肩、心连心，绘就团结就是力量的时代画卷。

C. 舍生忘死。各条战线的抗疫勇士临危不惧、视死如归，困难面前豁得出、关键时刻冲得上，以生命赴使命，用大爱护众生。

D. 尊重科学。秉持科学精神、科学态度，把遵循科学规律贯穿到决策指挥、病患治疗、技术攻关、社会治理各方面全过程。

E. 命运与共。秉承"天下一家"的理念，不仅对中国人民生命安全和身体健康负责，也对全球公共卫生事业尽责，生动诠释了为世界谋大同、推动构建人类命运共同体的大国担当。

二、共产党人精神谱系的特点

共产党人的精神谱系，是中国共产党领导人民在实践中集体奋斗和创造的产物，是在不同历史时期波澜壮阔的行程中积累和发展起来的。[①] 列入这个精神谱系中的每个具体精神，犹如精神链条中的每个环节，精神长河中的每个坐标，它们的价值和作用跨越时空，相互之间有共性，也有个性。

（一）连贯的思想内核

各种精神之间有相通相融的共性，有基础性的思想内核，有一以贯之的理念内容。在我们党正式概括的各种精神当中，理想信念、实事求是、

---

① 陈晋：《传承和弘扬中国共产党的"精神谱系"》，《光明日报》，2016年6月29日。

艰苦奋斗、甘于奉献出现的频率最高，在红船精神、井冈山精神、苏区精神、长征精神、延安精神、大庆精神、焦裕禄精神、"两弹一星"精神、载人航天精神、劳模精神中，都有相同或相近的表述，因而属于党的精神谱系中的基础内容。这当中，理想信念最为重要。

理想崇高，才能坚定信念；信念坚定，才能坚守理想。无论过去、现在和将来，理想信念都是中国共产党人的精神之"钙"，是党的精神谱系之"魂"，是党的伟大精神的核心内容和根本优势。

（二）厚重的实践属性

真理的力量、理想的力量都有具体人格，是通过具体实践来实现。每种精神的内涵虽然是被概括出来的几个特定概念，但每个概念都是从大量看得见、摸得着、感受得到的具体人物事件或重大决策过程中抽象出来的。

"一种价值观要真正发挥作用，必须融入社会生活，让人们在实践中感知它、领悟它。要注意把我们所提倡的与人们日常生活紧密联系起来，在落细、落小、落实上下工夫。"[①]生动具体的党的精神谱系，无一不是落细落小落实的历史存在，因而才可能汇成为后人长久感知和领悟的精神河流。

（三）崇高的道德品格

伟大精神之所以具有穿越时空的感染力和影响力，是因为它占据了道义高点，拥有崇高的道德力量。它是中国共产党人智慧、情感、意志、理想、信念、人格的审美升华，每一种精神都彰显了先进人群在特定环境和特定考验面前的价值选择和道德实践，把它们组合起来，就是人类精神世界良好美善的崇高天地。

---

① 习近平：《把培养和弘扬社会主义核心价值观作为凝魂聚气强基固本的基础工程》，人民网，2014年2月6日。

（四）时代性和民族性

中国共产党伟大精神的创造者和践行者，总是根据时代背景和历史任务的要求，焕发出不断延展的具有鲜明时代特征的精神气象。在革命年代，中国共产党人为了民族独立和人民解放，形成了以不畏艰险、坚守信念、敢于牺牲、勇往直前为重点的斗争精神；在建设年代，面对贫穷和落后，中国共产党人为了建设社会主义新中国，形成了以自力更生、奋发图强、艰苦奋斗、无私奉献为重点的创业精神；在改革年代，中国共产党人为了国家富强、民族振兴和人民幸福，形成了以开拓创新、锐意进取、求真务实为重点的改革创新精神。

中华民族精神是中国共产党精神的重要源泉，中国共产党精神是中华民族精神的继承和发展。中国共产党人用自己的精神感动了人民，使他们"甘心情愿和我们一起奋斗"，这样，中国共产党的精神扩展为整个中华民族的精神。

 习近平讲党史故事

焦裕禄的故事

我们这一代人，是深受焦裕禄同志的事迹教育成长起来的。几十年来，焦裕禄同志的事迹一直在我脑海中，焦裕禄同志的形象一直在我心中。记得一九六六年二月七日，《人民日报》刊登了穆青等同志的长篇通讯《县委书记的榜样——焦裕禄》，我当时上初中一年级，政治课老师在念这篇通讯的过程中几度哽咽，多次泣不成声，同学们也流下眼泪。特别是念到焦裕禄同志肝癌晚期仍坚持工作，用一根棍子顶着肝部，藤椅右边被顶出一个大窟窿时，我受到深深震撼。

——2014年3月18日习近平总书记在河南省兰考县委常委扩大会议上的讲话

第六讲

党的领导

2017年10月24日,中国共产党第十九次全国代表大会通过了《中国共产党章程(修正案)》,新党章明确,中国共产党的领导是中国特色社会主义最本质的特征,是中国特色社会主义制度的最大优势。党的十九届四中全会,"坚持党的集中统一领导"再一次被放到了首要位置。习近平总书记强调:"要顺利推进新时代中国特色社会主义各项事业,必须完善坚持党的领导的体制机制,更好发挥党的领导这一最大优势,担负好进行伟大斗争、建设伟大工程、推进伟大事业、实现伟大梦想的重大职责。"[1]

党政军民学,东西南北中,党是领导一切的。那么,我们该怎样理解"党是领导一切的?"我们为什么要坚持党的领导?我们该怎样更好地坚持党的领导?本讲将围绕这三个核心问题展开。

一、如何理解"党是领导一切的"

(一)历史逻辑:党的领导地位确立和发展的历程

旧时的中国,战乱频仍、山河破碎、民不聊生。正是有了中国共产党的坚强领导,中国人民才从根本上改变了自己的命运,中国发展才取得了举世瞩目的伟大成就,中华民族才迎来了伟大复兴的光明前景。党的十八

---

[1] 中共中央党史和文献研究院:《十九大以来重要文献选编(上)》,北京:中央文献出版社,2019年,第240页。

大以来，党和国家各项事业之所以开创新局、谱写新篇，也离不开党的坚强领导和顽强奋斗。有了中国共产党领导，是中国、中国人民、中华民族的一大幸事。有了中国共产党领导，我们的国家、我们的民族才有今天这样的辉煌成就，才以这样的崭新姿态屹立于世界的东方。

1942年9月，中共中央通过的《关于统一抗日根据地党的领导及调整各组织间关系的决定》（以下简称《决定》）指出："党……应该领导一切其他组织，如军队、政府与民众团体。"[1]这也是"党领导一切"思想第一次写入党的文件规章中。在《决定》通过后，党迅速建立起了一系列组织机构，很大程度上保证了党的政策、方针和路线的实施，加强了党的领导。[2]

中华人民共和国的成立，结束了近代中国被奴役和被压迫的屈辱历史，开辟了发展历程的新纪元，但是在发展道路上依旧残存许多障碍。因此，中国共产党依然高度重视"党对一切工作的领导"，毛泽东还一度谈到坚持无产阶级对于一切问题的领导权。1962年1月30日，毛泽东在扩大的中央工作会议上指出："工、农、商、学、兵、政、党这七个方面，党是领导一切的。党要领导工业、农业、商业、文化教育、军队和政府。"[3]1973年12月14日，毛泽东在同部分政治局成员谈话时指出："政治局是管全部的，党政军民学，东西南北中。"[4]

1978年12月18日，十一届三中全会的召开，拉开了改革开放的序幕，也确立了以邓小平为核心的党的第二代中央领导集体。邓小平从一个亲历者的角度出发正确认识"党是领导一切的"思想，并指出："党的领导当然不会没有错误，而党如何才能密切联系群众，实施正确的和有效的领

---

[1] 中共中央政策研究室党建研究局编：《老一辈革命家论党的建设》（第二卷），北京：党建读物出版社，2001年，第626页。

[2] 李存芝：《习近平"坚持党对一切工作的领导"思想研究》，云南师范大学硕士学位论文，2019年。

[3] 中共中央文献研究室：《建国以来毛泽东文稿》（第十册），北京：中央文献出版社，1996年，第36页。

[4] 中共中央文献研究室：《毛泽东年谱一九四九——一九七六》（第六卷），北京：中央文献出版社，2013年，第511页。

导,也还是一个必须认真考虑和努力解决的问题,但是这决不能成为要求削弱和取消党的领导的理由。"①

进入社会主义现代化建设新时期以来,党的领导更加坚强有力,更加全面。2000年1月,江泽民同志在中纪委第四次全体会议上重申"工农兵学商,党是领导一切的"的思想。2015年2月2日,习近平总书记在省部级主要领导干部学习贯彻十八届四中全会精神全面推进依法治国专题研讨班上讲话指出:"中国共产党是中国特色社会主义事业的领导核心,处在总揽全局、协调各方的地位。社会主义法治必须坚持党的领导,党的领导必须依靠社会主义法治。"②党的十八大以来,习近平总书记多次在会议上讲话时,强调"坚持党对一切工作的领导",针对内容阐述了新的论断,针对实践阐述了新的要求。他指出,坚持党对一切工作的领导,"就像'众星捧月',这个'月'就是中国共产党"。

中国共产党百年的历史、新中国70多年的历史、改革开放40多年的历史一再无可辩驳地证明,中国共产党的领导是中国特色社会主义最本质的特征,是中国特色社会主义制度的最大优势,党是最高政治领导力量。

(二)理论逻辑:中国共产党的性质和宗旨

中国共产党的领导是中国特色社会主义最本质的特征,是中国特色社会主义制度的最大优势。这一论断根据的是马克思主义和科学社会主义基本原理。搞社会主义,必须由马克思主义政党来领导。中国共产党的理想信念和价值追求是中国特色社会主义形成发展的逻辑起点。没有中国共产党领导,就没有中国特色社会主义道路、理论、制度和文化。党的领导直接决定着中国特色社会主义的性质,从根本上保证了中国特色社会主义不变色、不变质。具体来说,中国共产党领导地位的确立是由它的性质和宗旨决定的。

从党的性质看,马克思、恩格斯早在《共产党宣言》中就已经阐述

---

① 《邓小平文选》(第二卷),北京:人民出版社,1994年,第170页。
② 《习近平在省部级主要领导干部学习贯彻十八届三中全会精神全面推进依法治国专题研讨会上发表重要讲话》,共产党员网,2015年2月2日。

了共产党的性质、特点、策略、原则、目标等,并认为共产党不仅要保持"理论上的先进性",还要保持"实践上的先进性",共产党人没有自己特殊的利益,要为了"自由人的联合体"而不断努力奋斗。《中国共产党章程》已经对中国共产党的性质进行了明确界定:"中国共产党是中国工人阶级的先锋队,同时是中国人民和中华民族的先锋队,是中国特色社会主义事业的领导核心。"这就从理论上回答了为什么中国共产党的领导构成了中国特色社会主义最本质的特征,这是由中国共产党的性质所决定的。

从党的宗旨看,党的宗旨是全心全意为人民服务,党代表中国最广大人民的根本利益。党来自于人民群众,又必须回到人民群众中去。党和群众是命运共同体、利益共同体、行动共同体关系,这是当代中国政治发展的一大特征。这体现了中国共产党"使命型政党"的特点。所谓使命型政党,是指以马克思主义为指导,以对人类社会发展规律的认知与把握为前提,以人民至上为价值宗旨,以实现自身民族、国家的解放或发展为自觉使命,以推进世界大同、实现共产主义、实现每一个人的自由而全面发展为最终使命,具有强烈的历史主体意识与舍我其谁的责任担当情怀的一种政党类型。①中国共产党自成立之日起,便将"为中国人民谋幸福,为中华民族谋复兴"作为自己的初心和使命,将实现共产主义作为自己的最终目标,肩负着扭转19世纪中叶以后社会政治秩序衰败和推动国家现代化的使命。自觉地将实现社会主义现代化和中华民族伟大复兴的民族使命与实现共产主义的远大使命统一起来。

(三)实践逻辑:实现中国梦的机遇与挑战

我们党执政70多年来,特别是改革开放以来的伟大实践,为坚持和发展中国特色社会主义打开了新视野,也为提高党的领导水平和执政能力开辟了新境界。党在认识和把握社会主义建设规律的同时,深化了对党的执

---

① 李海青:《为什么说中国共产党是马克思主义使命型政党》,中共中央党校(国家行政学院)官网,2020年9月28日。

政规律的认识，积累了丰富的执政经验。这些宝贵经验，使我们党具有其他任何政治力量都无法比拟的领导力和组织力，为党带领人民实现中国梦提供了可靠保证。

首先，现实社会与国际社会的复杂性要求我们坚持党的领导。只有坚持党的领导，才能始终保持现代化建设的社会主义方向；才能维护国家的统一、民族的团结，为社会主义现代化建设创造稳定的社会环境；才能最广泛、最充分地调动一切积极因素搞好社会主义现代化建设。在新冠肺炎疫情中，面对前所未知、来势汹汹的疫情天灾，习近平总书记亲自指挥、亲自部署，统揽全局、果断决策，从一开始就鲜明提出把人民生命安全和身体健康放在第一位。在党中央的集中统一领导下，全党全军全国各族人民坚定信心、同舟共济、科学防治、精准施策，打响抗击疫情的人民战争、总体战、阻击战，取得了武汉保卫战、湖北保卫战的决定性成果，疫情防控阻击战取得重大战略成果，统筹推进常态化疫情防控和经济社会发展工作取得积极成效。这些成就的取得，再次彰显了中国共产党的领导和我国社会主义制度的显著政治优势，体现了党的政治领导力、思想引领力、群众组织力、社会号召力，展现了共产党人"人民至上、生命至上"的深厚人民情怀和坚定人民立场。

其次，内部思想觉悟问题要求我们坚持党的领导。《党的十九大报告学习辅导百问》中指出："过去一个时期，由于种种原因，一些同志在这个问题上产生模糊认识，一些地方和部门不敢旗帜鲜明坚持党的领导，党的领导弱化问题比较普遍，甚至出现放弃党的领导的现象。"①这个在实践上肯定会产生一定的危害。而以习近平同志为核心的党中央针对实践中暴露出的问题，果断提出全党必须增强政治意识、大局意识、核心意识、看齐意识，严明党的政治纪律和政治规矩，党的领导得到全面加强，党的领导被忽视、淡化、削弱的状况得到明显改善，从而为实现中华民族伟大复兴增强动力。

---

① 《党的十九大报告学习辅导百问》编写组编著：《党的十九大报告学习辅导百问》，北京：党建读物出版社、学习出版社，2017年，第38页。

二、深刻认识坚持和加强党的领导的重大意义

(一)党的领导地位是历史和人民的选择

中国共产党是中国特色社会主义事业的坚强领导核心,是国家最高政治领导力量。中国共产党的领导地位不是自封的,而是中国历史和中国人民的选择。

"自从有了中国共产党,中国革命的面目就焕然一新了。"1921年,中国共产党一成立,就把为中国人民谋幸福、为中华民族谋复兴作为自己的初心和使命,确立了新民主主义革命的正确道路,让灾难深重的中国人民看到了新的希望、有了新的依靠。我们党"唤起工农千百万",团结带领人民经过艰苦卓绝的土地革命战争、抗日战争、解放战争,推翻了压在中国人民头上的帝国主义、封建主义、官僚资本主义"三座大山",建立了人民当家做主的中华人民共和国,开启了中华民族发展进步的新纪元。站起来的中国人民和各民主党派共同选择中国共产党作为领导中华民族伟大复兴事业的执政党。

中华人民共和国成立后,中国共产党团结带领人民完成社会主义革命,确立社会主义基本制度,推进社会主义建设,完成了中华民族有史以来最为广泛而深刻的社会变革,为当代中国一切发展进步奠定了根本政治前提和制度基础。改革开放以来,我们党团结带领人民破除阻碍国家和民族发展的一切思想和体制障碍,开辟了中国特色社会主义道路,使中国大踏步赶上时代,生产力发展水平不断提升,综合国力日益增强,人民生活水平得到极大提高,中国日益走近世界舞台中央,中华民族迎来了从站起来、富起来到强起来的伟大飞跃,迎来了实现伟大复兴的光明前景。事实表明,坚持中国共产党的领导,是近代以来中国历史发展的必然,是中国人民的理性选择。实践已经并将继续证明,中国人民的历史性选择是完全正确的。

(二)党的领导是中国特色社会主义最本质的特征

中国共产党是中国特色社会主义事业的领导核心,处在总揽全局、

协调各方的地位。在当今中国,没有大于中国共产党的政治力量或其他什么力量。党政军民学,东西南北中,党是领导一切的,是最高的政治领导力量。中国共产党是执政党,党的领导是做好党和国家各项工作的根本保证,是我国政治稳定、经济发展、民族团结、社会稳定的根本点,绝对不能有丝毫动摇。①

党的领导地位和执政地位是紧密地连接在一起的。党的领导是一种全面的领导,首先是对国家政权的领导,还包括党对国家和社会一切事务的领导,它涉及的对象包括全体党员和党的阶级基础与群众基础。在当代中国,整个国家的前途命运,广大人民群众的生活水平等一切问题,全系于中国共产党一身。

我国社会主义政治制度优越性的一个突出特点是党总揽全局、协调各方的领导核心作用,形象地说是"众星捧月",这个"月"就是中国共产党。在国家治理体系的大棋局中,党中央是坐镇中军帐的"帅",车马炮各展其长,一盘棋大局分明。如果中国出现了各自为政、一盘散沙的局面,不仅我们确定的目标不能实现,而且必定会产生灾难性后果。中国近代以后到新中国成立之前的100多年历史已经充分证明了这一点。②

(三)党的领导是实现中华民族伟大复兴的根本保证

中国共产党的领导,是党和国家的根本所在、命脉所在,是全国各族人民的利益所系、幸福所系,是实现中华民族伟大复兴的根本政治保证。

党的全面领导为民族复兴提供根本政治保证。实现中华民族伟大复兴的中国梦,要求中华民族始终保持高度团结统一,万众一心、同心协力进行伟大斗争、推进伟大事业。而要做到这一点,就要建设伟大工程,坚持和加强党的全面领导。这是民族复兴最根本的政治保证。1921年来,在党的领导下,中国取得了翻天覆地的变化,让我们迎来了实现中华民族伟大复兴的光明前景。中国共产党的宗旨是全心全意为人民服务,发展为了人

---

① 《中国共产党领导是中国特色社会主义最本质的特征》,求是网,2020年7月15日。
② 《中国共产党领导是中国特色社会主义最本质的特征》,求是网,2020年7月15日。

民,所以中国共产党始终在发展中保障和改善民生,人民生活水平大幅提高,人民的幸福感获得感日益增强,社会矛盾也在悄然地发生着改变,在实现中国民族伟大复兴的征程中,全体共产党人有信心、有决心用实干担当逐一实现目标。

党的全面领导为民族复兴提供科学思想引领。在一个有着14亿多人口的东方大国实现现代化,这是人类历史上从未有过的壮举,自然也会面临人类历史上不曾有过的风险和挑战。在经济、政治、文化、社会、生态文明建设过程中,在实现"两个一百年"奋斗目标过程中,科学思想引领是人心凝聚的前提,也是正确应对各种风险和挑战、始终沿着正确道路前进的前提。在中华人民共和国的革命、建设、改革发展进程中,党的科学思想引领始终是中华民族前行的明灯。抗战时期,毛泽东思想为我们指明了抗日战争是一场持久战,但是中国人民必将取得最终胜利的方向。改革开放时期,邓小平理论为我们指点迷津:发展才是硬道理。进入新时代,习近平新时代中国特色社会主义思想又告诉我们新时代中国该向何处去。只有坚持和加强党的全面领导,以习近平新时代中国特色社会主义思想武装全党、教育人民,才能确保中华民族伟大复兴的巨轮行稳致远。①

三、怎样更好地坚持党的领导

(一)坚持党的领导最根本的是坚持党中央权威和集中统一领导

至2019年底,中国共产党有着9191.4万名党员,在14亿多人口的大国执政,进行具有许多新的历史特点的伟大斗争,面临的挑战和困难前所未有。尤其是党长期面临执政考验、改革开放考验、市场经济考验和外部环境考验,要抵御精神懈怠危险、能力不足危险、脱离群众危险和消极腐败危险,更是压力巨大。党肩负的重大责任和使命,需要党中央的集中统一领导,需要坚持"两个维护"。"两个维护"本质上是一体的,维护习近平总书记党中央的核心、全党的核心地位,就是维护党中央权威和集中统

---

① 戴焰军:《深刻认识坚持和加强党的全面领导》,《人民日报》,2018年6月4日。

一领导;维护党中央权威和集中统一领导,首先要维护习近平总书记党中央的核心、全党的核心地位。做到"两个维护",要有鲜明的态度,更要有扎实的行动。必须坚定"四个自信",坚定不移地在思想上、政治上、行动上同以习近平同志为核心的党中央保持高度一致。

坚决维护以习近平同志为核心的党中央的集中统一领导,必须坚持"四个服从"。这就是,坚持党员个人服从党的组织,少数服从多数,下级组织服从上级组织,全党各个组织和全体党员服从党的全国代表大会和中央委员会,核心是全党各个组织和全体党员服从党的全国代表大会和中央委员会。必须牢固树立"四个意识",即政治意识、大局意识、核心意识、看齐意识。做到党中央提倡的坚决响应、党中央决定的坚决执行、党中央禁止的坚决不做。[1]

(二)新时代坚持党的领导必须坚持和加强党的全面领导

"党政军民学,东西南北中,党是领导一切的。"作为最高政治领导力量,党的领导必须是整体的、全面的,体现在经济建设、政治建设、文化建设、社会建设、生态文明建设各个领域,体现在党和国家工作的各个方面、各个环节。坚持和加强党的全面领导,最重要的是维护以习近平同志为核心的党中央权威和集中统一领导。这是党的全面领导最集中的体现,也是坚持和加强党的全面领导最重要的要求。

首先,坚持和加强党的全面领导,要求党在同级各种组织中发挥领导核心作用。党组织既要坚定地总揽全局,提高领导力与战斗力,又要善于协调各方,调动方方面面的积极性。其次,坚持和加强党的全面领导,要求把领导作用贯穿于工作全过程。既要实行民主的科学的决策,制定和执行正确的路线方针政策,又要做好党的组织工作和宣传教育工作,发挥党员的先锋模范作用,保证党的路线方针政策全面落实。再次,坚持和加强党的全面领导,还要处理好"加强"与"改善"的关系,以"加强"为

---

[1] 谢春涛:《坚持党的领导首先是坚持党中央的集中统一领导》,《经济日报》,2016年12月21日。

目的,以"改善"为途径,以"改善"达到"加强"。要探索党的领导规律,适应形势的发展和情况的变化,不断完善领导体制和工作机制,改进领导方式,以科学的体制、机制和方式保证党的全面领导。①

(三)坚持党的领导关键在把党建设得更加坚强有力

中国共产党领导是中国特色社会主义最本质的特征,是中国特色社会主义制度的最大优势。我们党要长期执政、永葆活力,团结带领全国各族人民沿着中国特色社会主义道路实现中华民族伟大复兴,必须把党建设得更加坚强有力。

把党建设得更加坚强有力需要坚持正确的组织路线。从党的发展流程来看,什么时候坚持正确的组织路线,党的组织就蓬勃发展,党的事业就顺利推进;什么时候组织路线发生偏差,党的组织就遭到破坏,党的事业就出现挫折。在全面总结历史经验,特别是党的十八大以来全面从严治党成功经验的基础上,我们党明确提出了新时代党的组织路线,这就是:全面贯彻习近平新时代中国特色社会主义思想,以组织体系建设为重点,着力培养忠诚干净担当的高素质干部,着力集聚爱国奉献的各方面优秀人才,坚持德才兼备、以德为先、任人唯贤,为坚持和加强党的全面领导、坚持和发展中国特色社会主义提供坚强组织保证。②我们要深刻认识到,新时代党的组织路线为加强党的组织建设提供了科学遵循,为增强党的创造力、凝聚力、战斗力提供了重要保证。同时,我们要正确理解新时代党的组织路线的科学内涵和实践要求,坚持目标导向、问题导向、结果导向相统一,准确把握好贯彻落实的基本要求。

把党建设得更加坚强有力,需要坚持理想信念,坚持自我进步。正如中南海影壁上的五个大字"为人民服务"所言,我们要以维护人民利益为目标,始终坚持以人民为中心,全心全意为人民服务,不畏艰难险阻,矢志不渝。那些无数无产阶级革命战士和仁人志士为之奋斗的崇高理想,不

---

① 姚桓:《深刻理解坚持和加强党的全面领导》,《人民日报》,2017年12月15日。
② 上海市习近平新时代中国特色社会主义思想研究中心:《全国贯彻新时代党的组织路线》,《人民日报》,2018年11月30日。

是人类天生的自然属性,而是教育和培养的结果,要靠奋斗、牺牲和"我以我血荐轩辕"的革命精神推动实现。"纸上得来终觉浅,绝知此事要躬行。"要做到这一点,必须加强自省反思、自我监督,加强执政和决策的透明度,用社会主义的道德风尚、党纪原则和国家制度反对腐败,以自我革命的政治勇气,着力解决党自身存在的突出问题,不断增强自我净化、自我完善、自我革新、自我提高的能力,做到风清气正,永葆党的战斗青春,确保党始终成为中国特色社会主义事业的坚强领导核心。①

龚全珍的故事

我向大家介绍全国道德模范龚全珍同志,她是老将军甘祖昌同志的夫人。甘祖昌同志是江西老红军、新中国的开国将军,但他坚持回农村当农民,龚全珍同志也随甘祖昌同志一起回到农村艰苦奋斗。半个多世纪过去了,龚全珍同志始终保持艰苦奋斗精神,并当选了全国道德模范,出席我们今天的会议,我感到很欣慰。我向龚全珍同志致以崇高的敬意。我们要把艰苦奋斗精神一代一代传承下去。

——2013年9月26日习近平总书记在会见第四届全国道德模范及提名奖获得者时的讲话

---

① 蓝志勇:《如何有效坚持和完善党的领导》,人民论坛网,2019年5月29日。

第七讲
以人民为中心

为什么人、靠什么人的问题，是检验一个政党、一个政权性质的试金石。构成新时代坚持和发展中国特色社会主义基本方略的"十四个坚持"，其中第二个便是坚持以人民为中心。中国特色社会主义制度13个方面的"显著优势"，其中之一便是坚持以人民为中心的发展思想，不断保障和改善民生、增进人民福祉，走共同富裕道路的显著优势。理解"以人民为中心"的含义，明确为什么要坚持以及怎样坚持"以人民为中心"，是每一位党员同志做好工作的必修课。

一、如何理解以人民为中心

（一）发展为了人民

中国共产党作为工人阶级先锋队、中国人民和中华民族的先锋队，代

习近平总书记在党的十九大报告中指出，带领人民创造美好生活，是我们党始终不渝的奋斗目标。必须始终把人民利益摆在至高无上的地位，让改革发展成果更多更公平惠及全体人民，朝着实现全体人民共同富裕不断迈进。

表工人阶级和人民群众的根本利益,这就决定了党的根本立场和唯一宗旨就是全心全意为人民服务。

全心全意为人民服务的宗旨,要求共产党员把党和人民的利益摆在高于一切的位置上,任何时候,任何情况下都应当首先想到党和人民群众的整体利益,经得起各种风险和困难的考验,坚强有力地发挥好领导核心作用。密切党与人民群众的联系,保持工人阶级先锋队的本色,积极倾听人民大众的声音。马克思、恩格斯在《共产党宣言》中写道:"过去的一切运动都是少数人的,或者为少数人谋利益的运动。无产阶级的运动是绝大多数人的,为绝大多数人谋利益的独立的运动。"①共产党的性质决定了我们党是为最广大人民谋利益的政党。中国共产党的初心和使命是为中国人民谋幸福、为中华民族谋复兴,中国共产党根基在人民、血脉在人民。党团结带领人民进行革命、建设、改革,根本目的就是为了人民过上好日子,无论面临多大挑战和压力,无论付出多大牺牲和代价,这一点都始终不渝、毫不动摇。

1944年9月,在张思德同志的追悼会上,毛泽东同志发表了题为《为人民服务》的讲话,提出:"我们的共产党和共产党所领导的八路军、新四军,是革命的队伍。我们这个队伍完全是为着解放人民的,是彻底地为人民的利益工作的。"②党的十八大闭幕后,习近平总书记在与中外记者见面时明确指出,人民对美好生活的向往,就是我们的奋斗目标。中国共产党对中国人民的庄严承诺始终未变,既是我们党全心全意为人民服务根本宗旨一脉相承、一以贯之的体现,也突出反映了人民在共产党人心中的位置。中国共产党人是这样承诺的,也是这样做的。

发展为了人民,是中国推进改革开放和社会主义现代化建设的根本目的,是新时代中国特色社会主义思想的重要内容。当前,我国社会主要矛盾已经转化为人民日益增长的美好生活需要和不平衡不充分的发展之间的矛盾,已经发生关系全局的历史性变化。新时代的中国共产党人始终坚持

---

① [德]马克思、恩格斯著,中共中央编译局译:《共产党宣言:纪念马克思诞辰200周年多语种珍藏版》,北京:中央编译出版社,2018年,第50页。
② 张平江主编:《党性修养简明大辞典》,呼和浩特:内蒙古人民出版社,2018年,第179页。

以人民为中心,坚定地站在人民立场上,坚持发展为了人民,努力在推动高质量发展过程中办好各项民生事业、补齐民生领域短板,始终为人民的利益和幸福而努力奋斗。

(二)发展依靠人民

人民群众之中蕴含着无穷的智慧和力量,是我们党重要的力量源泉,我们在坚持发展为了人民的同时,更要认识到发展需要依靠人民。我们的很多制度创新,都是来自群众首创。小岗村的"红手印"催生了联产承包责任制,浙江桐乡的"枫桥经验"为"自治法治德治"融合建设提供参考……依靠人民的力量,我们的党和国家始终与时俱进、充满生机活力,在改革的道路上阔步向前。回首过去,我们党激励着亿万人民自力更生、艰苦奋斗,同时也依靠着人民创造了举世瞩目的中国奇迹,我们依靠人民,跨过了一道又一道沟坎、取得了一个又一个胜利。

在抗击新冠肺炎疫情的过程中,我们打响了一场抗疫的人民战争。全国上下万众一心,人民群众识大体、顾大局,积极响应国家号召,在短时间内便构建起了全国动员、全民参与、联防联控、群防群治的严密的疫情防控体系。抗击疫情取得成功,离不开人民群众的密切配合与无私奉献。习近平总书记在全国抗击新冠肺炎疫情表彰大会上讲话时指出:"历史和现实都告诉我们,只要毫不动摇坚持和加强党的全面领导,不断增强党的政治领导力、思想引领力、群众组织力、社会号召力,永远保持党同人民

历史和现实都告诉我们,只要毫不动摇坚持和加强党的全面领导,不断增强党的政治领导力、思想引领力、群众组织力、社会号召力,永远保持党同人民群众的血肉联系,我们就一定能够形成强大合力,从容应对各种复杂局面和风险挑战。

群众的血肉联系，我们就一定能够形成强大合力，从容应对各种复杂局面和风险挑战。"①

"2021年是中国共产党百年华诞。百年征程波澜壮阔，百年初心历久弥坚。"②站在"两个一百年"的历史交汇点，我们党依然要继续凝心聚力、群策群力，与人民心心相印、与人民同甘共苦、与人民团结奋斗，把亿万人民的智慧和力量凝聚到经济社会发展工作中。

 党史小故事

独轮车上的淮海战役

淮海战役胜利后，华东野战军司令员陈毅曾深情地说："淮海战役的胜利，是人民群众用小推车推出来的。"正是人民群众从人力、物力等方面积极支援前线，中国共产党才赢得了淮海战役的胜利。

而在淮海战役中被俘的国民党将军杜聿明曾埋怨道："粟裕的部队10万人，可是后边跟了40万、50万农民，推着小车运伤员、运弹药、运粮食、运给养；而我们30万部队从徐州出来，走过村庄老百姓早就跑得精光，所有的粮食全都埋起来，水井全部填掉，你说我能不失败吗！"

（三）发展成果由人民共享

治天下也，必先公，公则天下平矣。以人民为中心，要求保障人民平等享有享受美好生活的权利。让广大人民群众共享改革发展成果，集中体现了社会主义制度的优越性和以习近平同志为总书记的党中央为实现人民

---

① 《习近平在全国抗击新冠肺炎疫情表彰大会上的讲话》，中共中央党校（国家行政学院）官网，2021年2月6日。
② 《国家主席习近平发表二〇二一年新年贺词》，人民网，2021年2月6日。

对美好生活的向往而奋斗的坚定追求,共产党人一直为之不懈努力。中国共产党必将继续努力、继续前进,不断把为人民造福的事业作为重中之重大力推进,让生活在伟大祖国和伟大时代的中国人民共同享受发展带来的累累硕果。

然而,在新时代,我们国家仍然存在城乡差距、区域差距和居民收入差距明显的问题,在新时代坚持和发展中国特色社会主义,既要把蛋糕做大,也要把蛋糕分好,逐步建立社会公平保障体系,努力创造公平的社会环境,保证人民平等参与、平等发展的权利,让发展成果惠及全体人民。

为此,我们党做了不少努力,举全国之力打赢脱贫攻坚战,决胜全面建成小康社会,在教育、医疗、就业、养老、社会保障等社会事业领域进行改革,从人民群众最关心、最期盼的问题入手,不断推出新政策、新举措,改善民生、增进百姓福祉。在今后,中国共产党依然会坚持以人民为中心,让全体人民共享发展成果,不断把为人民造福的事业推向前进。

二、为什么要坚持以人民为中心

(一)以人民为中心是历史唯物主义的基本观点

中国共产党是坚定不移的马克思主义政党,我们坚持用马克思主义教育全党、武装头脑、指导实践,从马克思主义中吸取众多营养,并不断丰富和发展马克思主义。马克思主义哲学是马克思主义的重要组成部分,包

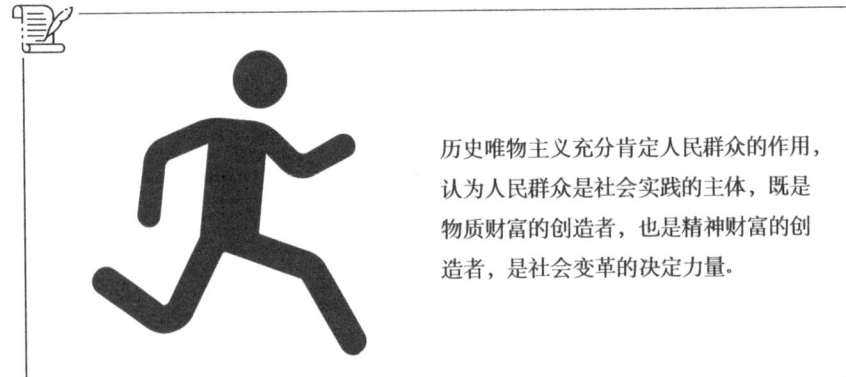

历史唯物主义充分肯定人民群众的作用,认为人民群众是社会实践的主体,既是物质财富的创造者,也是精神财富的创造者,是社会变革的决定力量。

括辩证唯物主义和历史唯物主义。2020年1月16日，《求是》杂志发表了习近平总书记《坚持历史唯物主义不断开辟当代中国马克思主义发展新境界》一文。在文章中，习近平总书记强调："只有坚持历史唯物主义，我们才能不断把对中国特色社会主义规律的认识提高到新的水平，不断开辟当代中国马克思主义发展新境界。"[1]我们要掌握历史唯物主义基本原理和方法论，更好认识社会、开展工作。

历史唯物主义充分肯定人民群众的作用，认为人民群众是社会实践的主体，既是物质财富的创造者，也是精神财富的创造者，是社会变革的决定力量。可以说，人民群众决定着国家的前途和命运，以人民为中心充分尊重了人民群众的主体地位。唐代诗人杜牧在《阿房宫赋》中写道："灭六国者六国也，非秦也。族秦者秦也，非天下也。""秦人不暇自哀，而后人哀之；后人哀之而不鉴之，亦使后人而复哀后人也。"[2]杜牧感叹历代王朝为何总是无法逃脱"其兴也勃焉，其亡也忽焉"的宿命。其实，在历史唯物主义者看来，是因为这些统治者根本就不能代表人民群众，而是站在人民群众的对立面剥削和压迫人民群众，所以必然是要失败的，注定要被历史所抛弃。

习近平总书记在讲话中要求，我们党要"学习和掌握人民群众是历史创造者的观点，紧紧依靠人民推进改革"。[3]我们党相信历史唯物主义的科学性，尊重历史唯物主义揭示出来的社会发展的科学规律，一直坚持人民的主体地位，在改革的过程中坚持群众观点、群众路线，发挥群众首创精神。同时，也要促进社会公平正义，把人民群众放在最高位置。

（二）以人民为中心是巩固党的执政地位的重要举措

一个政党，一个政权，其前途命运取决于人心向背。党的执政地位

---

[1] 习近平：《坚持历史唯物主义不断开辟当代中国马克思主义发展新境界》，人民网，2021年2月6日。
[2] 上海辞书出版社文学鉴赏辞典编纂中心：《文学经典鉴赏·古文名篇》，上海：上海辞书出版社，2018年，第196页。
[3] 习近平：《坚持历史唯物主义不断开辟当代中国马克思主义发展新境界》，人民网，2021年2月6日。

是否牢固与人民的支持与否息息相关。中国共产党的执政地位是中国历史和中国人民的选择，人民是我们最大的执政底气，以人民为中心对于巩固我们党的执政基础有着至关重要的作用。《中国共产党章程》明确指出："我们党的最大政治优势是密切联系群众，党执政后的最大危险是脱离群众。"①习近平同志在党的十九大报告中强调："我们党来自人民、植根人民、服务人民，一旦脱离群众，就会失去生命力。"②我们党要同人民想在一起、干在一起、把人民放在心中最高位置，必须要牢记"以人为本、执政为民"的执政理念，警惕脱离群众的风险，打牢执政根基。

以人民为中心既是巩固党的执政地位的要求，也是巩固党的执政地位的重要举措。正如习近平总书记在山西考察时所说："中国共产党把为民办事、为民造福作为最重要的政绩，把为老百姓做了多少好事实事作为检验政绩的重要标准。"③只有坚持以人民为中心，把人民满意与否作为工作的指向标，才能使我们党的工作更好地得到人民的拥护，才能巩固党的执政地位。与此同时，党员同志在开展工作时更加深入了解群众，以心相交，真正理解百姓的需求，就更能得到百姓的认可，巩固党的执政地位。

（三）以人民为中心是吸收正反两方面经验的必然要求

中国共产党始终尊重历史、敬畏历史，在铭记历史中成长，在传承历史中发展。以人民为中心，是在历史实践中吸收正反两方面经验的必然要求。

从正面经验来看，中国共产党一经成立，就肩负起反帝反封建、解放人民、振兴中华的历史使命。经历了国内革命战争、抗日战争、解放战争等艰苦卓绝的斗争，中国共产党在人民的支持下推翻了"三座大山"，建立了中华人民共和国，使饱经压迫和剥削之苦的中国劳苦大众翻身解放，成为了国家的主人。中华人民共和国成立后，党领导全体人民进行了社会

---

① 《中国共产党章程（修正案）》，共产党员网，2017年10月24日。
② 习近平：《决胜全面建成小康社会　夺取新时代中国特色社会主义伟大胜利——在中国共产党第十九次全国代表大会上的报告》，新华网，2017年10月27日。
③ 人民日报评论员：《不断造福人民》，《人民日报》，2020年6月4日。

主义改造，在废墟中重建家园，确立了社会主义制度，大力发展社会主义经济、政治和文化，使综合国力显著提升。这一切成果的取得，靠的就是善于团结和发动最广大的人民群众，靠的就是得民心、顺民意的举措，靠的就是我们党深厚的群众基础。在新时代发展中国特色社会主义的新征程上，我们要继续发扬传统，以赤子之心服务人民。

从反面经验来看，一些大党、老党失败下台的根本原因就是脱离人民群众，最典型的就是苏联解体，苏共垮台。1991年时，苏联的综合国力虽然有所削弱，但是仍然强过世界上多数国家，但是这也没能避免苏联解体，苏共垮台。苏联解体之时，苏共的执政基础已经严重动摇。当党员脱离人民，干部凌驾于人民之上成为特权阶层之时，便会失去群众的支持，甚至与群众站到对立面。任何一个政党都逃脱不了这个历史逻辑。

中国共产党一直牢记正反两方面的经验教训，把人民放在至高的地位，把人民作为一切工作的中心。

党史小故事

关于历史周期律的对话

1945年6月，包括黄炎培先生在内的六位国民参政员访问延安。六位参政员将要回重庆时，毛泽东问黄炎培有什么感想，黄炎培坦率地说："我生六十多年，耳闻的不说，所亲眼看到的，真所谓'其兴也勃焉'、'其亡也忽焉'。一人，一家，一团体，一地方乃至一国，不少单位都没有能跳出这周期率的支配力……一部历史，'政怠宦成'的也有，'人亡政息'的也有，'求荣取辱'的也有。总之没有能跳出这周期率。中共诸君从过去到现在，我略略了解的了，就是希望找出一条新路，来跳出这周期率的支配。"

毛泽东听了他这番话后，回答说："我们已经找到了新路，我们能跳出这周期率。这条新路，就是民主。只有让人民来监督政府，政府才不敢松懈。只有人人起来负责，才不会人亡政息。"在

> 黄炎培看来,"这话是对的",因为"只有把每个地方的事,公之于每个地方的人,才能使得地地得人,人人得事。用民主来打破这周期率,怕是有效的"。

三、如何落实以人民为中心

(一)坚定理想信念,提高党性修养

中国共产党作为一个百年大党,带领中国人民跨越一个世纪,走过了艰辛而光辉的历程,在领导中国革命、建设、改革、发展和加强自身建设的实践中,积累了丰富的历史经验,取得了辉煌的成就。但是在当今社会,党的建设面临许多新情况、新问题、新挑战,没有坚定的理想信念支撑,很容易失守本心。

坚定理想信念,加强党性修养,这是新时代对共产党员做出的更深的要求,是保持党员的先进性与纯洁性的重要保证。理想信念是一个人世界观、人生观、价值观的集中体现。坚定理想信念能够帮助我们抵御各种腐朽思想的侵蚀,永葆共产党人的先进性与纯洁性,不畏任何艰险献身于伟大的事业。作为党员,我们要在矛盾面前不畏缩,在困难面前不悲观失望,在诱惑面前能够洁身自好,为了实现共产主义的远大理想而奋斗终生。

提高党性修养需要全面从严治党。从严治党,是保持党的先进性和纯洁性,巩固党的执政地位的重要保证,是我们党领导改革开放和现代化建设事业取得胜利的必然要求。习近平同志强调:"保持党在组织上的纯洁性,是保持全党步调一致和推进党的事业发展的组织保

(制图:梁泽琪)

证。"①全面从严治党，反腐败斗争是其重要内容。"打铁必须自身硬"是习近平一贯的执政理念和责任担当。习近平总书记指出："反腐败斗争形势依然严峻复杂，巩固压倒性态势、夺取压倒性胜利的决心必须坚如磐石。"②党的十八大以来，以习近平同志为核心的党中央不断强调每一位党员都要坚守党的纪律，坚定中国特色社会主义远大理想，时刻谨记为人民服务的理念。

（二）强化宗旨意识，真诚服务群众

强化宗旨意识意味着我们要时刻记得，中国共产党是全心全意为人民服务的政党，中国共产党始终坚持以人民为中心，坚持立党为公、执政为民，始终把人民利益摆在至高无上的地位。我国是人民当家做主的社会主义国家，人民是国家的主人，我们要深入到人民群众中去，真正做到知群众之所需，了群众之所想，更好地为人民排忧解难。

强化宗旨意识也要加强党员教育。要坚持对党员进行思想理论教育，深入学习习近平新时代中国特色社会主义思想理论，坚定以人民为中心的思想。抓好宗旨意识这个重点，相信群众，依靠群众，始终把人民群众放在心中最高位置。真诚服务群众，紧密联系群众，倾听群众心声。群众路线是我们党的根本路线，也是党所有工作的生命线。我们要牢固树立群众观点，坚持走群众路线，虚心接受群众监督，思想上尊重群众，政治上代表群众，感情上贴近群众，行动上深入群众，工作上为了群众，从实际出发做好群众工作，真真正正做到"从群众中来，到群众中去"。在日常工作中，我们面

（制图：梁泽琪）

---

① 《习近平：扎实做好保持党的纯洁性的各项工作》，新华网，2012年3月1日。
② 《全面从严治党：夺取反腐败斗争压倒性胜利的决心必须坚如磐石》，央广网，2017年10月22日。

对和服务人民群众之时，要主动争取群众的支持和参与，请群众出谋划策，与人民群众保持密切联系，听取和反映人民群众的意见和要求，努力为人民服务、对人民负责，并接受人民监督，把群众的评价作为检验我们工作成效的重要标准。

（三）坚持求真务实，强化责任担当

"伟大梦想不是等得来、喊得来的，而是拼出来、干出来的。"①习近平同志的话语鼓舞了全国党员干部孜孜不倦地在国家发展各个领域拼搏进取。我们拥有自己的使命与担当，面对百年未有之大变局，我们更要不忘初心，牢记使命，坚守在基层，奋战在一线。

坚持求真务实就要培养人民公仆意识。当好人民的公仆，心里就得时刻装着人民，时刻铭记权力是人民赋予的，要把人民赋予的权力用来造福人民，摒弃"权力至上"的观念，树立"权力就是义务"的思想，坚持权为民所用、情为民所系、利为民所谋，用手中的权力热情为基层服务、为群众服务、为人民谋利益。遥想战火纷飞的年代，许多革命先烈为了人民群众的利益，不惜抛头颅、洒热血，把生命奉献给党的事业。今日，习近平总书记率先宣誓"我将无我，不负人民"，以质朴真挚的为民情怀书写许党许国的担当精神。

坚持求真务实就要发扬实干精神，我们党始终坚持集中力量办大事、办实事、办难事，想群众所想，急群众所急，解群众之难。对于各项工作任务，我们必须聚精会神抓落实，力求夺取新成效。在纷繁复杂的工作面前，我们要践行实干精神，必须亲力亲为，要亲自深入到工作实践第一线去，倾听群众的意见、建议和呼声，结合本身实际，科学借鉴前

（制图：梁泽琪）

---

① 习近平：《在庆祝改革开放40周年大会上的讲话》，《人民日报》，2018年12月19日。

人留下的历史经验，真正把求真务实贯穿到执政为民的实践当中。

我们要牢记空谈误国、实干兴邦的道理，不做好高骛远、不切实际的决策，坚定理想信念，强化党员担当。责任担当就是在自觉做好分内事的同时，为自己的理想信念而付出。作为党员干部，强化责任担当就意味着我们要始终心系人民、勤政为民。我们要牢记，我们来自于人民，根植于人民，就要真诚服务人民，始终把人民利益放在第一位，把实现好、维护好、发展好最广大人民的根本利益作为一切工作的出发点和落脚点，在任何时间都把人民放在心中的最高位置。

中国梦再出发，
感悟祖国伟大风云录。

第八讲
国家治理

坚持和完善中国特色社会主义制度、推进国家治理体系和治理能力现代化，是关系党和国家事业兴旺发达、国家长治久安、人民幸福安康的重大问题。当前要把提高治理能力作为新时代干部队伍建设的重大任务，因此，学习国家治理之道，是每一位党员干部的责任担当。促进国家治理现代化，是每一位党员干部的必修课。本讲将围绕"如何理解国家治理现代化""推进实现国家治理现代化有何现实意义""如何把我国制度优势更好转化为国家治理效能"三大问题展开。

一、如何理解国家治理现代化这一时代命题

（一）国家治理体系是在党领导下管理国家的制度体系

国家治理体系是在党领导下管理国家的制度体系，包括经济、政治、文化、社会、生态文明和党的建设等各领域体制机制、法律法规安排，也就是一整套紧密相连、相互协调的国家制度。

从理论基础来看，马克思主义是我国国家制度和国家治理坚实的理论基石，中国共产党始终坚持把马克思主义作为行动指南，遵循马克思主义唯物辩证法和历史唯物主义，确立社会主义制度是我国的根本制度，国家的一切权力属于人民。改革开放进程中形成和确立起来的中国特色社会主义制度赋予了社会主义以鲜明的中国特色，始终坚持以人民为中心，促进

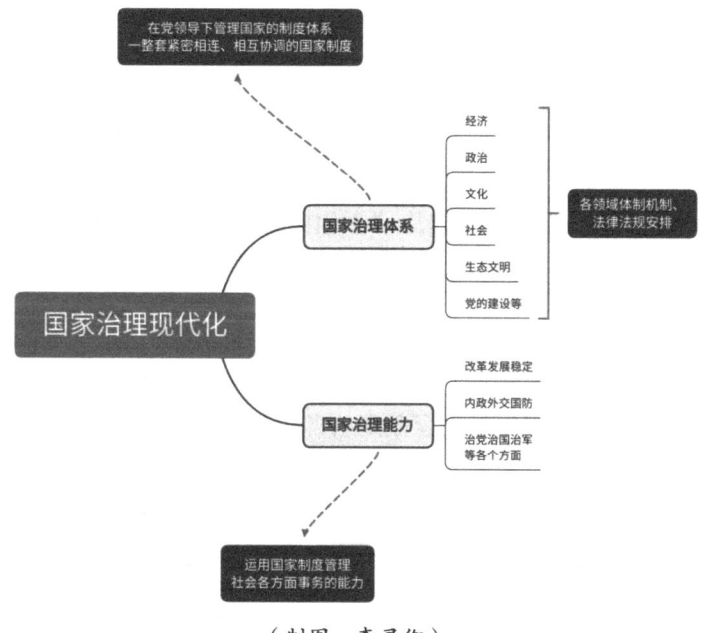

（制图：李灵衔）

人的全面发展和社会全面进步，充分体现了社会主义性质。①

从实践基础来看，我国国家治理体系深深植根中国大地，中国特色社会主义制度和国家治理体系是在中国共产党领导中国人民进行革命、建设、改革的长期实践中形成的，是马克思主义基本原理同中国具体实践相结合的产物，具有深厚实践基础。②

正是基于深厚的理论基础和丰富的实践基础，我国的国家治理体系在党的领导下逐步形成、发展和完善。

（二）国家治理能力是运用国家制度管理社会各方面事务的能力

国家治理能力是运用国家制度管理包括改革发展稳定、内政外交国防、治党治国治军等社会各方面事务的能力，是一个国家制度执行能力的集中体现。

---

① 牛先锋：《充分发挥我国国家制度和国家治理体系的优势》，求是网，2020年1月14日。
② 李国强：《我国国家制度和治理体系的深厚历史底蕴》，求是网，2020年1月14日。

治国理政，什么是根本？习近平总书记曾经提到，治国犹如栽树，本根不摇则枝叶茂荣。如果把国家治理的过程看作一株蓬勃生长的"大树"，其枝繁叶茂必然离不开"土壤"的孕育和滋养，这个"土壤"就是中国特色社会主义制度。如今，我国正迈向国家治理现代化的新征程，扎根于中国特色社会主义制度这片"土地"，汲取养分后而茁壮成长。国家治理是一个庞大的系统性工程，上至中央层面的"十四五"规划，下到基层公务员的自由裁量，这些都是国家治理的组成部分。如果没有以国家制度作为依据的国家治理，则是一个巨大的"空心工程"，根基不稳且难以蓬勃发展。只有严格依据国家制度所开展的治理，才能形成逻辑顺畅的"组合体"，打出强有力的"组合拳"，从而实现国家治理能力现代化。

（三）国家治理体系和治理能力是有机统一的系统工程

坚持和完善中国特色社会主义制度、推进国家治理体系和治理能力现代化是一个有机统一的系统工程。一方面，中国特色社会主义制度决定国家治理现代化，另一方面，国家治理不断丰富和完善定型国家制度，国家制度与国家治理能力相辅相成、有机统一。中国特色社会主义制度是具有多方面显著优势的国家制度，是确保我们国家兴旺发达、长治久安的制度体系；推进国家治理能力现代化，是把中国特色社会主义制度落到实处、把中国特色社会主义制度优势转化为国家治理效能的必由之路。只有构建起完备的国家治理体系、形成高效的国家治理能力，国家制度才能得到切实执行，才能具体落实到国家治理中，才能使国家制度优势真正转化为国家治理效能。坚持和完善中国特色社会主义制度，同时推进国家治理能力现代化，必将使中国特色社会主义事业焕发新的活力，不断走向新的胜利。

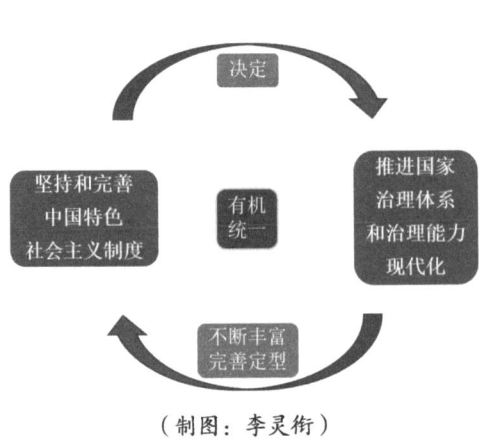

（制图：李灵衔）

党的十九届四中全会明确

提出了坚持和完善中国特色社会主义制度、推进国家治理体系和治理能力现代化的总体目标是：到我们党成立一百年时，在各方面制度更加成熟更加定型上取得明显成效；到2035年，各方面制度更加完善，基本实现国家治理体系和治理能力现代化；到新中国成立一百年时，全面实现国家治理体系和治理能力现代化，使中国特色社会主义制度更加巩固、优越性充分展现。十九届四中全会将国家治理总体目标在战略步骤上分三个阶段来安排，既催人奋进、前景可期，又符合实际、切实可行，不仅清晰地指出了我国国家制度和治理体系未来30年的发展阶段，也清晰地表明了我国国家制度和治理体系所要达到的水平和层次。对标党的十九大为我们清晰擘画的决胜全面建成小康社会和开启全面建设社会主义现代化国家新征程的宏伟蓝图，"中国之治"新境界的时间表、路线图与之高度重合、相互配合，体现的是一种顶层设计与分层对接、相互配套与相得益彰的良性互动关系，体现了党中央深远的战略谋划。①

（制图：李灵衎）

二、推进实现国家治理现代化有何现实意义

（一）全球化时代下推进实现国家治理现代化的重要性

当今世界面临着科学技术革命引起的经济、政治、文化、关系的强大冲击，也把国家治理、社会治理提到了紧迫的和新知的程度上。

同时，全球化时代下，由于国家之间联系日益紧密，各个国家的治理能力和趋向将会影响和塑造全球治理新格局，各国关于全球治理的主张可以说是其国家治理的延伸和组成部分，这也是国家治理现代化的扩展。

---

① 《新华日报评论员：准确把握总体要求和总体目标——四论深入学习贯彻党的十九届四中全会精神》，新华报业网，2019年11月20日。

失效的国家治理在全球化的扩散效应下会很快蔓延为全球治理的危机,因此,提高国家治理能力是全球治理目标实现的基础,反之,国家治理的效果也将制约全球治理目标的实现。

对中国而言,国家治理现代化的实现将是引领全球治理转型的前提。全球治理的转型为中国从被全球治理到参与全球治理,在全球治理中发挥更大的作用提供了机会。中国参与治理世界应该构成全球治理转型的一部分。在经历了经济高速发展和融入全球化的洗礼后,中国社会进入了深刻的转型期和改革的深水区,国内治理迎来前所未有的挑战。在此基础上,国家治理现代化的提出不仅是要解决转型期经济社会的发展问题,更是要为中国参与治理世界夯实基础。

(二)实现社会主义现代化道路上推进实现国家治理现代化的必要性

推进国家治理体系和治理能力现代化是完善和发展中国特色社会主义制度的必然要求,是实现社会主义现代化的应有之义。从国家治理历史演进来看,一个国家治理效能的高低,直接反映这个国家治理体系和治理能力的现代化水平,也是评判一国制度优劣的重要标准。可以说,提升国家治理效能,既是推进国家治理现代化的重要内容,也是其所要达到的重要目标,对坚持和完善中国特色社会主义制度具有重大意义。[1]

党的十八大以来,我国进入全面建成小康社会的新的历史时期,同时又面临国家治理的挑战带来的新考验。一方面,中国必须面对世界所处的大发展大变革大调整时期的动荡,勇立时代潮流以实现自己的预定目标;另一方面,中国仍需面对来自前行中诸多不确定不稳定因素的干扰,在新的矛盾转变中走出创新性改革道路。面对这种客观存在的压力,习近平总书记把促进国家治理现代化作为一个重大课题提出,把中国共产党的治国理政实践提升到新的理论认识,形成关于国家治理现代化新布局与新思想,在全球性风云变幻与激烈竞争中、在向着改革开放走向转折与深入的

---

[1] 靳诺:《把我国制度优势更好转化为国家治理效能》,《人民日报》,2021年1月13日。

新形势下，审时度势、高瞻远瞩，以治国理政的非凡勇气与能力，把中国特色社会主义推向新时代。①

（三）百年未有之大变局中推进实现国家治理现代化的紧迫性

《中共中央关于坚持和完善中国特色社会主义制度 推进国家治理体系和治理能力现代化若干重大问题的决定》指出："当今世界正经历百年未有之大变局，我国正处于实现中华民族伟大复兴关键时期。顺应时代潮流，适应我国社会主要矛盾变化，统揽伟大斗争、伟大工程、伟大事业、伟大梦想，不断满足人民对美好生活新期待，战胜前进道路上的各种风险挑战，必须在坚持和完善中国特色社会主义制度、推进国家治理体系和治理能力现代化上下更大功夫。"②这一重要论述，深刻阐述了坚持和完善中国特色社会主义制度、推进国家治理体系和治理能力现代化的重要性和紧迫性。

当今世界正经历百年未有之大变局，我国正处于实现中华民族伟大复兴的关键时期。国际形势波谲云诡，周边环境复杂敏感，国内改革发展稳定、内政外交国防、治党治国治军等任务艰巨繁重，我们在经济、政治、科技、文化、社会、外部环境、生态文明、党的建设等领域面临的风险挑战之多前所未有。有了更加科学完善的国家制度、现代化的国家治理体系和治理能力，才能在统揽"四个伟大"历史使命、统筹推进"五位一体"总体布局、协调推进"四个全面"战略布局中，真正做到"任凭风浪起，稳坐钓鱼船"。我们要解决目前存在的问题，实现这些宏伟目标，打赢防范化解重大风险攻坚战，有效应对来自方方面面日益复杂严峻的挑战，都要求我们在坚持和完善中国特色社会主义制度、推进国家治理体系和治理能力现代化上下更大功夫。

---

① 尹德蓉、俞思念：《习近平关于国家治理现代化论述的时代意义》，《江汉论坛》，2020年第1期。
② 《中共中央关于坚持和完善中国特色社会主义制度 推进国家治理体系和治理能力现代化若干重大问题的决定》，中华人民共和国中央人民政府网，2019年11月5日。

三、把我国制度优势更好转化为国家治理效能

经过70年的探索、发展、完善，中国特色社会主义制度已然成为科学制度体系，并发挥出显著的制度优势。把我国的制度优势更好地转化为国家治理效能，主要从以下几个方面入手。

（一）完善社会主义市场经济体制

一方面，我们要坚持和完善公有制为主体，多种所有制经济共同发展的基本经济制度；另一方面，要建设高标准的市场体系，基本的要求是完善公平竞争制度，强化竞争政策的基础地位。所谓高标准市场体系是指统一开放、竞争有序、制度完备、治理完善的现代市场体系，而公平竞争制度扮演着建立健全这一市场体系必不可缺的角色。公平竞争既彰显社会主义优越性和本质要求，又符合市场机制有效发挥作用的基础。新冠肺炎疫情冲击下，"六保"和"六稳"成为必然要求，所以我们更加要坚持高标准市场体系的要求，充分发挥市场在资源配置中的决定性作用，更好发挥政府作用，推动有效市场和有为政府更好结合，从而促进社会主义市场经济体制进一步完善和发展。

（二）完善社会治理制度

坚持建设共建共治共享的社会治理制度，实现政府治理和社会调节、居民自治的良性互动，构建起社会治理新格局。一方面，要把社区作为社会管理的支撑点，推动社会治理和服务中心向基层下移，把更多资源下沉到基层，健全城乡基层治理体系，夯实基层社会治理基础。另一方面，要充分动员公众知晓和参与社会管理事务的积极性，既要完善群众参与基层社会治理的制度化渠道，又要畅通和规范群众诉求表达、利益协调、权益保障通道，完善社会矛盾纠纷多元预防调处化解综合机制。同时，要发挥好中国特色的治理优势，在重大突发公共（卫生）事件时发挥好统一决策和指挥能力，正如疫情期间我国所体现出来的集中力量办大事、办难事、办急事的治理效能，这也是应对复杂社会治理挑战的重要能力。

（三）完善民生保障制度

习近平总书记深刻指出，人民对美好生活的向往，就是我们的奋斗目标。这充分体现了党的领袖情系群众、关注民生的为民情怀，也指明了新的历史条件下党对人民的责任，完善民生保障制度是必然要求。满足人民的美好生活愿望，公共服务要处理好保基本和多样化的关系，国家社会保障制度的重点是应保尽保、可持续和稳步提高保障水平，普惠性的公共服务既要广覆盖、又要向低收入和困难群体倾斜，使他们能够更多分享发展的收益。2020年，我国取得了脱贫攻坚战的全面胜利，完成了消除绝对贫困的艰巨任务。如今我们进入新的阶段，巩固提高扶贫成效成为民生领域的重要任务。

（四）完善先进文化的制度

发展社会主义先进文化、广泛凝聚人民精神力量，是国家治理体系和治理能力现代化的深厚支撑。完善先进文化的制度，首先要坚持马克思主义在意识形态领域指导地位的根本制度，其次要坚持以社会主义核心价值观引领文化建设制度，再次要健全人民文化权益保障制度，同时要完善坚持正确导向的舆论引导工作机制，最后要建立健全把社会效益放在首位、社会效益和经济效益相统一的文化发展体制机制。

（五）完善生态文明的制度建设

中央出台的指导意见包括十个方面：健全法律法规、完善标准体系、健全自然资源资产产权制度和用途管制制度、完善生态环境监管制度、验收资源环境生态红线、完善经济政策、推行市场化机制、健全生态保护补偿机制、健全政绩考核制度、完善责任追究制度。其中关于完善生态环境监管制度，我们要认识到政府的监管虽然有效，但是从行政成本的角度出发，其覆盖面在时间和地点上终究是有限的，因此要充分激活社会的力量，促进公众、市场主体和社会组织采取环保和生态行动，鼓励人们在日常生产生活中保护环境和生态，发现和举报身边各种与环境生态相关的违法违规和不当行为，把社会监督的触角延伸到生态文明建设的每一个角落。例如，当今数字时代，公众参与的舆论监督力量往往十分有效。现代技术赋能公众参与，公众通过技术平台参与监督和举报，向相关的涉事主体和监管部门施压，促成生态问题的解决。

（六）完善数字时代的治理

数字技术的应用在当今公共治理领域产生了广泛而深刻的影响，经济调控、市场监管、社会管理和公共服务各方面不断增加"一站式"和"一网通办"线上服务，既为公众和市场主体带来便利，也推动了公共部门的"流程再造"，实现了简政便民的双赢局面。与此同时，我们的数字治理要不断与时俱进，满足时代建设的要求，一方面，要全面推进数字政府建设，扩大数据公开，加强数据共享，让公民和社会主体及时了解事态，有效回应公民和市场主体诉求；另一方面，要加强对数字技术应用和数字企业的监管，合理保护个人隐私，有效促进市场公平竞争，切实保障国家数据安全。

（七）完善更高水平开放型经济新体制

对外开放是我国的基本国策，当今我国发展环境面临深刻复杂变化，对扩大对外开放提出新的要求和挑战。国家间的竞争日益成为制度的竞争、治理的竞争和服务的竞争，建设更高水平的开放型经济新体制是我国应对新形势的必然要求。"十四五"时期，为塑造我国国际经济合作和竞争新优势，我国将加快构建以国内大循环为主体、国内国际双循环相互促进的新发展格局。新发展格局之下，我们要实现更加开放的国内国际双循环，同时要更加坚定不移地扩大开放，推动由商品和要素流动型开放向规则等制度型开放的转变。之所以要实现制度型开放，是因为要改变过去多年开放政策调整频繁的状况，今后各种开放的政策、规则、管理、标准等，都要相对定型稳定和可预期，营造良好的法制环境、营商环境、创新环境、生态环境、数字环境等。[1]

---

[1] 江小涓：《当前中国经济社会治理的七项重点任务》，中国共产党新闻网，2020年8月19日。

第九讲
不忘初心

2017年10月18日，习近平总书记在十九大报告中指出，要在全党开展"不忘初心、牢记使命"主题教育，用党的创新理论武装头脑，推动全党更加自觉地为实现新时代党的历史使命不懈奋斗。在作十九大报告时，习近平总书记还提到，中国共产党人的初心和使命，就是为中国人民谋幸福，为中华民族谋复兴。不忘初心、牢记使命，是贯彻党的十九大精神的重要举措，也是党不断开创未来的重要基础。那么，何为初心？何为使命？我们又应该怎样不忘初心、牢记使命呢？本讲内容将围绕以上问题展开。

一、因初心而生

（一）中国共产党人的建党初心

初心，是指从一开始所抱持的信念。中国的共产主义运动，是在马

克思列宁主义同中国工人运动相结合的基础上发生和发展起来的，中国共产党的诞生，正是马克思主义同中国工人运动相结合的伟大成果。五四运动之后，随着我国工人运动的发展以及马克思列宁主义的广泛传播，在我国建立无产阶级政党的任务也提上了议事日程。1920年初，李大钊与陈独秀相约，分别在北京和上海活动，筹建中国共产党。3月，由李大钊、邓中夏、高君宇等人秘密发起组织的北京大学马克思学说研究会正式成立。这是中国最早的一个学习和研究马克思主义的团体。4月，共产国际派代表来华，先后与李大钊、陈独秀等联系，对中国共产党的创建工作给予帮助。8月，正式成立了我国第一个共产主义小组——上海共产主义小组，这个组织肩负着发起、筹备和组织全国性党的重任。之后，北京等地先后成立了共产党早期组织，上海共产主义小组也起着联络各地共产党早期组织的纽带作用。1921年7月23日晚，中国共产党第一次全国代表大会在上海法租界贝勒路树德里3号（后称望志路106号，现改兴业路76号）举行，总共13名代表出席大会，他们代表了全国的50多名党员。7月30日晚，由于法租界巡捕突然闯进了会场，会议被迫中断。最后一次会议转到了浙江嘉兴南湖的一艘游艇上举行。大会最终确定党的名称为"中国共产党"，党的奋斗目标是以无产阶级革命军队推翻资产阶级，采用无产阶级专政，以达到阶级斗争的目的——消灭阶级，废除资本私有制，以及联合第三国际。党的一大宣告了中国共产党的正式成立，从此，中国革命的面貌焕然一新。

知识点

中国共产党第一次全国代表大会

党的一大代表与党的创始人　中国共产党第一次全国代表大会出席代表共13人，分别是：上海小组的李达、李汉俊，武汉小组的董必武、陈潭秋，长沙小组的毛泽东、何叔衡，济南小组的王尽美、邓恩铭，北京小组的张国焘、刘仁静，广州小组的陈公博，旅日小组的周佛海，武汉小组的包惠僧（受陈独秀个人委派参加会议）。他们代表着全国50多名党员。共产国际代表马林和尼克尔斯基出席了这次大会。当时，对党的创立作出了重要贡献的李大钊、陈独秀因工作脱不开身而没有出席大会，但他们为建党做了大量工作，在代表们心目中，他们仍是党的主要创始人和领袖。

一大召开日期与党的诞生纪念日　1921年7月，中国共产党第一次全国代表大会在上海举行，由于在战争年代档案资料难寻，具体日期已经无法查证。因此，1941年6月在党成立20周年之际，中共中央发文正式规定，7月1日为党的诞生纪念日。根据新发现的史料和考证成果，确定一大的召开日期是1921年7月23日。

中国共产党是中国人民在救亡图存斗争中顽强求索的必然产物，也是中华民族在追求复兴的道路上不断觉醒的必然产物，从建党之初就旗帜鲜明地把实现社会主义和共产主义确定为奋斗目标。习近平总书记在庆祝中国共产党成立95周年大会上的讲话中提道："我们要永远保持建党时中国共产党人的奋斗精神，永远保持对人民的赤子之心。"[1]这句话深刻地指出了中国共产党人的建党初心就是对人民的赤子之心。在党的十九大报告中，习近平总书记进一步明确提出，中国共产党人的初心和使命，就是为中国人民谋幸福，为中华民族谋复兴。中国共产党是以马克思主义为指导的无产阶级政党，是马克思主义的忠诚信奉者和坚定实践者。马克思、恩格斯在《共产党宣言》中指出："过去的一切运动都是少数人的，或者为少数人谋利益的运动。无产阶级的运动是绝大多数人的，为绝大多数人谋利益的独立的运动。"[2]中国共产党从诞生之日起，就是中国各族人民利益的忠实代表，除了忠实地代表工人阶级和人民群众的根本利益以外，没有其他任何特殊利益。这就决定了中国共产党的根本立场和唯一宗旨就是

---

[1]　《习近平在庆祝中国共产党成立95周年大会上的讲话》，《人民日报》，2016年7月2日。
[2]　[德]马克思、恩格斯著，中共中央编译局译：《共产党宣言：纪念马克思诞辰200周年多语种珍藏版》，北京：中央编译出版社，2018年，第50页。

全心全意为人民服务,这既是无产阶级政党区别于其他政党的重要标志,也是中国共产党人党性修养的最高原则和根本内容。

(二)初心是中国共产党人的根和魂

中国共产党因为人民服务的初心而生,这个初心鲜明地体现了中国共产党人的建党初衷和奋斗目标,是中国共产党人的根和魂,是中国共产党作为一个政治组织的合法性基础。习近平总书记在庆祝中国共产党成立95周年大会上的讲话中提到,一切向前走,都不能忘记走过的路;走得再远、走到再光辉的未来,也不能忘记走过的过去,不能忘记为什么出发。正是基于对建党初心的坚守,2017年10月31日,在党的十九大胜利闭幕一周之际,习近平总书记就带领中共中央政治局常委专程赶赴上海兴业路76号和浙江嘉兴的南湖红船,沿着早期共产党人的足迹,探寻我们党的精神密码。习近平总书记强调:"上海党的一大会址、嘉兴南湖红船是我们党梦想起航的地方。我们党从这里诞生,从这里出征,从这里走向全国执政。这里是我们党的根脉。"①毛泽东同志曾经称上海兴业路76号的中共一大会址是中国共产党的"产床",习近平总书记说这个比喻很形象,这里也是我们中国共产党人的精神家园,他感慨嘉兴南湖的小小红船承载千钧,播下了中国革命的火种,开启了中国共产党的跨世纪航程。

---

① 《梦想,从这里启航——记习近平总书记带领中共中央政治局常委赴上海瞻仰中共一大会址、赴浙江嘉兴瞻仰南湖红船》,新华网,2017年11月1日。

（三）不忘初心，方得始终

《诗经》云："靡不有初，鲜克有终。"就是告诫人们，随着时间的流逝、环境的变化，初心很容易改变，要做到慎终如始十分不易。在历史上，很多的政党都是昙花一现，而中国共产党却能够经受住一次次挫折，战胜困难，不断前进，使中国的面貌焕然一新，就是因为我们党始终没有忘记初心。

为什么人的问题，是检验一个政党、一个政权性质的试金石。人民对美好生活的向往，就是我们的奋斗目标，这样一种为人民利益奋斗的价值取向，产生无穷的力量，推动着一代又一代的中国共产党人英勇奋斗、不顾一切，甚至不惜牺牲自己的生命。每一个共产党员，在入党时也都会庄严宣誓：为共产主义奋斗终身，随时准备为党和人民牺牲一切！

习近平总书记在"不忘初心、牢记使命"主题教育工作会议上发表的重要讲话中指出："守初心，就是要牢记全心全意为人民服务的根本宗旨，以坚定的理想信念坚守初心，牢记人民对美好生活的向往就是我们的奋斗目标，时刻不忘我们党来自人民、根植人民，永远不能脱离群众、轻视群众、漠视群众疾苦。"[①]你把老百姓装在心中，老百姓就会把你放在心上，中国共产党的事业真正是人民群众自己的事业，才让我们党能够不断地吸引、凝

---

① 《习近平出席"不忘初心、牢记使命"主题教育工作会议并发表重要讲话》，中华人民共和国中央人民政府网，2019年5月31日。

聚起全民族最优秀的分子，拥有着全民族最广泛的支持、拥护、爱戴，因而具备战胜一切困难、取得一个又一个胜利的决心、意志和力量。

 习近平讲党史故事

半床棉被的故事

1934年11月，中央红军突破国民党第二道封锁线，陆续抵达湖南汝城县。在沙洲村，三位疲惫不堪的女红军在军队驻扎休整时借宿在村民徐解秀老人家中。临走时，把自己仅有的一床被子剪下一半留给老人，她们对

（图片来源：汝城新闻网）

徐解秀说："等革命成功后，一定要送你一条完整的新棉被。"老人说："什么是共产党？共产党就是自己有一条被子，也要剪下半条给老百姓的人。"

二、为使命而行

（一）实现中华民族伟大复兴的历史使命

使命，是指为了实现信念所应当担负的责任。近代中国的历史表明，中国的农民阶级和资产阶级都没有能力担负起领导中国革命的责任，不可能领导中国人民完成反帝反封建的民主革命任务。在中国共产党诞生前，无数的仁人志士做过中华民族复兴的梦，从提出师夷长技以制夷的洋务运动，到农民阶级领导的太平天国运动，再到晚清时期维新派的戊戌变法，乃至资产阶级领导的辛亥革命等，各种各样的探索，都没有能够改变中国半殖民地半封建社会的性质，最终都幻灭了。

在中国遭遇"数千年未有之变局"背景下，在中华民族灾难深重、国家前途渺茫的艰难境地中，中国的先进分子选择了马克思主义作为改造中国社会的理论武器，并组建起中国无产阶级的政党——中国共产党。中国共产党的诞生，注定了要承担起救民族于危难、拯黎民于水火的重大历史责任，注定了要担负起带领中国人民谋求民族独立、实现中华民族伟大复兴的历史使命。习近平总书记在党的十九大报告中指出："实现中华民族伟大复兴是近代以来中华民族最伟大的梦想。中国共产党一经成立，就把实现共产主义作为党的最高理想和最终目标，义无反顾肩负起实现中华民族伟大复兴的历史使命，团结带领人民进行了艰苦卓绝的斗争，谱写了气吞山河的壮丽史诗。"[①]可以说，一部中国共产党的历史，就是中国共产党人为实现中华民族伟大复兴而不懈奋斗的历史。

（二）我们比历史上任何时期都更接近中华民族伟大复兴的目标

中华人民共和国成立后，中国共产党带领全国各族人民，在迅速医治战争创伤、恢复国民经济的基础上，创造性地进行社会主义改造，建立起社会主义基本制度。党的十一届三中全会重新确立了解放思想、实事求是的思想路线，以巨大的政治勇气和理论勇气全面推进改革开放，极大地解

---

① 《习近平：决胜全面建成小康社会　夺取新时代中国特色社会主义伟大胜利——在中国共产党第十九次全国代表大会上的报告》，央广网，2017年10月28日。

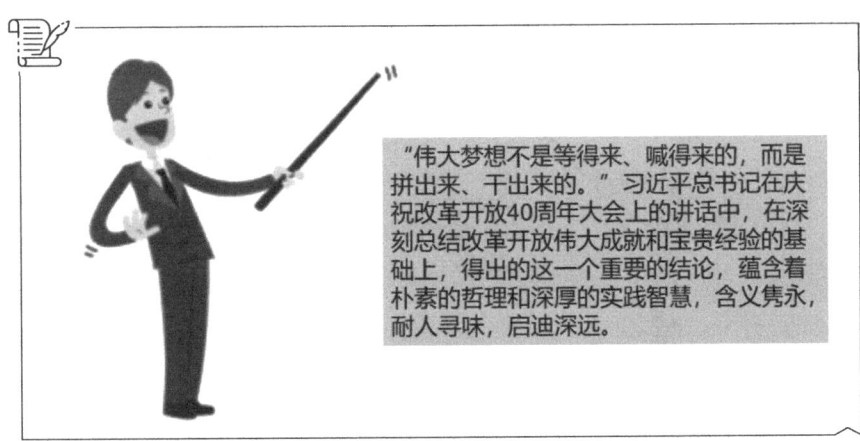

"伟大梦想不是等得来、喊得来的,而是拼出来、干出来的。"习近平总书记在庆祝改革开放40周年大会上的讲话中,在深刻总结改革开放伟大成就和宝贵经验的基础上,得出的这一个重要的结论,蕴含着朴素的哲理和深厚的实践智慧,含义隽永,耐人寻味,启迪深远。

放和发展了生产力,中国特色社会主义建设进入发展的快车道,各项事业取得举世瞩目的巨大成就。党的十八大以来,以习近平同志为核心的党中央团结带领全国各族人民,紧紧围绕实现"两个一百年"奋斗目标和中华民族伟大复兴的中国梦,举旗定向、谋篇布局、攻坚克难、强基固本,开辟了治国理政新境界,开创了党和国家事业发展新局面,得到广大干部群众的衷心拥护,在国内外产生了重大影响。

在中国共产党领导下,中国人民在社会主义道路上实现了一个又一个伟大飞跃,取得举世瞩目的伟大成就,实现了全面建成小康社会的第一个百年目标,开启了建设社会主义现代化强国第二个百年目标的新征程。习近平总书记在党的十九大报告中指出,我们比历史上任何时期都更接近、更有信心和能力实现中华民族伟大复兴的目标。在这个千帆竞发、百舸争流的时代,我们既不能骄傲自满、故步自封,也不能犹豫不决、徘徊彷徨,我们应勇担中华民族伟大复兴的历史使命,实现中华民族伟大复兴的中国梦。

(三)行百里者半九十

如习近平总书记所言:"行百里者半九十。中华民族伟大复兴,绝不是轻轻松松、敲锣打鼓就能实现的。全党必须准备付出更为艰巨、更为艰苦的努力。"①我们必须进行伟大斗争、建设伟大工程、推进伟大事业，才能实现伟大梦想。

实现伟大梦想，必须进行伟大斗争。社会是在矛盾运动中前进的，有矛盾就会有斗争。中国共产党要带领人民有效应对重重风险和挑战，就必须进行具有许多新的历史特点的伟大斗争，并且不得有任何贪图享受、消极懈怠、回避矛盾的错误思想和行为。全党要更加自觉地坚持党的领导和我国社会主义制度，坚决反对一切削弱、歪曲、否定党的领导和我国社会主义制度的言行；更加自觉地维护人民利益，坚决反对一切损害人民利益、脱离群众的行为；更加自觉地投身改革创新时代潮流，坚决破除一切顽瘴痼疾；更加自觉地维护我国主权、安全、发展利益，坚决反对一切分裂祖国、破坏民族团结和社会和谐稳定的行为；更加自觉地防范各种风险，坚决战胜一切在政治、经济、文化、社会等领域和自然界出现的困难和挑战。我们要充分认识这场伟大斗争的长期性、复杂性和艰巨性，发扬斗争精神，提高斗争本领，不断夺取伟大斗争的新胜利。

实现伟大梦想，必须建设伟大工程。这个伟大工程是指我们党正在深入推进的党的建设新的伟大工程。过去的历史已经证明，只有中国共产党的领导才能实现民族复兴。我们党要始终成为时代先锋、民族脊梁，始终成为马克思主义执政党，自身必须始终过硬。全党要更加自觉地坚定党性原则，勇于直面问题，敢于刮骨疗毒，消除一切损害党的先进性和纯洁性的因素，清除一切侵蚀党的健康肌体的病毒，不断增强党的政治领导力、思想引领力、群众组织力、社会号召力，确保我们党永葆旺盛生命力和强大战斗力。

实现伟大梦想，必须推进伟大事业。中国特色社会主义是改革开放以来党的全部理论和实践的主题，是党和人民历尽千辛万苦、付出巨大代价取得的根本成就。中国特色社会主义道路是实现社会主义现代化、创造人民美好生活的必由之路，中国特色社会主义理论体系是指导党和人民实现

---

① 《习近平：决胜全面建成小康社会　夺取新时代中国特色社会主义伟大胜利——在中国共产党第十九次全国代表大会上的报告》，央广网，2017年10月28日。

中华民族伟大复兴的正确理论，中国特色社会主义制度是当代中国发展进步的根本制度保障，中国特色社会主义文化是激励全党全国各族人民奋勇前进的强大精神力量。全党要更加自觉地增强道路自信、理论自信、制度自信、文化自信，既不走封闭僵化的老路，也不走改旗易帜的邪路，保持政治定力，坚持实干兴邦，始终坚持和发展中国特色社会主义。

三、不忘初心，牢记使命

（一）用马克思主义中国化最新成果统一思想、统一意志、统一行动

马克思主义政党的先进性，首先体现为思想理论上的先进性。建立在马克思主义的科学理论之上，注重思想建党、理论强党，是我们党的鲜明特色和光荣传统。只有坚持思想建党、理论强党，不忘初心才能更加自觉，担当使命才能更加坚定。

目前党内出现部分党员、干部对理论学习不重视，拿学习来装门面，学习碎片化、随意化，不少年轻干部理论功底还不扎实、理想信念还不够坚定。要做到真学真懂真信真用，还需要下更大气力。

因此，要把学习贯彻党的创新理论作为思想武装的重中之重，同学习马克思主义基本原理贯通起来，同学习党史、新中国史、改革开放史、社

初心和使命，承载着我们党初创时的希冀与信念、责任与担当。不忘初心方能行稳致远，牢记使命才能开辟未来。党员干部要始终把初心使命转化成实际工作中的精气神和举措成效，以钉钉子精神抓好各项工作落实。在实现"两个一百年"奋斗目标、实现中华民族伟大复兴的中国梦上努力奋斗、砥砺前行。

会主义发展史结合起来，同新时代我们进行伟大斗争、建设伟大工程、推进伟大事业、实现伟大梦想的丰富实践联系起来，在学懂弄通做实上下苦功夫，在解放思想中统一思想，在深化认识中提高认识，切实增强贯彻落实的思想自觉和行动自觉。

（二）建立完善不忘初心、牢记使命的制度

制度优势是一个政党、一个国家的最大优势。邓小平同志说过："制度好可以使坏人无法任意横行，制度不好可以使好人无法充分做好事，甚至会走向反面。"[①]党的十八大以来，党中央坚持制度治党、依规治党，努力构建系统完备、科学规范、运行有效的制度体系，把全面从严治党提升到一个新的水平。

党的十九届四中全会提出建立不忘初心、牢记使命的制度。建章立制，要坚持系统思维、辩证思维、底线思维，体现指导性、针对性、操作性。既坚持解决问题又坚持简便易行，既坚持目标导向又坚持立足实际，既坚持创新发展又坚持有机衔接。

制度是用来遵守和执行的。全党必须强化制度意识，自觉尊崇制度，严格执行制度，坚决维护制度，健全权威高效的制度执行机制，加强对制度执行的监督，推动不忘初心、牢记使命的制度落实落地，坚决杜绝做选择、搞变通、打折扣的现象，防止硬约束变成"橡皮筋"、"长效"变成"无效"。

（三）不断推进党的自我革命

"君子之过也，如日月之食焉。过也，人皆见之；更也，人皆仰之。"[②]敢于直面问题、勇于修正错误，是我们党的显著特点和优势。强大的政党是在自我革命中锻造出来的。回顾党的历史，正因为我们党总是

---

① 中共中央组织部一局编著：《入党教材（2016年最新版）》，北京：党建读物出版社，2016年，第161页。

② 孔子、孟子：《论语 孟子》，《中国古代经典集粹》，北京：北京燕山出版社，2001年，第146页。

在推动社会革命的同时，勇于推动自我革命，始终坚持真理、修正错误，敢于正视问题、克服缺点，勇于刮骨疗毒、去腐生肌，才能够在危难之际绝处逢生、失误之后拨乱反正，成为永远打不倒、压不垮的马克思主义政党。

当前，少数党员、干部自我革命精神淡化，安于现状、得过且过，出现检视问题能力退化，批评能力弱化，骄奢腐化、目中无纪甚至顶风违纪等问题。古人说："天下之难持者莫如心，天下之易染者莫如欲。"[①]一旦有了"心中贼"，自我革命意志就会衰退，就会违背初心、忘记使命，就会突破纪律底线甚至违法犯罪。

初心易得，始终难守。全党同志必须始终保持崇高的革命理想和旺盛的革命斗志，用好批评和自我批评这个锐利武器，抓好正风肃纪反腐，不断增强党自我净化、自我完善、自我革新、自我提高的能力，坚决同一切可能动摇党的根基、阻碍党的事业的现象作斗争，荡涤一切附着在党肌体上的肮脏东西，把我们党建设得更加坚强有力。

（四）发扬斗争精神，勇于担当作为

我们党诞生于国家内忧外患、民族危难之时，一路走来在不断的斗争中求得生存、获得发展、赢得胜利。越是接近民族复兴越不会一帆风顺，越充满了风险和挑战。不忘初心、牢记使命，必须安不忘危、存不忘亡、乐不忘忧，时刻保持警醒，不断振奋精神，勇于进行具有许多新的历史特点的伟大斗争。

这个斗争不是为了斗争而斗争，也不是为了一己私利而斗争，而是为了实现人民对美好生活的向往、实现中华民族伟大复兴知重负重、苦干实干、攻坚克难。衡量党员、干部有没有斗争精神、是不是敢于担当，就要看面对大是大非敢不敢亮剑、面对矛盾敢不敢迎难而上、面对危机敢不敢挺身而出、面对失误敢不敢承担责任、面对歪风邪气敢不敢坚决斗争。

---

① （宋）朱熹撰，朱杰人、严佐之、刘永翔主编：《朱子全书（第7册）》，安徽教育出版社、上海古籍出版社，2002年，第845页。

不担当不作为，不仅成不了事，而且注定坏事、贻误大事。温室里长不出参天大树，懈怠者干不成宏图伟业。党员、干部要勇于担当、善于作为，在有效应对重大挑战、抵御重大风险、克服重大阻力、解决重大矛盾中冲锋在前、建功立业。

中国梦再出发，
感悟祖国伟大风云录。

第十讲
制度优势

古人云:"凡将立国,制度不可不察也。"[①]制度是国家之基、社会之规、治理之据,随着党的十九届四中全会精神的贯彻落实,中国特色社会主义制度必将更加成熟更加定型。我国国家制度和国家治理体系多方面的显著优势,是我们坚定"四个自信"的基本依据,是实现"两个一百年"奋斗目标、实现中华民族伟大复兴中国梦的有力保证。本讲内容主要从中国特色社会主义制度优势是什么、为何具有优势、如何更好地发挥制度优势三方面展开。

一、中国特色社会主义制度优势是什么

(一)中国特色社会主义制度具有13个方面显著优势

邓小平同志曾指出,制度是决定因素,制度问题更带有根本性、全局性、稳定性和长期性。"制度优势是一个国家的最大优势,制度竞争是国家间最根本的竞争。制度稳则国家稳。新中国成立70年来,中华民族之所以能迎来从站起来、富起来到强起来的伟大飞跃,最根本的是因为党领导人民建立和完善了中国特色社会主义制度,形成和发展了党的领导和经济、政治、文化、社会、生态文明、军事、外事等各方面制度,不断加强

---

① (战国)商鞅等著,章诗同注:《商君书》,上海:上海人民出版社,1974年,第34页。

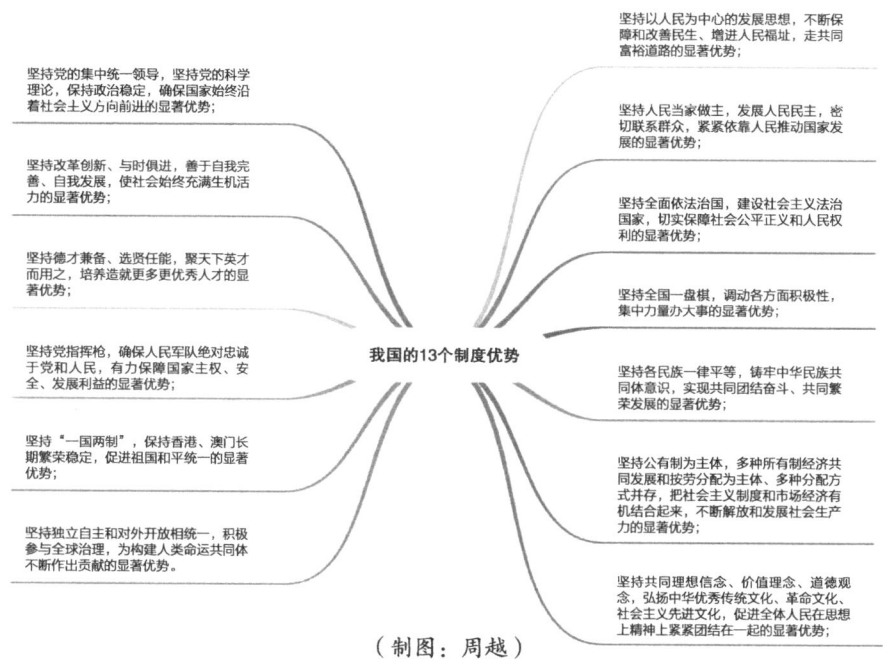

（制图：周越）

和完善国家治理。"①习近平同志在中共十九届四中全会第二次全体会议上曾如是讲到。

中国特色社会主义进入新时代，我们党提出坚持和完善中国特色社会主义制度、推进国家治理体系和治理能力现代化，表明我们党对共产党执政规律、社会主义建设规律、人类社会发展规律的认识和把握达到了新高度。②习近平总书记系统阐述了中国特色社会主义制度具有十三个方面的显著优势，并指出，从形成更加成熟更加定型的制度看，我国社会主义实践的前半程已经走过了，前半程我们的主要历史任务是建立社会主义基本制度，并在这个基础上进行改革，现在已经有了很好的基础。后半程，我们的主要历史任务是完善和发展中国特色社会主义制度，为党和国家事业发展、为人民幸福安康、为社会和谐稳定、为国家长治久安提供一整套更完备、更稳定、更管用的制度体系。

---

① 《习近平：坚持和完善中国特色社会主义制度　推进国家治理体系和治理能力现代化》，共产党员网，2020年1月1日。

② 曲青山：《制度优势是党和国家的最大优势》，人民网，2020年8月17日。

（二）中国特色社会主义制度的最大优势是中国共产党的领导

中国特色社会主义最本质的特征是中国共产党领导，中国特色社会主义制度的最大优势是中国共产党领导，党是最高政治领导力量。党政军民学、东西南北中，党是领导一切的，中国共产党具有长远的规划、决策和执行能力，具有高度的组织、动员能力，从而能于百年未有之大变局中促发展，统筹部署中华民族伟大复兴战略全局。

党的领导制度是我国的根本领导制度，办好中国的事情，关键在党。①习近平总书记强调，要顺利推进新时代中国特色社会主义各项事业，必须完善坚持党的领导的体制机制，更好发挥党的领导这一最大优势，担负好进行伟大斗争、建设伟大工程、推进伟大事业、实现伟大梦想的重大职责。坚持和加强党的全面领导，是党和国家的根本所在、命脉所在，也是全国各族人民的利益所在、幸福所在。我们党领导人民统筹推进"五位一体"总体布局、协调推进"四个全面"战略布局，推动中国特色社会主义制度更加完善、国家治理体系和治理能力现代化水平明显提高，为政治稳定、经济发展、文化繁荣、民族团结、社会安宁、国家统一提供了有力保障。

转眼70年过去，中国从一个贫穷落后的国家发展成为今天这样一个经济总量稳居世界第二，经济实力、科技实力、国防实力、综合国力进入世界前列的大国。我们之所以能创造世所罕见的经济快速发展奇迹和社会长期稳定奇迹，使中华民族迎来从站起来、富起来到强起来的伟大飞跃，最根本的是因为党领导人民建立和完善了中国特色社会主义制度，不断加强和完善国家治理。事实充分证明，坚持党的集中统一领导是我国国家制度和国家治理体系的显著优势。②

---

① 裴泽庆、王凡、韩宏亮：《论坚持和加强党的全面领导》，人民网，2018年8月13日。
② 人民日报评论部：《坚持党的集中统一领导》，人民网，2019年11月8日。

（三）中国特色社会主义制度体系

1. 根本制度

中国特色社会主义根本制度，就是那些体现中国特色社会主义本质特征和国家性质、从根本上保证中国特色社会主义方向、在中国特色社会主义制度中起决定性作用的制度。根本制度是覆盖我们党"五位一体"总体布局、"四个全面"战略布局，覆盖改革发展稳定、内政外交国防、治党治国治军等一切方面、所有领域的。对于我国根本制度的具体内容，目前学界有不同的概括，如何毅亭将我国根本制度概括为党的领导根本制度、人民民主专政根本制度、人民代表大会根本制度、马克思主义在意识形态领域指导地位根本制度、党对人民军队的绝对领导根本制度五个方面；①张利涛则将其概括为根本领导制度、根本政治制度、根本文化制度、根本社会制度以及根本军事制度等方面。②

2. 基本制度

中国特色社会主义基本制度，就是那些体现我国社会主义性质，规定着国家政治生活、经济生活的基本原则，对国家经济社会发展具有重大影响的制度。基本制度也是覆盖和体现在各领域各方面的。比如，体现在政治领域，就是中国共产党领导的多党合作和政治协商制度、民族区域自治制度、基层群众自治制度这三大基本政治制度；体现在经济领域，就是公有制为主体、多种所有制经济共同发展，按劳分配为主体、多种分配方式

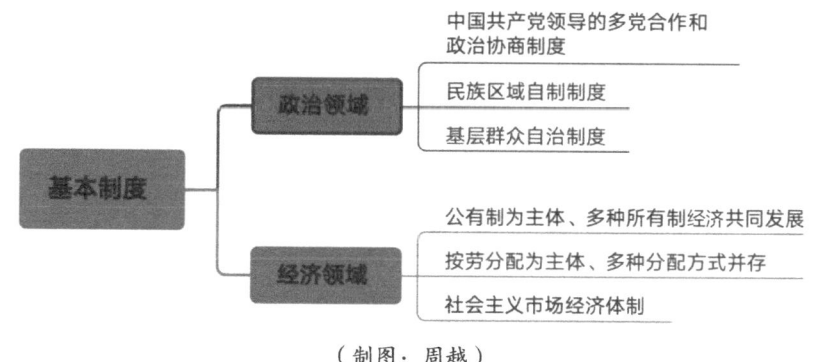

（制图：周越）

---

① 何毅亭：《坚持和完善中国特色社会主义根本制度》，人民网，2019年11月29日。
② 张利涛：《理解根本制度深刻内涵 谱写中国之治全新篇章》，《青岛日报》，2020年1月6日。

并存，社会主义市场经济体制等基本经济制度。

3. 重要制度

重要制度是由根本制度和基本制度派生而来的、国家治理各领域各方面各环节的具体的主体性制度。它包括我国经济体制、政治体制、文化体制、社会体制、生态文明体制、法治体系、党的建设制度等。这些重要制度上接国家治理之顶层，下连社会生产生活方方面面之基层，使国家治理的总体要求、总体目标和一系列政策举措落实落细，使中国特色社会主义制度优势和国家治理体系的功能作用得到充分发挥。

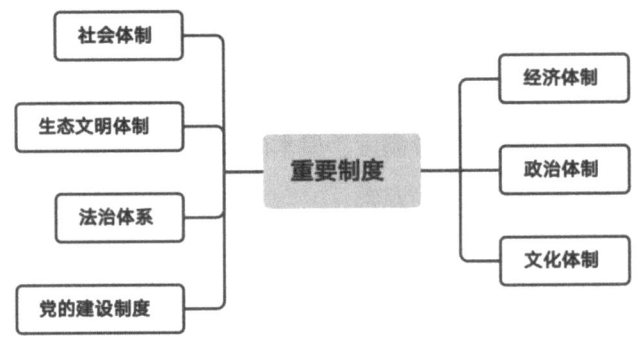

（制图：周越）

根本制度是管总的、管全局的制度，是我国制度体系之纲，统领着中国特色社会主义制度的坚持和巩固、完善和发展。根本制度决定基本制度和重要制度的性质、存在和发展。基本制度在中国特色社会主义制度体系中居于基础性地位，在根本制度和重要制度之间起着中介作用。重要制度是支撑中国特色社会主义制度的具体制度形式，存在于中国特色社会主义制度发展的某个历史阶段或特定条件下，具有时代性、历史性和具体性，是中国制度的"枝叶"。

二、中国制度为何具有优势

（一）中国特色社会主义制度是以马克思主义为指导的制度

马克思主义是科学的理论，保证了中国特色社会主义制度的科学性。马克思主义这一科学理论深刻揭示了人类社会发展的普遍真理，它不仅是伟大的认识工具，也是有力的思想武器，马克思主义为中国特色社会主义制度建设提供了科学的方法论，对中国革命、建设、改革具有重要的作用，其与中国人民的命运、中国共产党的命运、中华民族的命运紧密联系在一起。时至今日，马克思主义依然有着强大的生命力和优越性，对我国社会主义制度建设起着重要的指导作用。

马克思主义是人民的理论，保证了中国特色社会主义制度的人民性。马克思主义是人民的理论，是为最广大人民群众立言代说、摇旗呐喊的理论。只有马克思主义第一次站在人民的立场上探求自由解放的道路，也只有马克思主义揭示了人民群众是历史的真正创造者，是推动社会进步的决定性力量。中国特色社会主义制度，将马克思主义基本原理同中国具体实际相结合，中国共产党始终坚持以人民为中心的立场，最大限度地实现好、维护好和发展好最广大人民的根本利益。

马克思主义是实践的理论，保证了中国特色社会主义制度的实践性。马克思主义既源于实践又指导并最终经过实践的检验。中国特色社会主义制度扎根于中国特色社会主义的长期实践并源于中国特色社会主义的不懈探索，同时又为中国特色社会主义事业的行稳致远保驾护航。中国特色社会主义制度不是天上掉下来的，而是中国共产党团结带领全国各族人民在长期的实践探索中形成发展起来的。在改革开放以来的伟大实践中，我们形成了以实践基础上的理论创新推动制度创新的良性互动制度，促进了我国社会主义制度建设往更深层次的发展。

马克思主义是不断发展的开放的理论，保证了中国特色社会主义制度

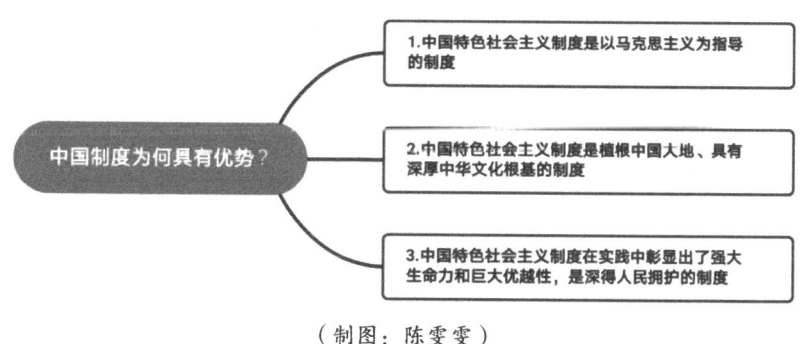

（制图：陈雯雯）

的开放性。马克思主义不是教条化的理论，而是与时俱进、不断向现实、实践、人民、时代开放的活的科学理论。坚持以马克思主义为指导的中国特色社会主义制度的形成、发展和完善是一个过程，是一个不断变动的、开放的、动态的过程。①所以，随着时代的发展，我们须知，在新时代坚持马克思主义的指导，须坚持用发展的眼光看待马克思主义，用不断发展的马克思主义指导国家制度和国家治理体系建设。②

（二）中国特色社会主义制度是植根中国大地、具有深厚中华文化根基的制度

中华优秀传统文化是中国特色社会主义植根的文化沃土。数千年来，中华民族的文明发展道路不同于其他国家和民族的文明发展道路，我们开辟了中国特色社会主义道路不是偶然的，是我国历史传统和文化传承决定的。习近平总书记曾说过："实现中国梦必须走中国道路。这就是中国特色社会主义道路。这条道路来之不易，它是在改革开放30多年的伟大实践中走出来的，是在中华民族共和国成立60多年的持续探索中走出来的，是在对近代以来170多年中华民族发展历程的深刻总结中走出来的，是在对中华民族5000多年悠久文明的传承中走出来的，具有深厚的历史渊源和广泛的现实基础。"③中华民族在历史长河中创造了博大精深的中华文化，对形成中国团结统一的政治局面、巩固中国多民族融合一体的大家庭、推动中国社会发展进步、促进中国社会利益和社会关系平衡，以及推动中国特色社会主义制度建设，都发挥了重要的作用。

我国国家治理体系，是在我国历史传承、文化传统、经济社会发展的基础上长期发展、渐进改进、内生性演化的结果。在5000多年的历史进程中，中华民族创造了独树一帜的灿烂文化，也积累了许多治国理政的经

---

① 王虎学：《中国特色社会主义制度是以马克思主义为指导的制度》，《学习时报》，2020年8月12日。
② 蔡文成：《深刻理解中国特色社会主义制度的时代特征》，光明网，2020年7月28日。
③ 《习近平在十二届全国人大一次会议闭幕会上发表重要讲话》，中国共产党新闻网，2013年3月17日。

验，其中既包括在和平之世社会发展进步的成功经验，也包括在衰乱之世社会动荡的深刻教训。我国古代主张的民惟邦本、礼法合治、德主刑辅、为政以德、居安思危等政治思想，都给中华儿女以重要启示，是我国国家治理体系和治理能力演化发展的丰厚滋养。[①]进入新时代，我们更要本着创造性转化、创新性发展的态度积极吸纳传统政治文化中的优良因素和有益成分，扎实推进体制改革和制度创新，使中国特色社会主义制度具有强盛的制度活力和厚重的文化底气，经受住各种困难和风险的考验。

（三）中国特色社会主义制度在实践中彰显出了强大生命力和巨大优越性，是深得人民拥护的制度

其一，中国特色社会主义制度在实践中彰显出强大生命力和巨大优越性。中华人民共和国成立后，我国确立了社会主义基本制度，建立起了国家制度体系的"四梁八柱"，为当代中国社会发展进步奠定了政治前提和制度基础。改革开放过程中，我们党与时俱进，把社会主义制度的普遍性与中国国情的特殊性相结合，形成了一套具有中国特色的社会主义制度，使我国的制度不断适应社会生产力的发展，促进我国经济社会发展的同时又极大地激发了社会主义制度的生机活力。党的十八大以来，我国制度建设侧重于解决深层次体制机制问题，不断推进制度改革，推进国家治理体系和治理能力现代化，中国特色社会主义制度朝着更加成熟更加定型的目标不断迈进。我国在实践中不断为中国特色社会主义制度注入"新鲜血液"，使中国特色社会主义制度在实践中彰显出强大生命力和巨大优越性。

其二，中国特色社会主义制度深得人民拥护。中国特色社会主义制度在人民的选择中诞生，又不断造福于人民，在人民的拥护中获得源源不断的支持力量。在政治方面，中国特色社会主义制度为人民的合法权利提供了制度保障，使人民能合法地参与国家事务、社会事务的管理；在经济

---

① 郭如才：《中国特色社会主义制度和国家治理体系的深厚中华文化根基》，参考网，2019年2月6日。

方面，中国特色社会主义制度为促进我国经济高质量发展提供了保障，人民的生活水平和质量得以不断提高；在社会方面，中国特色社会主义制度为改善民生提供了制度保证，人民的获得感和幸福感不断增强；在生态方面，中国特色社会主义制度为人民群众的生态权益提供保障，使人民能够生活在优美的环境中。总之，中国特色社会主义制度坚持以人民为中心，坚持人民主体地位，尊重人民首创精神，把不断实现好、维护好、发展好最广大人民的根本利益作为价值追求，把人民拥护不拥护、赞成不赞成、高兴不高兴作为制定政策的重要依据，使发展成果更多更公平惠及全体人民，不断增进人民群众的获得感、幸福感和安全感。这样的国家制度和治理体系，是党领导人民开展社会实践的伟大创造，必然得到人民群众的拥护。

三、如何更好发挥我国的制度优势

（一）必须坚持和加强党的全面领导

要建设好中国共产党这个世界上最大的马克思主义执政党、治理好中国这个拥有13亿多人口的发展中国家，坚决维护党中央权威和集中统一领导至关重要。历史反复证明，正是因为有了中国共产党的坚强领导，今天的中华民族和中国人民比历史上以往任何时候都更加接近民族复兴伟大目

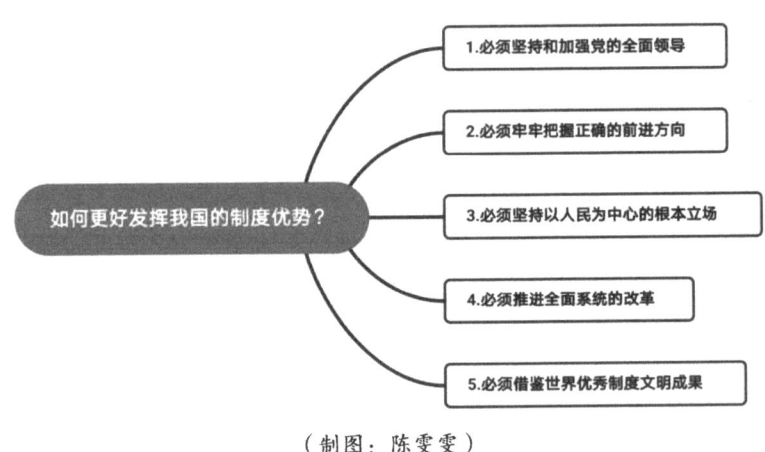

（制图：陈雯雯）

标,党的领导地位也必将在民族复兴新征程中继续得到有力证明和充分彰显。随着时代和实践,以及环境和条件的变化,我们必须坚持和完善中国特色社会主义制度、推进国家治理体系和治理能力现代化,不断改进党的领导方式、提高党的领导能力、完善党的领导制度和体制机制,不断解决好坚持和加强党的全面领导这个重大现实问题和历史课题。

(二)必须牢牢把握正确的前进方向

方向决定道路,道路决定命运。历史实践表明,方向和道路对了,革命和建设事业就发展胜利,反之,革命和建设事业就会遭受挫折和失败。在当代中国巩固和发展社会主义,最根本的就是要坚持走中国特色社会主义道路。中国特色社会主义道路的科学内涵,是在中国共产党领导下,立足基本国情,以经济建设为中心,坚持四项基本原则,坚持改革开放,解放和发展社会生产力,建设社会主义市场经济、社会主义民主政治、社会主义先进文化、社会主义和谐社会、社会主义生态文明,促进人的全面发展,逐步实现全体人民共同富裕,建设富强、民主、文明、和谐、美丽的社会主义现代化强国,实现中华民族伟大复兴。为更好发挥我国的制度优势,要坚定不移地走中国特色社会主义道路,坚持方向不变、道路不偏,既要把握长期形成的历史传承,又要把握党和人民在我国国家制度建设和国家治理方面走过的道路、积累的经验、形成的原则,不照抄照搬他国制度模式,既不走封闭僵化的老路,也不走改旗易帜的邪路。

(三)必须坚持以人民为中心的根本立场

人民是历史的创造者,是我们的力量源泉。始终代表最广大人民根本利益,保证人民当家做主,体现人民共同意志,维护人民合法权益,是我国国家制度和国家治理体系的本质属性,也是我国国家制度和国家治理体系有效运行、充满活力的根本所在。坚持以人民为中心,要不断将人民对美好生活的向往变成现实。我们要更好贯彻落实共享发展理念,努力做大"蛋糕",继续坚持以经济建设为中心,不断提高经济发展的质量和效益,让更多的社会财富涌流,不断提高全社会的富裕程度;认真分好"蛋糕",深化改革收入分配体制,改革完善社会保障制度,让人民群众更多更公平地获得改革发展成果;加大对精神文明建设和公共文化的投入,为人民群众提供更多的精神食粮,让人民生活得更加幸福、更有尊严。

(四)必须推进全面系统的改革

我国进入新时代,要将全面深化改革进行到底,必须坚持以更加全面、系统、长远的眼光看待改革,不断提高改革的整体效益。当务之急是厘清重大改革的逻辑关系,在有条件的地方和领域要实现改革举措的系统集成。进一步明确改革攻坚重点,在国有企业改革、科技体制改革、农村土地制度改革、生态文明体制改革、国家监察体制改革、司法体制改革、党的建设制度改革和构建开放型经济新体制等方面,集中优势力量全力攻坚,以重点突破带动整体推进。进一步盘活改革"一盘棋",打出改革"组合拳",做到前后呼应、相互配合、良性互动,形成更强大的整体合力。

(五)必须借鉴世界优秀制度文明成果

中华文明以善于学习、海纳百川闻名于世,中国向来是一个虚心向别国学习优秀文明的包容国度,中国社会发展奇迹不仅源于中国人民的辛勤创造、努力付出,也离不开中国对各国先进经验的学习、吸收和借鉴。诚如习近平总书记所言:"进行文明相互学习借鉴,要坚持从本国本民族实际出发,坚持取长补短、择善而从,讲求兼收并蓄,但兼收并蓄不是囫囵吞枣、莫衷一是,而是要去粗取精、去伪存真。"[①]进入新时代,面临百年未有之大变局,中国要取得更进一步的发展,保持制度的先进性,不仅需要我国人民的共同付出,还需要我国保持虚心学习的态度,不论发展到什么水平都要虚心向世界先进文明学习,以更加开放包容的姿态,加强同世界各国的互容、互鉴、互通。

---

① 《习近平在纪念孔子诞辰2565周年国际学术研讨会暨国际儒学联合会第五届会员大会开幕会上的讲话》,中国共产党新闻网,2014年9月25日。

 案例

新冠肺炎疫情防控的中西对比

2020年初,突如其来的新冠肺炎疫情给全国人民生产生活带来了巨大冲击。疫情发生之后,习近平总书记作出一系列重要指示,全国各地迅速反应,全国上下一盘棋,将疫情防控作为头等大事来抓,坚持把人民生命安全和身体健康放在第一位。经过艰苦卓绝的努力,武汉保卫战、湖北保卫战相继取得决定性成果,疫情防控阻击战取得重大战略成果,统筹推进疫情防控和经济社会发展工作取得积极成效。

然而在疫情面前,美国政府从一开始的漫不经心、不讲科学防治,到疫情爆发后面对日均2万新增确诊、上千确诊死亡惨状时自我吹嘘、退群甩锅、党派攻讦,无疑是把"自由、民主、人权"的虚伪面具撕了个粉碎,也把西方民主制度的政策不确定性、党派利益高于国家利益、精英阶层不顾基层民众等缺陷暴露得淋漓尽致。

对比中西方的抗疫行动,中国不仅始终把人民生命安全和身体健康放在第一位,采取了严格而行之有效的举措,为全球抗疫作出重要贡献,也为构建人类命运共同体率先作出了积极贡献和榜样。这次在抗击新冠肺炎疫情斗争中,中国特色社会主义制度和国家治理体系的显著优势得到充分彰显。

第十一讲
政治建设

党的十九大提出了把政治建设摆在首位的重要论断，党的政治建设是党的根本性建设，决定党的建设方向和效果。党的十九大提出的新时代党的建设总要求具体要求之一是加强基层党组织建设。要以提升组织力为重点，突出政治功能，把企业、农村、机关、学校、科研院所、街道社区、社会组织等基层党组织建设成为宣传党的主张、贯彻党的决定、领导基层治理、团结动员群众、推动改革发展的坚强战斗堡垒。支部作为基层组织最小的"细胞"，是党组织开展工作的基本单元，是党的全部工作和战斗力的基础，党支部建设的首要任务，也是要强化党支部政治功能。做好新时代的支部建设，擦亮党支部建设的"政治底色"需要重点把握三个"什么"的问题：什么是党的政治建设？为什么要把党的政治建设摆在首位？新时代党支部将政治建设摆在首位的重点工作是什么？

一、什么是党的政治建设

（一）政治建设是政党作为政治组织的基本要求

政党本质上是围绕一定的政治纲领、按照一定的政治路线、为实现一定的政治目标而组织起来、集中代表特定阶级利益的政治组织。从政党的含义来看，我们的党组织不同于一般的社会组织，其根本属性是一个政治组织，因此，政治性就是我们的党组织与其他社会组织的根本区别。搞清楚了什么是政党，再来看党的政治建设就非常容易理解了。政治建设是指执政党用一定的理论和方法，正确制定党的纲领和党在一定历史阶段的政治路线，正确制定与此相适应的各项工作方针政策，并用党的纲领、路线、方针和政策统一全党的思想和行为，通过正确处理党内矛盾，确保全党思想上政治上的高度一致，使全党步调一致地沿着正确的政治方向前进。

如何理解这个定义呢？首先，政党是一个政治组织，不同于其他一些社会团体，它是有着明确奋斗目标的政治组织，其目标是取得政权或参与政权或维护政权，这是非常具有政治性的目标；其次，政党是代表一定阶级、阶层、集团利益的先进分子组成的，为保持整个政党的战斗力，必须用党的纲领和纪律约束全体党员，不会因个别党员的利益和行为损害到全党的整体利益的实现；再次，政党为保证全党步调一致，需要对党员进行政治训练和培养，确保每个党员达到政党的要求，从而凝聚起实现政治目标的物质和精神力量。这个过程就是政治建设。无论哪个类型的政党，如果想取得政党发展目标的达成，就必须高度重视政党的政治建设。

（二）旗帜鲜明讲政治是马克思主义政党的根本要求

马克思主义政党具有崇高政治理想、高尚政治追求、纯洁政治品质、严明政治纪律。从科学社会主义诞生之日起，马克思主义政党的政治建设的问题历来是马克思主义建党学说的重要内容之一。讲政治就是马克思主义政党的根本要求，是马克思主义政党的本质特征，也是保持党的政治生机和活力的重要法宝。马克思主义政党之所以能够在复杂的环境中脱颖而出，一个很重要的优势就是善于从政治上观察和处理问题，始终保持自身在政治上的先进性。马克思在与蒲鲁东主义、拉萨尔主义的斗争中一再告诫工人运动不应贪图工资的"不折不扣"而放弃砸碎资本主义雇佣劳动的"金锁链"。列宁在反对经济派的斗争中也一再强调无产阶级的基本经济利益只有通过根本的政治改造才能得到满足。他认为，一个阶级如果不从政治上正确地看问题，就不能维持它的统治。

（三）一贯重视和强调党的政治建设是中国共产党的优良传统

党在各个历史时期都制定了把马克思主义和中国实际相结合的正确的政治路线和纲领、方针、政策。1927年9月，毛泽东同志率领秋收起义部队向井冈山进军途中，领导了著名的"三湾改编"，创造性地提出"支部建在连上"的原则，第一次从基层组织层面实现了党对军队的绝对领导。他后来说，红军所以艰难奋战而不溃散，"支部建在连上"是一个重要原因。"支部建在连上"突出了政治引领，准确把握政治方向、强化政治责任，引领官兵政治上依靠组织、工作上服从组织、感情上信赖组织，使官兵紧密团结在党的周围，成为同心合力、团结战斗的坚强集体。1929年12月的古田会议又进一步丰富发展了"支部建在连上"思想，进一步确立了党对军队绝对领导的原则，强调了加强政治工作的重要性。从三湾改编、古田会议，到延安时期毛泽东首次强调"党的建设必须密切联系党的政治路线"，都说明加强党的政治建设是我们党的一大优良传统。改革开放以来，讲政治是党的建设中重点强调的要求。邓小平曾指出，到什么时候都得讲政治。江泽民提出领导干部一定要讲政治，越是改革开放，越要注意讲政治。胡锦涛也提到，政治素质是头等重要的。党的十八大以来，习近平总书记多次提出要旗帜鲜明讲政治。他指出，政治问题，任何时候都是根本性的大问题；干部在政治上出问题，对党的危害不亚于腐败问题，有的甚至比腐败问题更严重；历史经验表明，我们党作为马克思主义政党，必须旗帜鲜明讲政治，严肃认真开展党内政治生活。

二、为什么要把政治建设摆在首位

（一）政治建设具有根本性

政治建设决定了党的建设的方向和效果。习近平总书记强调新时代党的建设要以党的政治建设为统领。政治建设贯穿于党的建设的全过程，以政治建设为统领意味着党的政治建设高于其他建设、包含其他建设，是党的建设的总纲和灵魂。党的政治建设包括党的纲领、路线、方针和政策的制定及其运用，是使全体党员在政治上和党中央保持一致、在实践斗争中保持清醒的头脑、能够始终坚持前进的正确方向的党的根本性建设。

（二）政治建设具有统领性

从纵向看，政治建设统领全党的政治方向，对党的各级组织尤其是基层党组织起到了政治引领作用。基层党组织是确保党的路线、方针、政策和决策部署贯彻落实的基础，是党的全部工作和战斗力的基本细胞。如果支部不重视政治建设，很容易出现对党的领导和党的建设弱化、虚化、淡化、边缘化的问题，严重的甚至出现阵地丢失的问题，这样的党组织也是软弱涣散的党组织。从横向看，政治建设统领着党的其他建设。政治建设与思想建设、组织建设、作风建设、制度建设既相互区别，又相互联系。政治建设的统领性表现为它贯穿于思想建设、组织建设、作风建设、制度建设全过程。

（三）政治建设具有保证性

党的政治建设是党的建设的统领，它从根本上解决了党在发展进程中的道路问题。纵观我们党的奋斗历程，筚路蓝缕，经过许许多多的艰难险阻，犯过错误，有过失败，中国共产党之所以能带领人民群众从一个胜利走向另一个胜利，正是因为中国共产党的一个鲜明品格——不断进行自我革命，不断修正缺点、改正错误，永葆党的先进性、纯洁性。一路走来，共产党注重党的政治建设，党的事业就蓬勃发展；忽视党的政治建设，党的事业就遭受损失。作为具有崇高政治理想、高尚政治追求、严明政治纪律的马克思主义政党，保有政治上的先进性是实现党的先进性和纯洁性的先决条件。

三、新时代党支部将政治建设摆在首位的重点工作是什么

（一）提升组织力

缘何以提升组织力为重点？从党是怎样将9000多万党员组织起来的组织角度来看，一是因为我们党是按照马克思主义建党原则组织起来的统一整体，按照中央组织、地方组织和基层组织的结构和层次把党员组织起来，形成一个有统一意志和统一行动的有机整体。二是因为基层组织是把党员组织起来的最直接的形式，是教育和管理党员的阵地。基层党组织提升组织力最根本的就是要把广大党员和人民群众团结凝聚在党的旗帜之下，永远跟党走。

（二）突出政治功能

政治功能是基层党组织的"魂"。政治功能强不强关乎基层党组织的战斗力、凝聚力、向心力，必须把突出政治功能作为第一要义抓紧抓实。党支部还要担负起直接教育党员、管理党员、监督党员和组织群众、宣传群众、凝聚群众、服务群众的职责，发挥好战斗堡垒作用。基层党组织的政治功能是指基层党组织贯彻党的路线、方针、政策，保持党的先进性和纯洁性，领导本组织内党员履行党的义务、保障党的权利，发挥党组织战斗堡垒作用和党员先锋模范作用，确保执政党在基层执政基础坚实牢固，成为宣传党的主张、贯彻党的决定、领导基层治理、团结动员群众、推动改革发展的坚强战斗堡垒。

小结

中国共产党是以马克思主义为指导思想的无产阶级新型政党。从一百年前党的诞生之日起，就肩负起了中华民族伟大复兴的历史使命。政治建设是党的根本性建设，决定了党的建设的方向和效果。广大党员和干部要牢牢把握坚持党的政治路线、遵守政治纪律和政治规矩这个关键，把习近平总书记强调的全党要坚定执行党的政治路线，严格遵守政治纪律和政治

规矩的要求落到实处,在建设坚强战斗堡垒的过程中,必须擦亮党支部建设的"政治底色"、突出其政治功能,才能提升组织力,压实政治责任、突出政治引领,把党支部建设得更加标准、更加规范、更加坚强有力。

 习近平讲历史故事

李自成、李秀成为什么失败?

中国历史上的农民起义有其重大进步意义,这一点必须肯定,同时其失败的教训也发人深省。明末李自成揭竿而起、严明军纪、剿兵安民,起义军席卷神州,所向披靡,攻占北京。然而,好景不长,起义军进城后骄傲自满,庞大人马在京城里沉迷享乐、军纪松弛。清兵入关后,起义军仓促应战,人心涣散、一击则溃,短短几个月就土崩瓦解。太平军自金田起义后,短短两年多时间就从广西一隅,跨两湖、过三江、下江南,定都天京。可是,一些农民领袖进城后就开始攀比奢华、醉生梦死,乃至相互倾轧、众叛亲离,到后期革命斗志尽失,一败涂地。忠王李秀成驻守苏州,忠王府之豪华令人叹止,直到苏州城被破前夕还在施工,连李鸿章看了都惊叹"真如神仙窟""平生所未见之境也"。许多农民起义往往归于失败,除封建政权残酷镇压外,其中一个很重要的原因,就是农民起义队伍不能解决好自身存在的问题。

习近平指出:我们党和国家的性质宗旨同封建王朝、农民起义军有着本质区别,不可简单类比,但以史为鉴可以知兴替。功成名就时做到居安思危、保持创业初期那种励精图治的精神状态不容易,执掌政权后做到节俭内敛、敬终如始不容易,承平时期严以治吏、防腐戒奢不容易,重大变革关头顺乎潮流、顺应民心不容易。

第十二讲
思想建设

思想实际上是客观存在，反映在人的意识中，经过思维活动产生的结果，可以说它是看不见也摸不着的东西，但是是客观的存在。那么我们怎么做好思想建设，这确实是一个非常难的问题。但是中国共产党是工人阶级的先锋队，也是中华民族的先锋队，为了更好地发挥这个先锋队的作用，更好地完成所承担的历史使命，必须要保证这个队伍的思想统一、行动统一。习总书记反复强调："革命理想高于天。共产主义远大理想和中国特色社会主义共同理想，是中国共产党人的精神支柱和政治灵魂，也是保持党的团结统一的思想基础。"① 那一个支部怎样搞好思想建设呢？我们就从历史、现实及将来怎么办三个维度来深入理解支部的思想建设这个问题。

一、坚持思想建党、理论强党是我们党的优良传统和政治优势

注重从思想上建党是马克思主义政党建设的基本原则和根本要求。这也是中国共产党不断发展壮大的宝贵经验和重要法宝。从党的历史上来看，共产党找到这个法宝并不容易。在古田会议以前，从党的历史文献

---

① 《习近平：决胜全面建成小康社会 夺取新时代中国特色社会主义伟大胜利——在中国共产党第十九次全国代表大会上的报告》，央广网，2017年10月28日。

看，如何进行党的建设问题确实没有解决。建党时的纲领和党章没有解决在中国如何进行党的建设问题。党的一大通过了《中国共产党纲领》，这是共产党奋斗目标的纲领，而不是共产党如何建设的纲领。党的二大制定了党的第一个党章，但它没有涉及如何进行党的建设的问题。党的三大和四大都对党章作了修正，但框架和格局没变。党的五大后成立的中央政治局对党章作了第三次较大的修改，第一次提出了党的建设，组织原则为民主集中制，设立党的监察委员会等。但这次修改的缺陷仍然是没有涉及党的思想建设，没有提出党员标准。我们从古田会议和延安整风这两个在党的思想建设历程中占据重要地位的标志性事件谈起。

（一）古田会议和思想建党原则的确立

1929年12月28日至29日，红四军第九次党代表大会在福建省上杭县古田村召开，史称古田会议。大会通过了毛泽东主持起草的《中国共产党红军第四军第九次代表大会决议案》，即《古田会议决议》，这是中国共产党思想政治教育史上一个纲领性的文献。"思想建党"作为指导性原则被正式确立，其核心就是用无产阶级思想建设无产阶级的政党和军队。

《古田会议决议》之所以被称为党和红军建设的纲领性文献，首先就是思想建党。参加这个组织的这些成分，可能是青年学生，可能是大学教授，也可能是小手工业者、农民群众，但是一旦进入这个党组织，入了党以后，思想上就要按照无产阶级先锋队的标准来建设、来提高、来增强党性，这个意义就非常重大了。党指挥枪的原则，也是在这个时候，在这个决议里，非常明确地确定下来，成为党致力于实现思想政治工作理论化、规范化、制度化和体系化的开端。从古田会议精神来看，"思想建党"的实质就是用马克思主义的科学思想武装全党，用无产阶级思想教育和改造党员，永葆共产党的先进性和纯洁性。

（二）延安整风运动中提出把思想建设放在党的建设的首位

延安整风运动成为中国共产党加强先进性建设，着重从思想上建设党的一次全面而成功的实践范例。延安整风不仅仅是整顿党的作风，更是对全体党员尤其是对中高级领导干部的普遍性的马克思主义思想教育。鉴于党内存在的各种错误思想及"左"和右的思想路线，客观分析党员的成分，根据党情，强调从思想上建党，并把思想上建党放在首位，以党的思想上的先进性来推动党内民主，其本质在于用马克思列宁主义武装全党。在整风期间，毛泽东同志教育和提醒全党：掌握思想领导是掌握一切领导的第一位。这场运动以整风形式对党进行思想教育取得了辉煌成就。延安整风把思想建设放在党的建设的首位，具有深远的历史意义，为党的建设积累了有益的经验。

延安整风运动是中国共产党历史上一次全党范围的普遍的马克思主义教育运动，也是一次伟大的思想解放运动。通过延安整风，中国共产党不仅初步确立了实事求是的思想路线，破除了将苏共经验和共产国际指示神圣化的教条主义，而且还将马克思主义中国化的第一个理论成果——毛泽东思想确定为党的指导思想，从而极大推动了马克思主义中国化的进程，对中国革命和建设事业产生了深远的影响。

思想建党，从根本上说，就是牢固树立共产主义理想信念，牢固树立全心全意为人民服务根本宗旨。理论强党，从根本上说，就是真正把马克思主义这个看家本领学精悟透用好，用马克思主义中国化最新成果武装头脑、指导实践、推动工作。两者高度统一、相得益彰，是我们党永葆先进性和纯洁性、永葆生机活力和创造力的根本所在。

二、新形势下加强支部的思想建设重要而紧迫

（一）加强思想建设党肩负的伟大历史使命的必然要求

2020年的统计数据显示，我们党员人数已突破了9100万。这么一个庞大的队伍，怎么样才能够团结一致？怎么样来共同为实现党的宗旨、党的纲领、党的各个不同时期的历史任务去努力？大家都知道是要建设中国特色社会主义，要建设社会主义现代化国家，还要实现中华民族伟大复兴，怎么样才能完成这些任务？这都需要加强我们党的思想建设。党的思想建

设是党的基础性建设，是党为保持创造力、凝聚力和战斗力而在思想理论方面所进行的一系列工作。主要任务就是强化马克思主义理论武装，对党员进行党的基本理论、基本路线、基本方略的教育，保持全党在思想上政治上行动上的高度一致，保持党的先进性、纯洁性。坚定的理想信念，是保持党的团结统一的思想基础。

（二）坚定的理想信念是保持党的团结统一的思想基础

必须把坚定理想信念作为党的思想建设的首要任务。中国共产党已经从最初只有58名党员，发展到今天拥有9100多万名党员的世界第一大执政党，要把这么一个大党建设好、管理好，最根本的还是要靠党员心中的信仰。理想信念是中国共产党人的精神支柱和政治灵魂，失去了理想信念就失去了灵魂，就会迷失方向。"坚定理想信念，坚守共产党人精神追求，始终是共产党人安身立命的根本。对马克思主义的信仰，对社会主义和共产主义的信念，是共产党人的政治灵魂，是共产党人经受住任何考验的精神支柱。形象地说，理想信念就是共产党人精神上的'钙'，没有理想信念，理想信念不坚定，精神上就会'缺钙'，就会得'软骨病'。"[①]

（三）加强思想建设应对意识形态领域的新挑战

在经济全球化、政治多极化和思想多样化的新形势下，一些错误的、落后的思想文化大量渗透到党内，敌对势力更是利用各种渠道和手段，极力推行西方的意识形态和价值观念，使思想文化领域的矛盾和斗争更趋复杂激烈，也给党的思想建设带来了空前严峻的挑战和考验。西方国家把我国发展壮大视为对其价值观和制度模式的挑战，加紧对我国进行思想文化渗透，我们在意识形态领域面临的斗争和较量是长期的、复杂的。党的十八大以来，在被查处的各级腐败分子中，理想丧失、信念动摇，不信马列信"大师"、不问苍生问鬼神的大有人在。这值得我们高度警惕。共产

---

① 《习近平在十八届中共中央政治局第一次集体学习时的讲话》，新华网，2012年11月19日。

党员应当是有共产主义觉悟的先锋战士，是坚定的马克思主义者，无论什么时候，都不能丢了这个"魂"，迷失在迷信中。

三、把握新时代支部思想建设的着力点

如何进行思想建设，从大的原则上讲就是，党要管党、从严治党。怎么从严？从思想抓起，首先要深化马克思列宁主义、毛泽东思想、中国特色社会主义理论体系学习教育。从支部的基本任务来看，做好思想建设工作主要有三个着力点：强化理论武装、加强理想信念教育和做好思想政治工作。

（一）强化理论武装

党支部首要的、第一职责是宣传和贯彻落实党的理论和路线、方针、政策。用习近平新时代中国特色社会主义思想武装全党、教育人民，必须把工作落实到最基层、落实到每一个党支部。我们党作为一个党员人数众多、有400多万个基层党组织的大党，必须一个声音到底、一竿子到底，才不会有"肠梗阻"，这直接关系党的创造力、凝聚力、战斗力。

一要支部党课规范化，让理论学习有保障。严格执行"三会一课"制度，强化党员干部学习正常化，高效组织党员听党课，形成学习教育常态化制度化。要结合"创先争优"活动，定期评选学习型、先进性党员，适时总结和推广抓学习的好典型、好经验、好方法，努力营造重视学习、崇尚学习的浓厚氛围；"三会一课"就好像做饭吃饭，三餐必须，雷打不动，但是时代发展科技进步，微信、微博、直播平台等交互式工具为形式创新提供了更多可能。

二要支部书记做头雁，让理论学习有榜样。"打铁必须自身硬。"作为党支部第一责任人，支部书记不仅是理论学习的领导者、组织者，更应做理论武装的标杆。支部书记要大力倡导学习党的理论，无论时间多紧、任务多重，都身体力行带好头，这是做好一切工作的看家本领和必要准备，也是指路明灯。同时根据新的形势和任务，学习要增强计划性、加

强针对性、突出前瞻性、讲求实效性，进一步把理论学习引向深入，自身先学一步、学深一层，用学习成果为党员群众搞好教育、作好辅导、讲好党课。

三要知行用紧密结合，让理论学习有实效。每个党支部都应当切实把学理论、用理论作为政治自觉、思想自觉和组织自觉。支部学习不是为了学而学，理论武装不是念念稿子、定定调子、做做样子，学与用不是"两张皮"。"知"是基础和前提，"行"是重点和关键。"知"是为了"用"，"知"而不会用，不能变成行动，再丰富的知识也无用，而且在实践过程中必将遇到重重困难。学习的目的全在于运用。党指引方向和道路，战略部署高位推动基层的工作不断前进，支部的任务则是在基层将党的方针政策、党的工作战略细化分解、贯彻落实，而要落实到位，那就需要不断地学习体悟，在不断推进的实践中学深悟透，才能更好地将党的理论与实践结合好，将党的宗旨和目标落实好，为民群众服务好。

（二）着力开展理想信念教育

党的十九大党章修正案，将坚定理想信念写入党的基层党组织的基本任务。具体来看，开展好理想信念教育有这么几个方面：

一是学习四史，筑牢信仰基石。学习党史、新中国史、改革开放史和社会主义发展史，有助于我们正确认识和把握共产党执政规律、社会主义建设规律和人类社会发展规律，坚定共产主义远大理想和中国特色社会主义共同理想。理解体会坚持中国共产党的领导是贯穿党史、新中国史、改革开放史、社会主义发展史的核心，实现外在灌输与内在觉悟的统一，达到入脑入心、刻骨铭心，要坚决拥护党的领导，不忘初心，牢记使命。

二是加强宗旨意识教育。把高标准履职尽责作为工作的基本要求，做到日常工作能尽责、难题面前敢负责、出现过失敢担责，而不是考虑自身得失，畏缩不前。在日常工作中，从群众反映强烈的问题入手，多做调查研究，分清是非、摸清脉络，维护公平正义，为群众办实事、解难事，做群众的知心人、贴心人，把群众满意作为检验工作的第一标准，同时，要密切联系实际，适时总结工作经验，分析每项工作、工作每阶段的得失,从实践中锤炼综合素质,完善自我,不断提升敢于担当的能力和水平。每年制定工作计划,明确主题、任务、时间节点等,提高服务群众的能力。

三是绷紧意识形态安全这根弦。要始终站稳政治立场,坚持在大是大非面前、在错误思潮面前,敢于亮剑、敢于发声、敢于碰硬;要及时了解党员干部思想动态,做好宣传引导、解疑释惑工作,灵活运用微信、微博等新媒体,弘扬主旋律,传播正能量。

四是实践锻炼锤炼党性,解决"实"的问题。理想信念是否坚定,就是要看党员能否将先进性体现在平时的工作中和关键时刻上。

五是动态评价检验效果,解决"真"的问题。党员党性强不强,作用发挥好不好,不能单纯由党支部说了算,需要一套科学有效的评价体系综合评定,既要看党组织的日常考核,更要看群众的综合打分。

(三)以人为本做好思想政治工作

做好群众的思想政治工作,是党支部的一项基本任务。思想政治工作的目的,就是要用无产阶级的思想体系教育党员、干部和群众,启发和提高他们的思想觉悟和认识能力,调动他们的积极性和创造性。党支部要引领群众靠什么?第一,靠组织,组织内部要严密;第二,靠思想政治工作。要衡量这个支部在单位的群众当中有没有影响力,处于一个什么样的地位,这是评价工作的重要标准。

我们在工作中就要做到以下几点:

一是尊重人。尊重人是做思想政治工作的开始、起步。如果我们尊重人,那么我们也会得到被管理者的尊重。而尊重人的集中表现是什么?第一善于倾听,不要简单打断人家说话。第二好好说话,做领导要大度、有风度。

二是了解人。了解人应该成为我们的基本功,我们带这支队伍,这支队伍在想什么?他们在关注什么、需要什么、追求什么?我们要心里清楚,善于沟通。有了沟通我们才能掌握信息的主导权,工作才能有针对性。

三是关心人。这是我们党的一个传统优势,是我们党的一个法宝。但关心人,做起来也并不简单。我们要谈心人家不愿意,我们要了解家里的情况,可能涉及人家的隐私。怎样才能真正做到关心人呢?首先要学会换位思考,不要搞漫灌的,要突出重点,为他人着想。其次要研究人在什么时候最需要关心。少一点锦上添花,多一点雪中送炭。再次要把好事办好、实事办实。坚持问题导向,回应职工群众需求。把解决思想问题同解决实际问题结合起来,既讲道理,又办实事,成为广大职工群众的"主心骨"。

四是引导人。思想政治工作是讲教育,教育的关键是要靠我们以身作则。己所不欲勿施于人,要他人做到的自己要先做到。教育的内容一定要具体化,我们现在不是缺少教育,缺少的是转变成行为的教育。中国有最先进的理念,叫为人民服务,前面还要加四个字,全心全意。如果我们永远在教育上下文章,不能把理念变成行动,我们培养出来的永远都是武装了嘴巴的人,而不是武装了手脚的人。

五是激励人。我们要学会各种各样的方法来激励人,其中最重要的,就是要承认个人的价值理想追求,要把价值理想追求引导到集体目标上来。赋予平凡的工作以崇高的意义,把广大职工群众的智慧和力量聚集到部门的各项工作中去,使广大职工群众在日常的工作中有价值感、有实现感。

六是提高人。要重视建立人人参与学习的机制,鼓励人们立足岗位、提高本领、建功立业。思想政治工作不仅要一把钥匙开一把锁,而且要形成良好的小环境小氛围。

小结

理论上清醒,政治上才能坚定。注重从思想上建党是马克思主义政党建设的基本原则和根本要求,也是中国共产党不断发展壮大的宝贵经验和重要法宝。新时代,党支部要按照党的建设总要求,继承和发扬思想建党、理论强党这一优良传统和政治优势,着力做好强化理论武装、加强理想信念教育和做好思想政治工作。

 习近平讲党史故事

一个军需处长的故事

长征过雪山途中,有个同志穿着单薄的旧衣服被冻死,指挥员让把军需处长叫来,想问问他为什么不给这个被冻死的同志发棉衣,队伍里的同志含泪告诉他,被冻死的这个同志就是军需处长。管被装的宁可自己冻死也没有自己先穿暖和一点,这是多么崇高的思想境界!觉悟看似无形,关键时就会显现出强大力量。

——2018年1月5日习近平总书记在新进中央委员会的委员、候补委员和省部级主要领导干部学习贯彻习近平新时代中国特色社会主义思想和党的十九大精神研讨班上的讲话

第十三讲
组织建设

截至2019年底,中国共产党党员总数为9191.4万名,比2018年净增132.0万名。中国共产党现有基层组织468.1万个,比上年净增7.1万个。这么多党员、这么多基层党组织,靠什么组织、靠什么发挥作用?列宁说过,党的力量来自组织。有效地把基层党支部和党员组织起来,发挥全体党员的组织优势,相互扬长避短、相互学习、相互启发,进而发挥更大的作用,才能使组织的力量倍增。本讲主要从新时代党的组织建设的意义、内容以及加强支部组织建设的路径三个方面与大家分享。

一、新时代加强党支部组织建设的意义

(一)重视支部建设是我们党区别于其他政党的显著优势

中国共产党成立伊始,党纲就对党的地方组织机构设置和中央与地方的关系作出了明确规定,这表明,我们党是一个组织严密、纪律严明的无产阶级政党。中共一大就明确指出了吸纳党员的标准与程序,开始建构党的组织体系,要求凡是有党员五人以上时必须成立委员会;超过十人的地方委员会,应设财务委员、组织委员和宣传委员各一人;超过三十人的,应由委员会的成员中选出一个执行委员会。中共二大通过的第一部党章明确组织建设的要求,将"组织"单列一章阐述,初步确立了五级党组织体系,自下而上依次为党小组、地方党支部、区执行委员会、地方执行委员

会、中央执行委员会，这一党组织体系一直延续到中共四大。中共三大通过《中国共产党第一次修正章程》，明确凡有党员五人至十人均得成立一小组，每组公推一人为组长，隶属地方支部。虽然中共二大首次提出"支部"概念，但并未将支部确定为党的基本组织，"地方支部"更近似于地方党组织，而"组"则处于党组织的最低层级。中共四大将支部确立为党的基本组织。支部作为党组织开展工作的基本单位，在中国共产党的发展壮大中发挥了战斗堡垒作用。

1926年7月在上海召开的中央执行委员会第三次（扩大）会议提出："今后要把党的真正基础建筑在各支部上面，要把党的基本工作责成各支部，建立每个支部的活动工作，在每一个支部里实行分工，使每一个同志都有活动，实行'一切工作归支部'的口号，使各支部里都有全党形式的各样工作。"[1]三湾改编时毛泽东提出将"支部建在连上"，正是"一切工作到支部"的制度实践。1927年9月，毛泽东同志率秋收起义部队挺进井冈山。途中，在深入分析南昌起义、秋收起义相继失败的原因后，他决定在江西永新三湾村改编部队，实行"支部建在连上"，即在连队设党支部，在优秀士兵中发展党员，在班排设党小组，在连以上设党代表并担任党组织书记。毛泽东创造性地提出和建立"支部建在连上"的原则和制度，从政治上组织上保证了党对军队的绝对领导，是我们党建设新型人民军队的一次成功实践。

抗日战争时期，党正式提出了支部的战斗堡垒作用。1939年6月10日，陈云在《解放》第七十三期发表的《党的支部》一文中指出："支部不但要在组织形式上具有核心的堡垒的姿式，而且要在实质上真正能起核心的堡垒的作用。"[2]这样就必须建立起支部的基本工作，并分配和责成每个党员去执行。刘少奇在党的七大修改党章的报告中提出，在工厂、矿山、农村、企业、街道、机关和学校中成立的党的组织，要成为党在这个工厂、矿山、机关和学校等群众中的"战斗的堡垒"。党的七大党章对其

---

[1] 中共中央文献研究室中央档案馆编：《建党以来重要文献选编（一九二一——一九四九）》（第三册），北京：中央文献出版社，2011年，第281页。

[2] 中共中央文献研究室编：《陈云论党的建设》，北京：中央文献出版社，1995年，第56页。

内涵作了总结和概括，明确了支部的4项任务。中华人民共和国成立后，党员在我国各项建设中的作用日益显现。1956年，党的八大党章规定了包括支部在内的基层党组织的8项任务。1977年，党的十一大首次在党章中提出，党的基层组织要发挥战斗堡垒作用。之后的党章都继续明确了支部的战斗堡垒作用，也给其增加了新的时代内容。如党的十二大党章提出，党的基层组织是党在社会基层组织中的战斗堡垒。同时，在党章中还明确了基层党组织的8项基本任务，在党的八大党章的基础上，凸显了改革开放和"以经济建设为中心"对基层党组织提出的新要求。

2018年，中共中央印发《中国共产党支部工作条例（试行）》。这部被誉为中国共产党第一部关于党支部工作的基础主干法规，被评价为既传承"支部建在连上"光荣传统，又体现党支部建设新做法新经验，具有很强的指导性和时代感，为全面加强新时代党支部建设提供了基本遵循。

百年来，我们党始终把支部建设作为"传家宝"，"支部建在连上"这一设置原则在各地、各条战线上逐渐推广开来，成为中国共产党党支部建设最主要的原则性要求。由此，"连"不仅是一个个具体的单位，更是贴近生活、贴近群众、贴近实际、最能发挥作用的地方——哪里思想最激荡，哪里人气最旺，党支部就建在哪里。

（二）提高党的凝聚力战斗力迫切需要从基层组织建设抓起

党的十九大报告指出，党的基层组织是确保党的路线方针政策和决策部署贯彻落实的基础。党的工作最坚实的力量支撑在基层，最突出的矛盾和问题也在基层。必须把抓基层打基础作为长远之计和固本之举，丝毫不能放松。

党支部作为党全部工作和战斗力的基础，是组成党的肌体的细胞单元，是提升组织力的力量源泉。1939年陈云同志在《党的支部》一文中曾经指出，党的一切口号、主张、政策，依靠支部才能具体深入到群众中去。依靠支部在群众中日常的宣传组织工作，才能使广大群众团结在党的口号、主张、政策之下，进行革命运动。东西南北中，党政军民学，党正是通过基层组织和严密的组织体系，以组织的形式渗透到社会各个领域、各个角落，党的意志、主张、政策、方针、路线等才能够真正成为广大党员干部的行动指南。邓小平同志说过，连队工作的好坏，首先决定于党支部工作的好坏。只有党支部的工作做好了，战斗力才会增强。"习近平总书记进一步强调，基层是党的执政之基、力量之源。只有基层党组织坚强有力，党员发挥应有作用，党的根基才能牢固，党才能有战斗力。

中国共产党是一个有着统一的完整体系的政治组织。它的组织体系分为中央组织、地方组织和基层组织三个基本层次。在这三个层次的组织体系中，党支部是党的组织体系中最基础的组织。抓住了党支部，就抓住了基本，工作就能落地落实。把党支部建设抓好了，把党支部的作用发挥好了，每个基层党组织和每个共产党员都能发挥战斗堡垒作用、先锋模范作用，我们党就会很有力量，我们国家就会很有力量，我们人民就会很有力量，党的执政基础就能坚如磐石，党的各项事业就能顺利推进，推进伟大斗争、伟大工程、伟大事业、伟大梦想就有了坚实的基础和可靠的保障。

二、党的组织路线和支部组织建设的内容

（一）党的组织路线的提出

在党的建设中，组织建设具有特别重要的作用。因为党要巩固自己的执政地位，不仅要依靠它的理论、纲领和路线的正确，而且要依靠它的组织的巩固。

1928年，中共六大明确把"争取群众"作为当时的总路线；同时，六大党章明确把"民主集中制"确立为党的组织原则，并明确使用"党的组织系统"一说、将其作为党章第三章的标题，《组织问题决议案提纲》则明确使用了"组织路线"一词。中共六大首次明确使用了党的"组织路线"概念、初步形成了党的组织路线理论。

1938年，在延安召开的中共六届六中全会明确提出了与党的政治路线相适应的组织路线。毛泽东在《论新阶段》的政治报告中强调，政治路线确定之后，干部就是决定的因素；没有多数才德兼备的领导干部，是不能

完成其历史任务的。把坚持而有计划地培养大批的新干部作为当时的"战斗任务",要求必须关心党的干部、必须善于识别干部、必须善于使用干部、必须善于爱护干部,必须坚持革命立场、奉行"任人唯贤"的干部路线。毛泽东的讲话,不仅比较系统地论述了党的干部政策、把干部队伍建设作为党的组织路线的核心内容,而且明确提出并确立了"才德兼备"的干部标准与"任人唯贤"的干部路线。

党的十一届三中全会重新确立了马克思主义的思想路线、政治路线和组织路线,提出并实行干部队伍革命化、年轻化、知识化、专业化的"四化"方针。邓小平明确指出,党要管党,一管党员,二管干部。对执政党来说,党要管党,最关键的是干部问题。

正确的组织路线对党的建设至关重要,这是党的百年历史所证明了的一条真理。党提出组织路线并确定其科学内涵,经历了长期探索。党的历史表明,什么时候坚持正确的组织路线,党的组织就蓬勃发展,党的事业就顺利推进;什么时候组织路线发生偏差,党的组织就会遭到破坏,党的事业就会出现挫折。

(二)新时代党的组织路线的科学概括

党的十八大以来,以习近平同志为核心的党中央高度重视党的组织建设,在2018年7月全国组织工作会议上的讲话中,习近平总书记对新时代党的组织路线作出科学概括,明确指出了新时代党的组织路线,即全面贯彻新时代中国特色社会主义思想,以组织体系建设为重点,着力培养忠诚干净担当的高素质干部,着力集聚爱国奉献的各方面优秀人才,坚持德才兼备、以德为先、任人唯贤,为坚持和加强党的全面领导、坚持和发展中国特色社会主义提供坚强组织保证。这一科学而明确的概括,既实现了组织与人的有机统一、目的与手段的有机统一,又充分体现了组织体系、组织结构与组织功能的有机统一,丰富了党的组织路线的内涵与外延。

新时代组织路线的重点是组织体系建设,其中,对各级党组织的定位和要求又有新的认识,党中央是大脑和中枢,党中央必须有定于一尊、一锤定音的权威;党的地方组织的根本任务是确保党中央决策部署贯彻落实,有令即行、有禁即止;党组在党的组织体系中具有特殊地位,要贯彻落实党中央和上级党组织决策部署;每个党员特别是领导干部都要强化党的意识和组织观念,自觉做到思想上认同组织、政治上依靠组织、工作上服从组织、感情上信赖组织。

2020年6月,习近平总书记在主持中央政治局第二十一次集体学习时发表重要讲话,对贯彻落实新时代党的组织路线提出明确要求。他特别强调:"我们要正确理解新时代党的组织路线的科学内涵和实践要求,坚持目标导向、问题导向、结果导向相统一,准确把握好贯彻落实的基本要求。"[①]这也给新时代党支部的组织建设明确了方向。

知识点

组织建设的制度保障

党的十八大以来,针对党的组织建设,党中央制定出台了《中国共产党中央委员会工作条例》《中国共产党地方组织选举工作条例》《中国共产党基层组织选举工作条例》《中国共产党工作机关条例(试行)》《中国共产党支部工作条例(试行)》等一系列事关党的组织体系建设的党内基本法规,为贯彻落实党的组织路线、加强党的组织建设提供了坚强有力的法规制度保障。

(三)党支部组织建设的主要内容

党的组织建设,是指党的组织制度、党的中央组织、党的地方组织、党的基层组织、党的干部、党的纪律、党的纪律检查机关、党组等内容。主要包括民主集中制建设、党的基层组织建设、干部队伍建设和党员队伍建设等内容。党支部的组织建设是党的建设主要内容之一,按照新时代组织路线的要求,主要包括党的干部队伍建设、党员队伍建设和民主集中制

---

① 《习近平在中央政治局第二十一次集体学习时强调 贯彻落实好新时代党的组织路线 不断把党建设得更加坚强有力》,新华网,2020年6月30日。

建设等任务。

党的干部队伍建设在党的组织建设中居于核心地位。党的组织是通过党的干部队伍来发挥作用和威力的。党的干部是党组织的骨干，是党的路线、方针、政策的主要贯彻执行者，是实现党的领导的决定性力量。毛泽东同志曾指出："政治路线确定之后，干部就是决定的因素。"[①]2013年6月，习近平总书记在全国组织工作会议上强调，好干部要做到信念坚定、为民服务、勤政务实、敢于担当、清正廉洁。好干部"二十字"标准，是新时代党中央对干部的评价标准，是好干部之质、之本。

党员队伍建设是党的组织建设的基础。党是由党员组成的，党员是党的基础，是执行党的路线的主体。加强党员队伍的建设，对于巩固党的组织，保持党的工人阶级先锋队性质，密切党同群众的关系，充分发挥党的领导作用，具有重要的意义。因此，在党的组织建设中，党员队伍建设具有十分重要的地位。

民主集中制建设是党的组织建设的重要任务。只有实行民主集中制，才能建立起党的完整而严密的组织系统，把全体党员和党的各个组织组成统一的整体；才能正确处理党的领导者和被领导者、党的上级组织同下级组织，党员个人同党的组织的关系，实现党内政治生活的正常化，发挥全党的积极性；才能建立起科学的领导制度和工作制度，从而制定和实行正确的路线、方针和政策，实现党的正确的领导。

严密的组织体系，是马克思主义政党的优势所在、力量所在。习近平总书记指出，我们党是按照马克思主义建党原则建立起来的，形成了包括党的中央组织、地方组织、基层组织在内的严密组织体系。党的基层组织是贯彻落实党的各项决策部署的最终实施者，而党支部是落实党的路线方针政策的"最后一公里"，是感受群众心声的"神经末梢"。如何找准党支部建设的出发点、发力点，强化其政治功能，不断提升其组织力，是新时代党的建设的一个重大命题。

---

① 《毛泽东选集》（第二卷），北京：人民出版社，1991年，第536页。

三、以提升组织力为重点,提高党支部的组织建设质量

(一)抓好党支部干部队伍建设

培养基层党组织带头人。党支部书记是党支部建设的"第一责任人",肩负着领导和指导支部各项工作的重任。加强基层党组织建设,党支部书记首先要加强自身建设,切实发挥表率作用。要强化理想信念教育,保持对党绝对忠诚。讲政治是对党支部书记的起码要求,要始终做到心中有党、心中有民、心中有责、心中有戒,不能做的事情坚决不做,不能说的话坚决不说,绝不能拿政治规矩开玩笑、当儿戏。要加强理论和业务学习,保持学习不掉线。党支部书记是党的路线、方针、政策在最基层的贯彻者、执行者和落实者,一定要自觉学习,以过硬的理论素养、业务素质来保证各项工作顺利开展,带领其他党员守规矩担使命。

打造四个"铁一般"的干部队伍。习近平总书记指出,实现全面建成小康社会奋斗目标、实现中华民族伟大复兴的中国梦,关键在于培养造就一支具有铁一般信仰、铁一般信念、铁一般纪律、铁一般担当的干部队伍。四个"铁一般",是新时代党中央对干部队伍的要求,是党的各级党员干部队伍对标的标准,是党的干部队伍建设的目标。

建立健全干部队伍全周期培养体系。2018年7月,习近平总书记在全国组织工作会议上的讲话中指出,要建立源头培养、跟踪培养、全程培养的素质培养体系;要建立日常考核、分类考核、近距离考核的知事识人体系;要建立以德为先、任人唯贤、人事相宜的选拔任用体系;要建立管思想、管工作、管作风、管纪律的从严管理体系;要建立崇尚实干、带动担当、加油鼓劲的正向激励体系。党的组织体系是依据党的纲领和章程、按照民主集中制的原则,自下而上组织起来的统一整体。

(二)创新组织设置,完善组织体系

习近平总书记指出,党的全面领导、党的全部工作要靠党的坚强组织体系去实现。党的领导力提升依赖党的组织体系建设。认真落实党的组

织和党的工作全覆盖的要求，本着有利于党员的教育管理，有利于促进工作，不断优化支部设置。党章规定："企业、农村、机关、学校、科研院所、街道社区、社会组织、人民解放军连队和其他基层单位，凡是有正式党员三人以上的，都应当成立党的基层组织。""党的基层组织，根据工作需要和党员人数，经上级党组织批准，分别设立党的基层委员会、总支部委员会、支部委员会。"①根据这些规定，一般情况下，有正式党员3人以上不足50人的单位，可设立党的支部委员会；党员50人以上不足100人的，如不需要成立党的基层委员会或总支部委员会，经上级党组织决定，也可以成立支部委员会。正式党员不足3人，或没有条件单独成立党支部的基层单位，可与邻近单位的党员组成联合支部；外出执行某项临时任务，或者参加短期学习或会议，或者被抽调参加某项临时机构工作，凡有正式党员3人以上的，经上级党组织批准，可成立临时党支部。

（三）严肃党内政治生活，从严教育管理党员

严格执行《关于新形势下党内政治生活的若干准则》和《中国共产党支部工作条例（试行）》，以严肃党内政治生活作为严格管理支部党员的主要抓手，促进规范化标准化党支部的建设。突出做好理想信念教育，增强党员意识，保证党员自觉参加党的组织生活的行为自觉。强化党员干部学习正常化，高效组织党员听党课，形成学习教育常态化制度化。要结合"创先争优"活动，定期评选学习型、先进性党员，适时总结和推广抓学习的好典型、好经验、好方法，努力营造重视学习、崇尚学习的浓厚氛围。

严格执行组织生活各项制度，使党的组织生活制度化、常态化、规范化、民主化，真正把支部"三会一课"工作抓实做好，即定期召开支部党员大会（每季度召开　次）、支部委员会（每月召开一次）、党小组会（每月召开一至两次），按时上好党课（每季度至少上一次党课）。党员领导干部要过双重组织生活制度，即党员领导干部既要参加所在党支部或

---

① 《中国共产党章程（2017年版）》，共产党员网，2017年10月24日。

党小组的组织生活会,又要参加所在党委、党组定期召开的民主生活会。坚持谈心谈话制度,即党组织主要负责人要定期与党组织成员进行思想政治工作谈心谈话、干部任职谈心谈话、廉政教育谈心谈话以及其他方面的提醒谈话和诫勉谈话。坚持对党员进行民主评议制度,即按照党章规定的党员条件,通过学习教育、自我评价、民主评议、组织考察和表彰处理等步骤,检查和评价每个党员在贯彻党的基本路线和各项方针政策的过程中先锋模范作用的发挥情况。严格党员发展程序,按照《支部工作条例》和党员发展细则的要求,突出政治标准,严把入党关。

(四)抓住关键少数,发挥带头示范作用

党的十八届六中全会通过的《关于新形势下党内政治生活的若干准则》和《中国共产党支部工作条例(试行)》,都对严格落实党的组织生活制度提出了明确要求。党员领导干部如果因工作原因确实参加不了组织生活,应该按规定向党支部书记、党小组组长请假。支部委员会是党支部的核心,基层党支部支委会一班人是动员、组织、率领党员干部群众开展各项工作的指挥部和战斗堡垒,是党支部发挥作用的关键,支委会成员要拧成一股绳,形成支部书记与支部委员相互配合、相互支持的工作关系,切实增强党支部班子的整体合力。做好党务工作者的选配工作。基层党务干部应具备的基本条件是党性强、作风正、业务精,具有一定的马克思主义理论水平和党务工作知识,熟悉本部门的业务工作情况,且群众信任,工作能力较强,具有敬业、奉献精神。配备过程中,要严格遵循民主程序,注意保持支委会一班人合理的知识、专业和年龄结构。加强基层支部班子建设,认真贯彻民主集中制原则,搞好班子团结,营造齐心协力、团结和谐的良好氛围,把支部班子建设成为政治坚定、求真务实、开拓创新、勤政廉政、团结协作的坚强战斗集体。全面落实党支部各项制度特别是支部书记"一岗双责"和支部委员会及党小组的职责分工,要细化、量化支部委员分管,形成责任清单和任务清单,定期召开支委会议和党员大会,对照清单内容对账查账。要把抓纪律贯穿始终,坚决杜绝"不把规矩当规矩、纪律对人不对己"的不良倾向,做到在小节上不大意、在小处上

不随意。要学会运用纪律、执行纪律，对那些不讲纪律、不守规矩的，要教育转化，拒不整改的，要用纪律的标尺卡一卡，用纪律的板子敲一敲，这样才能维护党组织的威信。

小结

"火车跑得快，全靠车头带。"新时代党支部的组织建设，要落实党的建设总要求，严格执行党的政治路线，激活基层党组织，增强基层组织力，让党支部担负好直接教育党员、管理党员、监督党员和组织群众、宣传群众、凝聚群众、服务群众的职责，让党支部成为团结群众的核心、教育党员的学校、攻坚克难的堡垒。

党史小故事

周恩来认真参加组织生活

红军长征期间，周恩来是党和中央红军主要负责人之一，身兼数职，尽管工作十分繁忙，但他仍严格要求自己，认真参加组织生活。有一次，他问所在党小组组长为什么很长时间不开党小组会议，被告知党小组会议开过了，看到首长忙，就没有通知。没想到，周恩来用平常少见的严肃态度说道："那怎么能行？我是党员，应当过组织生活，如果确实有事不能参加，我自己可以向你请假，你不通知我可就是你的不对呀！在我们党内，每个人都是普通党员，谁都要过组织生活，这是个党性问题，你明白吗？以后开会可一定要通知我啊！"之后，党小组组长接受教训，每次开会都通知周恩来，而周恩来只要有时间，每次都参加，并很认真地发表自己的意见。周恩来的言行，充分表明他对党内政治生活的高度重视和严格遵守。

【划重点】习近平总书记对不同领域基层党组织建设的要求

关于农村基层党组织建设

2018年11月26日,中共中央政治局召开会议审议《中国共产党农村基层组织工作条例》,习近平总书记主持会议。会议指出:

要加强农村党支部建设,坚持支部建在村上,实现对农村各领域全覆盖,选好配强农村党组织书记、实行县级备案管理,建立选派第一书记长效机制,持续整顿软弱涣散村党组织,发展农村优秀青年入党,加强农村基层党员、干部教育培训,使每一个农村党支部都成为坚强战斗堡垒。要推动农村基层党组织在重大任务中发挥作用。贫困村党组织要动员和带领群众全力打赢脱贫攻坚战。要发挥党组织的组织优势、组织功能、组织力量,既保证党中央决策部署落实落地,又在完成任务过程中使自身得到加强,不断提高威信、提升影响。

关于城市基层党组织建设,2019年5月,中央办公厅印发《关于加强和改进城市基层党的建设工作的意见》,从五个方面做了重要部署:加强和改进城市基层党建工作的重要性紧迫性;把街道社区党组织建设得更加坚强有力;增强城市基层党建整体效应;提升党组织领导基层治理工作水平;加强对城市基层党建工作的组织领导。

关于机关和国企基层党组织建设

2019年11月29日,中共中央政治局召开会议,审议《中国共产党党和国家机关基层组织工作条例》和《中国共产党国有企业基层组织工作条例(试行)》。会议强调:

党和国家各级机关地位重要,肩负的责任重大,机关党的建设具有特殊重要性,对其他领域党建起着表率和风向标作用。要坚持不懈推进党的政治建设,建设让党中央放心、让人民群众满意的模范机关,为坚持和完善中国特色社会主义制度、推进国家治理体系和治理能力现代化服务。要建强机关党的基层组织体系,推动机关党建工作与业务工作深入融合、相互促进,增强党建工作的针对性和有效性。推进党支部标准化、规范化建设，严格党员教育管理，引导和激励机关党员干部立足岗位建功立业。要强化机关基层党组织的日常监督，引导党员干部严格按照制度履行职责、行使权力、开展工作。要选拔政治强、业务精、作风好的干部从事党务工作，加强对党务干部特别是基层党组织书记的教育培训，充分调动机关党务干部的工作积极性。

国有企业是中国特色社会主义的重要物质基础和政治基础，是党执政兴国的重要支柱和依靠力量。要切实加强党对国有企业的全面领导，从组织上、制度上、机制上确保国有企业党组织的领导地位，充分发挥企业党委（党组）把方向、管大局、保落实的领导作用。要坚持中国特色现代企业制度改革方向，把加强党的领导和完善公司治理统一起来，把党的领导融入公司治理各环节，把企业党组织内嵌到公司治理结构之中，明确和落实党组织在公司法人治理结构中的法定地位，确保国有企业党委（党组）领导作用发挥组织化、制度化、具体化。要加强企业干部队伍建设，着力建设对党忠诚、勇于创新、治企有方、兴企有为、清正廉洁的高素质专业化国有企业领导人员队伍。加强党务工作队伍建设，把党务工作岗位作为培养企业复合型人才的重要平台。要坚持抓基层打基础，找准基层党组织服务生产经营、凝聚职工群众、参与基层治理的着力点，推进基层党建理念创新、机制创新、手段创新，不断增强基层党组织的政治功能和组织力，把国有企业基层党组织打造成为坚强战斗堡垒。

关于高校基层党组织建设

2016年12月7日至8日，习近平总书记在全国高校思想政治工作会议上强调：

办好我国高等教育，必须坚持党的领导，牢牢掌握党对高校工作的领导权，使高校成为坚持党的领导的坚强阵地。党委要保证高校正确办学方向，掌握高校思想政治工作主导权，保证高校始终成为培养社会主义事业建设者和接班人的坚强阵地。各级党委要把高校思想政治工作摆在重要位置，加强领导和指导，形成党委统一领导、各部门各方面齐抓共管的工作格局。各地党委书记和有关部门党组书记要多到高校走走，多同师生接触，多次去高校作报告，回答师生关注的理论和现实问题。要加强同高校知识分子的联系，多关心、多交流、多鼓励，善交朋友、广交朋友、深交朋友，多听他们的意见，真听他们的意见。

关于"两新组织"的基层党组织建设

2018年11月6日至7日，习近平总书记在上海考察时指出：

随着经济成分和就业方式越来越多样化，在新经济组织、新社会组织就业的党员越来越多，要做好其中的党员教育管理工作，引导他们积极发挥作用。基层党建既要发扬优良传统，又要与时俱进，不断适应新形势，拓宽基层党建的领域，做到党员工作生活在哪里、党组织就覆盖到哪里，让党员无论在哪里都能找到组织找到家。

我们在有党员的各类企业里建立党组织，目的是为企业的党员提供管理和服务，团结凝聚员工遵纪守法，遵守企业规章制度，发挥党员先锋模范作用。这也有利于企业加强管理，有利于推动企业健康发展。

中国梦再出发，
感悟祖国伟大风云录。

第十四讲
作风建设

2021年3月1日上午,中共中央党校(国家行政学院)春季学期中青年干部培训班开班,习近平总书记在开班式上发表重要讲话强调,不论过去、现在还是将来,党的光荣传统和优良作风都是激励我们不畏艰难、勇往直前的宝贵精神财富。年轻干部是党和国家事业接班人,必须立志做党的光荣传统和优良作风的忠实传人。在开启全面建设社会主义现代化国家新征程的历史节点,习近平总书记再次强调要继承和发扬党的优良作风,意义重大。本讲结合党的十八大以来习近平总书记关于党的作风建设重要论述,从什么是党的作风;为什么党高度重视作风建设;如何加强新时代党支部的作风建设,始终保持与人民群众的血肉联系三个方面与大家分享。

一、什么是党的作风

(一)作风就是党风

所谓作风,反映的是按什么样的思维方式研究问题、用什么样的态度学习理论、在什么样的精神状态下工作、用什么样的方式将自己的理想和主张付诸实施,以及向外部世界展示什么样的形象和物质等。作风的实质,就是对待学习的态度、对待工作的态度、对待生活的态度,就是做人、做事的态度。有一句话讲得好:"你的态度决定你的高度。"态度决定一切,作风关系成效。而作为一个政党来说,政党的作风即党风,是党在工作与生活中的表现，是全党包括党的各级组织和党员个人在政治、思想、组织、工作、生活等方面体现党性原则的一贯的态度和行为，具体体现着党的精神风貌。

世界上任何政党都有体现其性质的作风，所不同的是各个政党所处的社会环境不同，文化背景不同，历史传统不同，阶级立场不同，政治态度不同。作为无产阶级政党的中国共产党，党的作风是党的形象，是党的性质、宗旨、纲领、路线的重要体现，是党的创造力、战斗力和凝聚力的重要内容。

（二）三大优良作风

毛泽东同志在无产阶级政党建设史上首次提出了作风的概念，并系统地提出了我们党的三大优良作风。在党的七大上毛泽东同志指出："我们的党从它一开始，就是一个以马克思主义的理论为基础的党，这是因为这个主义是全世界无产阶级的最正确最革命的科学思想的结晶。马克思主义的普遍真理一经和中国革命的具体实践相结合，就使中国革命的面目为之一新，产生了新民主主义的整个历史阶段。在马克思主义的理论思想武装之下的中国共产党，在中国人民中产生了新的工作作风，这主要地就是理论与实践相结合的作风，和人民群众紧密地联系在一起的作风与自我批评的作风。"[①]强调这是同其他政党相区别的显著标志，把三大作风作为同其他政党相区别的显著标志是因为它是中国共产党独有的和有特定含义的。

理论联系实际是我们党一贯倡导的马克思主义学风，是我们党一以贯之的优良传统。毛泽东同志将马克思主义基本原理同中国革命实践相结合，确立了理论联系实际的学风；邓小平同志也多次强调理论联系实际的重要性，明确指出只有一切从实际出发，理论联系实际，社会主义现代化建设才能顺利进行。习近平总书记在党的十九届一中全会上指出，在新时代的征程上，全党同志一定要弘扬理论联系实际的学风，并提出四个"紧

---

① 毛泽东：《论联合政府》，北京：中国出版社，1946年，第54—55页。

密联系"作为新时代工作要求。回顾党的奋斗历程可以发现，我们党之所以能够不断历经艰难困苦创造新的辉煌，很重要的一条就是始终重视思想建党、理论强党，坚持科学理论武装，并敢于善于从实际出发进行理论创新和实践创新。

密切联系群众是党的群众路线的根本要求，是党的工作作风的重要体现，也是我们共产党人区别于其他任何政党的一个显著标志。保持党同人民群众的血肉联系是党的作风建设的核心和关键。对于马克思主义来说，党最大的危险就是脱离人民群众。党的力量源泉和胜利之本就是人民群众，如果没有他们的支持和拥护，就根本开展不了党的一切事业和工作。和人民群众密切联系在一起，强调的是共产党不是一个特殊利益集团。毛泽东在《论联合政府》报告中指出："全心全意地为人民服务，一刻也不脱离群众；一切从人民的利益出发，而不是从个人或小集团的利益出发；向人民负责和向党的领导机关负责的一致性；这些就是我们的出发点。"①

1935年的遵义会议是党从危机走向胜利的转折点，也是运用批评和自我批评解决党内分歧的成功范例。遵义会议充分运用批评和自我批评这个有力武器，摆事实、讲道理，以理服人；充分发挥党内民主，进行激烈争论，最后达成共识，统一思想。对犯了错误的人，既严肃批评，又热情团结。对犯错误的主要责任人进行严肃批评，并从组织上作相应调整，但又不单纯追究个人责任，而是重在汲取教训。对于博古，仍然安排了适当的领导职务；对于周恩来，仍然委以重任。遵义会议树立了党内正确对待犯错误同志、维护党的团结的榜样。遵义会议后，民主集中制在实践中成为全党遵循的原则，批评与自我批评成为解决党内矛盾的有力武器。正如邓小平所说："从遵义会议以后，我们党建立了一套党的生活制度，树立了一套好的传统作风。"②

---

① 王进等主编：《毛泽东大辞典》，桂林：广西人民出版社，1992年，第808页。
② 《中华人民共和国国史全鉴（1960—1960）》（第三卷），北京：团结出版社，1996年，第2943页。

（三）新时代党的作风建设

党的十八大以来，从制定和落实八项规定入手，严抓中央八项规定精神落实、着力从作风建设这个环节突破，随后相继开展党的群众路线教育实践活动、"三严三实"专题教育、"两学一做"学习教育，不忘初心牢记使命学习教育，集中整饬党风，严厉惩治腐败，着力净化党内政治生态，党的作风建设从立规、践行推向纵深发展，党风为之一新，社会风气大为好转，管党治党取得新的明显成效，党的作风建设取得新成就。

2012年12月4日，中共中央政治局会议审议通过关于改进工作作风、密切联系群众的八项规定。彼时，很少有人能预知，这看似普通的八条，日后竟能掀起一场"改变中国"的历史巨浪。狠抓作风建设，重塑党的形象，成为党的十八大以来习近平总书记长抓不懈的重要工作。

西柏坡"寻根"重唤"赶考"意识。2013年7月，习近平来到河北省调研。他在西柏坡重温学习了"两个务必"思想，即务必保持谦虚、谨慎、不骄、不躁的作风，务必保持艰苦奋斗的作风。不做寿，这条做到了；不送礼，这个还有问题，所以反"四风"要解决这个问题；少敬酒，现在公款吃喝得到遏制，关键是要坚持下去；少拍掌，我们也提倡；不以人名命名地名，这一条坚持下来了；第六条，我们党对此有清醒的认识……这里是立规矩的地方。党的规矩、制度的建立和执行，有力推动了党的作风和纪律建设。习近平对中共中央在西柏坡时期的历史贡献给予了新概括。立规矩，也成为新一届中央领导集体改进作风的重要抓手。八项规定成为立规破题的第一步。这个规矩到底有多"重要"？习近平这样表述："改进工作作风的任务非常繁重，八项规定是一个切入口和动员令。"[①]

落实中央八项规定精神，不光是要遏制不正之风，促使干事创业才是根本。"只顾自己奔小康、不管他人喝米汤""办事不公、优亲厚友、吃拿卡要"式的干部少了，一大批"合格党员""担当干部""贴心党组

---

① 2013年1月22日，习近平在十八届中央纪律检查委员会第二次全会上的讲话。《习近平谈治国理政》（第一卷），北京：外文出版社，2018年，第387页。

织"以务实的改革精神、清廉的工作作风,察民情、晓民意、解民忧、排民难,走在了推动事业发展的时代前沿。党内上下级关系、同志关系变清爽了,党员干部逐渐摆脱应付人际关系的烦恼,繁文缛节、迎来送往的少了,生活方式变了,干事创业的精气神明显提升。

整治会所歪风　顺应群众期待

浙江杭州市西湖景区的"曲院风荷"内,由高档会所"西湖会"转型而成的"开心茶馆"顾客盈门。2014年1月27日,这家"变身"为服务大众的平价餐馆,一直受到众多市民游客的青睐,一杯龙井只要18元,每到节假日就爆满。杭州市提出"还湖于民、还景于民、还园于民"的要求,对在风景区、公园、名人故居、文化遗址等公共场所开办的各类会所等高档经营场所进行全面摸排,坚决实施先关停后整改。目前,全市关停各类会所等高档经营场所56家,其中在历史建筑内有8家,在风景区、公园内有48家,对全市336家历史建筑逐个梳理,并委托北京大学世界遗产研究中心编制西湖风景名胜区业态提升规划,确定西湖会所转型的五大原则。在北京,排查确定纳入整治范围的私人会所和高档餐饮场所共有37家,已关停10家;关闭餐饮服务,仅作办公场所使用的5家;停业调整5家;经停业整顿,降低菜价、面向大众服务的17家。在上海,经有关部门调查摸排,确定有私人会所3处,一处拟限期拆除;一处现已停业,正在制定业态调整方案;一处已制定整改措施,拟打造成为市民运动休闲中心和帆船主题公园。在南京,全市对景区、公园和历史建筑内涉嫌违规经营的2家餐饮场所予以关停。钟山风景区内的"富润钟山"等场所积极转型,为市民游客提供茶水、简餐,不设最低消费,取缔了"凌云阁""十九号会所""禾乐园"等3家涉嫌无证无照经营行为的场所。

二、为什么要高度重视作风建设

（一）党的作风就是党的形象

党的作风关系人心向背，关系党的生死存亡。习近平总书记在主持中央政治局就加强改进作风制度建设进行第十六次集体学习时强调，要提高全党对加强作风建设重要性和必要性的认识，"党的作风就是党的形象，关系人心向背，关系党的生死存亡。我们党作为一个在中国长期执政的马克思主义政党，对作风问题任何时候都不能掉以轻心。"[①]

党员干部一言一行、一举一动都代表着执政党的形象，是广大群众对党执政能力和先进性评判的重要标志，直接关系到党群、干群关系，影响到党风、政风和社会风气。应当看到，由于我们党长期处在执政地位，手中掌握着权力，一些党员干部，特别是领导干部容易淡化群众观念，产生脱离群众的危险；容易滋长骄傲自满情绪，产生官僚主义作风；容易滋生腐化、腐败。习近平总书记在党的十八届一中全会上的讲话中引用《盐铁论》中的"欲影正者端其表，欲下廉者先己身"，习近平总书记在党的十九大报告中提出，"打铁必须自身硬"。与"打铁还需自身硬"相比，虽然只是两字之变，却充分体现了在新时代新的历史使命面前，党中央全面从严治党更坚定的决心、更鲜明的态度和更严格的要求。习近平总书记更是从政治的高度来要求来看待维护党的形象的重要性，在十八届中央纪委六次全会上的讲话中，他强调："各级干部特别是领导干部要善于从政治上看问题，站稳立场、把准方向，要始终忠诚于党，不折不扣执行党的路线方针政策，自觉从思想上、政策上、行动上同党中央保持高度一致；始终对组织坦诚，相信组织，依靠组织，服从组织，自觉接受组织安排和纪律约束；始终正确对待权力，立志为人民做好事，做实事，安分守己，为党工作；始终牢记政治责任，襟怀坦白，言行一致，自觉维护党的形

[①] 中共中央组织部党建研究所编：《党的建设大事记》，北京：党建读物出版社，2018年，第172页。

象。"①在庆祝中国共产党成立95周年大会上的讲话中，习近平总书记进一步强调："党的作风是党的形象，是观察党群干群关系、人心向背的晴雨表。党的作风正，人民的心气顺，党和人民就能同甘共苦。"②

（二）重视作风建设是党的优良传统

中国共产党自诞生之日起，之所以饱经风雨而不衰，历经磨难更坚强，其根本原因之一，就是我们党以钢铁般的意志和作风，赢得了广大人民群众的拥戴和认可。1940年，爱国侨领陈嘉庚通过回国后的两餐饭，洞察出"延安作风"与"西安作风"的区别，指出中国的希望在延安。历史印证了这一预言，"延安作风"终究完胜"西安作风"。这是我们党重视作风、锻造作风结出的硕果，穿越时代的风雨，其深刻的启示意义始终熠熠闪光。中华人民共和国成立前夕，毛泽东同志就告诫全党务必继续地保持谦虚、谨慎、不骄、不躁的作风；务必继续地保持艰苦奋斗的作风。党的十一届三中全会后，邓小平同志坚持解放思想、实事求是的思想路线，一切从实际出发，从人民群众的根本利益出发，开创了中国特色社会主义事业的新局面。

2001年9月，党的十五届六中全会通过了《中共中央关于加强和改进党的作风建设的决定》，提出要坚持和发扬党的优良作风，做到"八个坚持，八个反对"，这不仅标志着我们党对作风建设的规律有了新认识，而且把我们党的作风建设推向了一个新阶段。党的十六大以后，胡锦涛总书记带领中央书记处的几位同志一起到西柏坡，重温毛泽东同志在党的七届二中全会上倡导的"两个务必"，号召全党同志特别是领导干部，大力发扬艰苦奋斗的作风，强调各级领导干部特别是年轻干部，要自觉地发扬脚踏实地、真抓实干的作风，弘扬艰苦朴素、勤俭建国的精神，坚决反对浮躁浮夸、急功近利，坚决反对铺张浪费、大手大脚。党的十八大以后，中央立即出台了《关于改进工作作风，密切联系群众》的八项规定，以"照

---

① 习近平在第十八届中央纪律检查委员会第六次全体会议上的讲话，《人民日报》，2016年1月12日。
② 2016年7月1日习近平在庆祝中国共产党成立95周年大会上的讲话。

镜子、正衣冠、洗洗澡、治治病"为总要求，深入扎实开展党的群众路线教育实践活动，明确提出要解决形式主义、官僚主义、享乐主义和奢靡之风这"四风"问题。党的十八大以来，以习近平同志为核心的党中央直面重大风险考验和党内存在的突出问题，以强烈的历史担当和顽强的意志品质，从落实中央八项规定破题，从解决人民群众反映最强烈的不正之风入手，自上而下地进行了一场深刻的作风变革。党中央以身作则、率先垂范，带头严格执行中央八项规定，给全党树立了典范。党群干群关系明显改善，党的执政基础更加牢固，这与全党上下坚持和发扬党的优良传统和作风，党始终同人民同呼吸、共命运、心连心是分不开的。

（三）作风建设直接关系到党的生死存亡

习近平总书记在党的群众路线教育实践活动总结大会上的讲话中指出："我们党是一个拥有8600多万党员、在一个13亿多人口的大国长期执政的党，党的形象和威望、党的创造力凝聚力战斗力不仅直接关系党的命运，而且直接关系国家的命运、人民的命运、民族的命运。"[①]党的作风如果不纯不正，党的形象就会遭到破坏，党的威望就会遭受损失，党的创造力、凝聚力、战斗力就会逐渐丧失，所以习近平总书记告诫全党同志："全党同志必须在思想上真正明确，党的执政地位和领导地位并不是自然而然就能长期保持下去的，不管党、不抓党就有可能出问题甚至出大问题，结果不只是党的事业不能成功，还有亡党亡国的危险。"[②]

在长期执政的历史条件下，随着党和国家事业的发展，我们党的执政环境发生了深刻变化，党担负的历史任务发生了深刻变化，党员干部队伍状况发生了深刻变化，党的队伍状况发生了重大变化，新党员大幅度增加，干部队伍新老交替不断进行，一大批年轻干部走上领导岗位。在新的历史起点上坚持和发展中国特色社会主义，我们党面临的执政考验、改革

---

① 2014年10月8日习近平在党的群众路线教育实践活动总结大会上的讲话，《人民日报》，2014年10月9日。
② 2014年10月8日习近平在党的群众路线教育实践活动总结大会上的讲话，《人民日报》，2014年10月9日。

开放考验、市场经济考验、外部环境考验是长期的、复杂的、严峻的，精神懈怠危险、能力不足危险、脱离群众危险、消极腐败危险更加尖锐地摆在全党面前。我们必须清醒地认识党的作风建设面临的艰巨任务，清醒地看到个别领导干部身上存在的一些突出作风问题，只要真管真严、敢管敢严，党风建设就没有什么解决不了的问题。

（四）作风建设永远在路上

党的十八大以来，习近平总书记多次强调，加强和改进党的作风建设，核心问题是保持党同人民群众的血肉联系。习近平总书记明确指出，作风问题核心是党同人民群众的关系问题。对待人民群众的态度是根本问题。作风是立场和世界观在实践活动中的表现，有什么样的立场和世界观就会有什么样的作风。中国共产党是中国工人阶级的先锋队，同时是中国人民和中华民族的先锋队，立党为公、执政为民是我们党的根本政治理念。我们的党员、干部必须把人民放在心中最高位置。所谓放到心中最高位置，就是说，必须把人民当主人，全心全意为人民服务；必须把人民当英雄，全心全意依靠人民；必须把人民当老师，全心全意向人民学习。这就是我们的立场，这就是我们的世界观、历史观、价值观。抓作风，从根本上说，就是抓对待人民群众的态度。

我国正处在实现中华民族伟大复兴的关键时期，全面建设社会主义现代化国家新征程顺利开启，同时我们在前进道路上仍面临着许多难关和挑战。风险越大、挑战越多、任务越重，越要加强党的作风建设。习近平总书记强调："加强和改进作风建设是保持党同人民群众血肉联系的有效途径，必须聚焦解决群众反映强烈的突出问题，以作风建设新成效汇聚起推动改革发展的正能量"，"教育实践活动有期限，但贯彻群众路线没有休止符，作风建设永远在路上。"[①]我们正朝着实现中华民族伟大复兴中国梦的光明大道阔步前行，"四风"问题具有顽固性反复性，纠正"四风"不能止步，作风建设永远在路上。

---

① 习近平在党的群众路线教育实践活动第一批总结暨第二批部署会议上发表的重要讲话，新华社，2014年1月20日。

三、如何加强新时代党支部的作风建设

（一）改进思想作风，打造纯洁忠诚支部

加强思想作风建设，从根本上讲，就是要深刻理解和自觉坚持党的解放思想、实事求是的思想路线。需要不断研究新情况、解决新问题。研究新情况、解决新问题的过程，就是进一步改进思想作风的过程，就是在行动上坚持实事求是、与时俱进。在马克思主义的指导下，要敢于冲破那些已经不符合实际的陈旧观念，使自己的思想适应不断变化的新形势；要善于运用马克思主义的世界观、方法论，分析新情况、解决新问题。

2021年春季学期中央党校（国家行政学院）中青年干部培训班开班式上，习近平总书记强调，对党忠诚，是共产党人首要的政治品质。我们党一路走来，经历了无数艰险和磨难，但任何困难都没有压垮我们，任何敌人都没能打倒我们，靠的就是千千万万党员的忠诚。对党忠诚，必须一心一意、一以贯之，必须表里如一、知行合一，任何时候任何情况下都不改其心、不移其志、不毁其节。党支部要加强以提升组织力为重点，强化政治功能，带领全体党员向雷锋、焦裕禄等楷模学习，党支部班子成员要从我做起，从身边事做起率先垂范，为人民办实事、谋实利，成为为民办实事的服务星级支部。

（二）坚持马克思主义学风，建设学习型先进支部

培养和加强支部的学风建设，培养浓厚的学风，形成积极向上的学习风气，是党的作风建设的重要内容。加强学习是党的特有政治优势。党总支要加强对党员的教育和管理，以全党开展党史学习教育为契机，重点抓好"四史"教育，紧紧围绕学懂弄通做实党的创新理论，做到学史明理、学史增信、学史崇德、学史力行，引导广大党员干部增强"四个意识"、坚定"四个自信"、做到"两个维护"，不断提高政治判断力、政治领悟力、政治执行力。

基层党组织，建立于人民群众之中，从群众中来，又回到群众中，与大众的距离更加贴近。既要重视党的思想理论学习，又要广泛吸收人类优

秀文化的营养，培养广大基层党员深厚的修养和学习习惯，进而带动一个单位、一个社区等的学习风气，促进业务工作。在学习中提高，在学习中实践。比如雷锋精神50多年来一直留存于人们心中，激励着人们。雷锋的美好之处，对于当前道德领域的突出问题，更加显示出光彩和意义。雷锋精神让我们人人可学，处处可为，从自己身边做起的善举，举手之劳的助人为乐，甚至是一个温馨的微笑，都可以让我们随时播撒友善和温暖。

（三）不断改进工作作风，建设实干型奋进支部

工作作风是人们在工作中所体现出来的工作特点，是贯穿于工作过程中的一贯风格。党的领导作风如何，很大程度上要通过党的工作作风反映出来。群众对党的认识，对党的领导作风的认识，很重要的一个方面就是看党的工作作风。

要把力戒形式主义、官僚主义作为加强作风建设的重要任务，大力弘扬真抓实干作风，推进工作要实打实、硬碰硬，解决问题要雷厉风行、见底见效，面对难题要敢抓敢管、敢于担责。要深入开展调查研究，摸清情况，找到症结，做到心中有数，不能拍脑袋决策，真正把功夫下到察实情、出实招、办实事、求实效上。要坚持效率优先，抓落实见行动，说干就干、干就干好，抢占先机、赢得主动，深入推进机关效能建设和政府服务提质增效工程，认真开展形式主义官僚主义问题大排查大调研，排查和纠治问题，凡是中央、省市作出的决策，要立说立行，不折不扣地落实到位，决不允许"上有政策、下有对策"，做到令行禁止，在贯彻执行中坚决做到不打折扣、不做选择、不搞变通，落实工作责任。

（四）不断加强和改进领导作风，建设示范性标杆支部

习近平总书记指出，各级领导班子要做到"五个过硬"，即"信念过硬、政治过硬、责任过硬、能力过硬、作风过硬"，要带头转变作风，身体力行、以上率下，形成"头雁效应"。这是新时代对各级领导干部的根本要求，要学深悟透、躬身实践。

在转变工作作风中，领导干部的一言一行，一举一动，是指挥棒，

也是风向标,具有很强的示范导向作用。因此,支部班子成员务必躬身践行、当好表率。只有层层示范、层层带动,推动责任层层落实,压力层层传递,形成上级带下级、党员带群众的联动效应,才能汇聚上下一心、齐心攻坚的强大合力。人心齐,则泰山移。领导干部以身作则、率先垂范,才能以点带面、以上率下,进而形成万众一心、齐心协力的良好局面,推动各项事业上台阶、上水平。反之,领导干部不作为、懒作为,则会带坏队伍、败坏党风,进而影响工作风气和工作业绩。贯彻好民主集中制、充分发扬民主是转变作风的重中之重,没有民主,就没有集中,就没有好的决策。支部书记在开展支部工作过程中,要把贯彻落实党的民主集中制作为改进作风、发挥表率的重要内容,正确处理民主与集中的关系,及时疏通分歧、纠正片面,引导大家集思广益,而不是搞"一言堂"和"家长制",真正使支部的决策集聚班子成员、广大党员的智慧。

小结

新时代开启新征程,作风建设永远在路上,永远没有休止符;新征程呼唤新担当新作为。我们要以高度的政治责任感和历史使命感,采取得力措施加强作风建设、抓好担当作为的落实落地,激励和鞭策更多的党员干部积极投身党的事业。

习近平讲党史故事

"只点一根灯芯"的故事

中央苏区时期,中央机关领导"每天节约二两米,使前方红军吃饱饭,好打胜仗",群众传唱"苏区干部好作风,自带干粮去办公;日着草鞋干革命,夜走山路访贫农",生动体现了共产党人的优良作风和艰苦奋斗精神。按照规定夜晚办公可点三根灯芯,可毛泽东同志带头勤俭节约,只点一根灯芯,在昏暗的油灯下写出《中国的红色政权为什么能够存在?》《井冈山的斗争》等光辉著作。

——2019年5月22日习近平在江西考察工作结束时的讲话

第十五讲
纪律建设

严守党的纪律，对党忠诚，这是每个党员必须要做到的，同时，严守党的纪律和规矩，是做好一切工作的基础和前提。党的十八大以来，我们党开启了全面从严治党的历程并且取得了很大成就，党的作风和面貌焕然一新，人民群众更加拥护和信任党的领导了。习近平总书记反复强调，全面从严治党，重在加强纪律建设。我们回想一下，全面从严治党的起点是什么呢？这就是我们耳熟能详的中央八项规定，是党中央在新时代给各级党组织和全体党员立的规矩。党的十九大把纪律建设纳入党的建设总体布局，突出了纪律建设这一治本之策。2018年8月，新修订的《中国共产党纪律处分条例》正式公布。这是党的十八大之后，党中央对条例的第二次修订，凸显了党中央对加强纪律建设的高度重视和坚强决心。本讲主要从三个方面谈一下新时代加强党支部的纪律建设：什么是党的纪律建设？为什么必须加强党的纪律建设？新时代如何加强党支部的纪律建设？

一、什么是党的纪律建设

（一）党的纪律的本质属性

搞清楚党的纪律建设，首先要清楚什么是党的纪律，在社会生活中我们党员要遵守哪些纪律和规矩。从纪律的概念上来看，"纪律"这个词的解释虽然具体表述不一样，但总体上所表达的意思是一致的。《辞源》的解释是纲纪法规；《辞海》上则是社会的各种组织规定其所属成员共同遵守的行为规则；而《现代汉语词典》的解释是政党、机关、部队、团体、企业等为了维护集体利益并保证工作的正常进行而制定的要求每个成员遵守的规章、条文。

党的纪律是怎么界定的呢？《中国共产党章程》第七章第三十九条规定：党的纪律是党的各级组织和全体党员必须遵守的行为规则，是维护党的团结统一、完成党的任务的保证。党组织必须严格执行和维护党的纪律，共产党员必须自觉接受党的纪律的约束。而纪律建设就是围绕管党治党的总目标而加强纪律保障的一系列工作、举措的总称。主要有制定和完善纪律、开展纪律教育、实施纪律处分、建立健全执纪体制等。

每一个现代政党都有自己的纪律。我党作为无产阶级政党也不例外，对纪律的要求更加严格。1920年9月16日，蔡和森给毛泽东写信，探讨建立中国共产党，首次提出了"党的纪律为铁的纪律"的科学概念，信中说："党的组织为极集权的组织，党的纪律为铁的纪律，必如此才能养成少数极觉悟极有组织的分子，适应战争时代及担负偌大的改造事业。"[①]1921年，中共一大宣布中国共产党成立，《中国共产党第一个纲领》第六条规定：在党处于秘密状态时，党的重要主张和党员身份应保守秘密。1922年7月，中共二大在党章第四章中第一次提出了九条纪律。首先提出了"本党一切会议均取决多数，少数绝对服从多数"，并明文规定，党员言论行动违背党章，无故连续二次不到会，欠缴党费三个月，无故连续四个星期不为本党服务，留党察看期满而不改悟，泄漏本党秘密等，犯有一条就可开除党籍。1927年6月，中央召开政治局会议，对党章进行了修改，其中第九章纪律第六十五条明确规定"严格党的纪律是全体党员及全体党部最初的最重要的义务"，同时还规定了不执行上级机关的决议及其他破坏党的行为的党部则给予警告、改组、重新登记（解散组织）的处罚；是党员个人的则给予警告、取消工作、留党察看及开除党籍等处罚。

---

① 《蔡和森给毛泽东的信》，1920年9月12日。《新民学会资料》第160页。

（二）管党治党的优良传统和政治优势

1927年9月29日，秋收起义部队来到江西省永新县三湾村，进行了著名的"三湾改编"。到达三湾时，原有5000多人的起义部队仅剩不足1000人和48匹战马，士气十分低落，组织很不健全，思想相当混乱，纪律很是松弛。通过对革命失败的深入分析，毛泽东找准了根本问题，在于缺乏党对军队的绝对领导，于是作出了"三湾改编"的重大决定。"三湾改编"后，各连队开始发展工农骨干入党，毛泽东在第一批新党员宣誓会上，要求加强组织观念和组织纪律，组织生活无故不得请假，党员要每星期开一次小组会，党内的事情不要乱讲，尤其是党内的秘密，对自己的亲人都不能讲，党的决议一经做出就要严格遵守。可见，"三湾改编"不仅是一次部队编制的变革，更是强化党的领导，重建部队军事、政治、组织纪律，强化党内民主和党内政治生活的深度变革。

1928年7月，党的六大党章第一次明确规定党的组织原则为民主集中制，详细规定了民主集中制的三项根本原则，这有利于纠正党内存在的家长制和极端民主化两种倾向，正确处理党内民主和集中的关系，对党的建设影响深远。在第十三章《党的财政》第四十七条中规定，党员无充分理由连续三月不缴党费者，以自愿脱党论。

1938年，毛泽东在党的六届六中全会的报告中，首次提出了"纪律是执行路线的保证"的科学论断。这次全会还制定并通过了《关于中央委员会工作规则和纪律的决定》《关于各级党部工作规则和纪律的决定》。1945年6月，党的七大党章第一次把党的纪律写进总纲："中国共产党是按民主的集中制组织起来的，是以自觉的、一切党员都要履行的纪律联结起来的统一的战斗组织。""在党内不容许有离开党的纲领和党章的行为，不能容许有破坏党纪、向党闹独立性、小组活动及阳奉阴违的两面行为。中国共产党必须经常注意清除自己队伍中破坏党的纲领和党章、党纪而不能改正的人出党。"

1956年党的八大党章基本保持了七大党章的结构体系，改为四个"必须服从"。1982年党的十二大党章，总结党内政治生活的历史经验特别是

"文革"中的严重教训,以更准确的语言再次重申了八大党章对"四个服从"的表述,即"党员个人服从党的组织,少数服从多数,下级组织服从上级组织,全党各个组织和全体党员服从党的全国代表大会和中央委员会"。它不仅概括严谨、科学,而且从总体上确立了党内政治生活的严谨秩序,因此,党的十四大、十五大、十六大党章均沿袭了十二大党章的规定。

革命、建设和改革的伟大实践反复证明,什么时候党的纪律和规矩得到充分尊重和严格执行,党的团结统一就有保证,我们的事业就兴旺发达;什么时候党的纪律和规矩遭到践踏和破坏,党的团结统一就受到威胁,我们的事业就遭受挫折,党在人民群众中的威望就大打折扣。纪律严明成为党的一个光荣传统和政治优势。

(三)新时代党员必须遵守的六大纪律

在习近平新时代中国特色社会主义思想指导下,党的十九大根据新时代党的建设总要求,对党章做了重要修改。十九大党章融入了党的十八大以来纪律建设的创新成果和实践经验,使党章关于纪律建设的内容更加丰富完善,更加符合新时代党的建设迫切需要,形成了我们党在纪律建设方面的重大制度创新。这就是突出强调了纪律建设的地位和作用,将纪律建设纳入党的建设总要求,构成了党的建设新布局,进一步凸显了纪律建设在管党治党、正风反腐中的重要地位和作用。党的十九大党章第四十条明确党的纪律主要包括政治纪律、组织纪律、廉洁纪律、群众纪律、工作纪律、生活纪律,使全面从严治党的尺子越来越清晰。

政治纪律是各级党组织和全体党员在政治方向、政治立场、政治言论、政治行为方面必须遵守的基本规矩,是维护党的团结统一的根本保证。从历史上看,我们党始终把思想建设摆在首要位置。新的历史时期,党员干部在政治方面的问题不可小视,一些干部出问题也首先是政治上出问题,有的地方党的领导弱化、党的建设缺失、全面从严治党不力,根本原因在于政治意识不强烈,政治立场不坚定,政治信仰不牢固,政治思想不纯洁,忽视了政治纪律和政治规矩等。习近平总书记强调:"严明党的纪律,首要的就是严明政治纪律。党的纪律是多方面的,但政治纪律是最重要、最根本、最关键的纪律,遵守党的政治纪律是遵守党的全部纪律的重要基础。政治纪律是各级党组织和全体党员在政治方向、政治立场、政治言论、政治行为方面必须遵守的规矩,是维护党的团结统一的根本保证。"①政治纪律最核心的要求就是,各级党组织和党员必须在政治方向、政治立场、政治观点上同党中央保持高度一致,在重大政治斗争中要立场坚定,在重大原则问题上要旗帜鲜明,在贯彻党的路线、方针、政策时要坚定不移。政治纪律是最重要、最根本、最关键的纪律,遵守党的政治纪律是遵守党的全部纪律的重要基础。

组织纪律是规范和处理党的各级组织之间、党组织与党员之间以及党员与党员之间关系的行为规则,是维护党的集中统一、保持党的战斗力的基本条件。严明组织纪律是新时代推进全面从严治党向纵深发展的必然要求。党的力量来自组织,严密统一的党组织能使党的力量倍增。中国共产党是按照马克思主义建党原则建立起来的先进政党,始终坚持以民主集中制为根本组织制度和领导制度,组织严密和纪律严明是党的光荣传统和独特优势。

廉洁纪律是党组织和党员在从事公务活动或者其他与行使职权有关的活动中应当遵守的廉洁用权的行为规则。群众纪律是党的各级组织和全体党员贯彻执行党的群众路线和处理党群关系必须遵守的行为规则。工作纪律是党的各级组织和全体党员在党的各项具体工作中必须遵守的行为规则。生活纪律是党员在日常生活和社会交往中应当遵守的行为规则,涉及个人品德、家庭美德、社会公德等各个方面,直接关系党的形象。六大纪律相互联系、相互统一,涵盖党的纪律各个方面,体现了对党员的高标准严要求,为保持党的肌体健康、维护党的团结统一提供了有力武器,为贯彻党的路线方针政策、完成党的各项任务提供了重要保证。

---

① 2013年1月22日习近平在十八届中央纪委二次全会上的讲话。习近平:《严明政治纪律,自觉维护党的团结统一》,2013年1月22日,《十八大以来重要文献选编》(上),北京:中央文献出版社,2014年。

二、为什么必须加强党的纪律建设

（一）纪律建设保证党的先进性和纯洁性

从纪律的特征来讲，党的纪律具有确定性、强制性、平等性、自觉性等方面的特征。确定性指的是党的纪律的内容非常明确，告诉大家什么事情能做、什么事情不能做，这是纪律的确定性。也就是说党的纪律告诉我们应该如何规范自己的行为，党的各级组织和党员可以用纪律作为准绳或尺子来衡量自己的行为是不是符合党的纪律的要求。强制性就是说党的纪律是"铁的纪律"。要求党的各级组织和每一个党员都必须遵守纪律，违反纪律就要接受制裁。工人阶级及其政党之所以有力量，就在于有严密的统一的组织，而这种组织作用的有效发挥则有赖于在工人阶级政党内部实行极严格的铁的纪律。平等性是指所有的党员、所有的组织都要遵守党的纪律，没有特殊的组织，也没有凌驾于党纪之上的特殊党员。也就是说，党的纪律对于党内任何人、任何组织都是平等的，党内不允许任何人有超越纪律之上的特权，党内任何人、任何组织违反了纪律都必须受到追究，决不允许任何容忍和纵容少数违反党纪的人逍遥于纪律制裁之外，决不允许干扰党纪执行的行为。自觉性是说中国共产党是中国工人阶级的先锋队，同时是中国人民和中华民族的先锋队，必须要有自觉的意识来遵守党的纪律。工人阶级政党是工人阶级及广大劳动人民利益的忠实代表，维护绝大多数人的共同利益是工人阶级政党制定纪律的目的。党的纪律又是按照民主集中制原则通过党员及其代表充分讨论的基础上制定的，是集中了全党意志的纪律。这个党的成员都是本阶级的优秀分子，有着共同的思想基础和政治目的，是自觉自愿地献身于无产阶级的事业中，深深懂得严格的纪律对保证事业成功的必要性。

（二）纪律建设牵引全面依法治国

纪律建设要求严格按照纪律和法律的尺度，把执法和执纪贯通起来。党纪与国法的相同之处在于，不管是党的纪律，还是国家法律，它们的目标都是一样的，都是有利于加强和改善党的领导，有利于巩固党的执政地位、完成党的执政使命。坚持党的领导、人民当家做主、依法治国有机统一于我国社会主义民主政治伟大实践中。党的纪律和国家法律相辅相成、互相补充、互相促进。党的纪律能管国家法律管不到的事情，而且有些党的纪律通过法律途径，能够上升为国家意志，成为国家法律。与国家法律相比，党的纪律包容性更广、执纪要求更严。党纪严于国法，《中国共产党纪律处分条例》对党员作出比法律更严的约束，是党要管党、从严治党的必然选择。

党纪与国法两者的区别主要体现在：不同创制主体和适用范围不一样。党的纪律的创制主体是中国共产党，适用范围是党的各级组织和全体党员。而国家法律是由全国人民代表大会和全国人民代表大会常务委员会制定的，省、自治区、直辖市的人民代表大会及其常务委员会根据本行政区域的具体情况和实际需要，在不与宪法、法律、行政法规相抵触的前提下，可以制定地方性法规；适用范围是具有中华人民共和国国籍的公民和在中国依法受到中国法律管辖的外国人。承办机构、查处方式和处理手段不同。党员和党组织违犯党的纪律，对其实施调查和处理的组织机构是党的纪律检查机关，如党的各级纪律检查委员会，等等。对违犯党纪党组织的处理方式是，对组织进行技术改造或者是重新选举产生新的组织。对违犯党纪的党员，根据党章规定，视具体情况，给予纪律处分。党的纪律处分有五种：警告、严重警告、撤销党内职务、留党察看、开除党籍。而对于触犯国家法律的人员要按照法律的规定给予相应的制裁，有主刑和附加刑，主刑主要有拘役、管制、有期徒刑、无期徒刑和死刑，附加刑主要有罚金、剥夺政治权利、没收财产等，主要承办机构是国家的司法机关。

（三）纪律建设推动党的建设步入新阶段

当前，中国特色社会主义进入新时代，我国社会主要矛盾已经转化为人民日益增长的美好生活需要和不平衡不充分的发展之间的矛盾。在新时代，我们要开启建设社会主义现代化国家新征程，我们要在2035年基本实现现代化，在2050年建成社会主义现代化强国。要实现中华民族伟大复兴的历史使命，中国共产党不加强自身纪律建设行吗？当然不行！习近平总书记多次强调，打铁必须自身硬。面对纷繁复杂的国际国内形势，面对"四大考验""四种危险"，我们党作为一个拥有9100多万党员的特大型政党，如果没有严格的纪律、统一的意志，只能是一盘散沙、一事无成。

党的十八届四中全会首次明确提出了"党规党纪严于国家法律"。加强纪律建设，首先要把纪律规矩立起来。党的十八大以来，制定修订100余部中央党内法规，"1+4"的党内法规体系框架基本形成，党内法规工作迈入了有统筹、重导向、成体系的"发展快车道"。2018年10月1日起新修订的《中国共产党纪律处分条例》正式实施，这是该条例的第三次修订版。经过长期的实践—修订—再实践—再修订的循环往复，这部规范党的各级组织活动和全体党员行为的条例更加成熟，纪律特色更加凸显，纪律建设的政治性时代性针对性显著增强。

党的十八大之后，在全面从严治党的管党治党实践中，纪律被赋予了更加突出的使命，习近平总书记提出"党要管党、从严治党，靠什么管、凭什么治？就是靠严明纪律"。[1]以习近平同志为核心的党中央明确提出纪律必须严于国家法律，纪律必须挺在法律前面。坚持纪严于法既是对广大党员干部的约束，也是对他们的最大爱护。无论巡视监督、派驻监督，还是专项监督、日常监督，都把纪律摆在突出位置，用监督传导压力，用压力推动落实，增强纪律刚性约束。把纪律管到位、严到份，才能确保纪律红线始终高压带电。把监督执纪"四种形态"写入党章，使纪律建设的任务真正落到实处。监督执纪"四种形态"的形成和完善有一个发展的过程。《中国共产党党内监督条例》对"四种形态"作了完整表述："经常开展批评和自我批评、约谈函询，让'红红脸、出出汗'成为常态；党纪轻处分、组织调整成为违纪处理的大多数；党纪重处分、重大职务调整的成为少数；严重违纪涉嫌违法立案审查的成为极少数"。[2]《中国共产党纪律检查机关监督执纪工作规则（试行）》进一步明确，"四种形态"成

---

[1] 习近平：《严明党的组织纪律，增强组织纪律性》，2014年1月14日。《十八大以来重要文献选编》（上），北京：中央文献出版社，2014年。
[2] 《中国共产党党内监督条例》，人民出版社，2016年，第47页。

为我们党监督执纪的重要遵循。监督执纪"四种形态"的出发点是为了更好地教育保护党员干部，使其在违反党的纪律出现苗头时就得到遏制，防止出现更大错误，达到防患于未然，实现预防与惩治相统一、治标与治本相统一的目的，使全面从严治党目标真正落地。

三、新时代如何加强党支部的纪律建设

党支部担负着教育党员、管理党员、监督党员重要任务，加强支部纪律建设，严肃党的纪律，是党支部建设的重要内容。党员是一面旗帜，只有加强对党员的纪律教育，把纪律挺在前面，坚持纪严于法、纪在法前，用纪律管理、约束党员，才能够保障党员一身正气，两袖清风，无论是在工作中，还是在生活中都做到清正廉洁，执法为民。

（一）强化纪律意识，严守纪律底线

党规党纪和党的理论知识是党员的精神食粮，是党员的内心法则，是党员心中的信仰。党支部要把《中国共产党章程》《中国共产党纪律处分条例》《中国共产党党内监督条例》《中国共产党党员领导干部廉洁从政若干准则》以及习近平新时代中国特色社会主义思想、党的历史等内容作为党员纪律教育的必修课，不断创新学习教育的方式，丰富学习的载体，增强党员学习的积极性和主动性，注重发挥文化在纪律建设中的引领和凝聚作用，通过组织党员聆听讲座、举办道德讲堂、廉政征文、现场警示教育等多种形式的主题活动，了解掌握党的纪律的具体内容、基本要求和精神实质，真正懂得哪些应该做和哪些不应该做，增强用纪律规范和约束自身行为的自觉性。让纪律意识入脑入心，不断提高党性素养，树立正确的世界观、人生观和价值观，坚定理想信念，永保共产党员本色。

（二）加强纪律建设，严明政治纪律

政治纪律是维护党的政治原则、政治方向和政治路线，规范党组织和党员的政治言论、政治行动、政治立场的行为规则，是党最重要、最根本

的纪律。遵守政治纪律和政治规矩，重点要做到以下五个方面：一是必须维护党中央权威，决不允许背离党中央要求另搞一套，全党同志特别是各级领导干部在任何时候任何情况下都必须在思想上政治上行动上同党中央保持高度一致，听从党中央指挥，不得阳奉阴违、自行其是，不得对党中央的大政方针说三道四，不得公开发表同中央精神相违背的言论。二是必须维护党的团结，决不允许在党内培植私人势力，要坚持五湖四海，团结一切忠实于党的同志，团结大多数，不得以人划线，不得搞任何形式的派别活动。三是必须遵循组织程序，决不允许擅作主张、我行我素，重大问题该请示的请示，该汇报的汇报，不允许超越权限办事，不得先斩后奏。四是必须服从组织决定，决不允许搞非组织活动，不得跟组织讨价还价，不得违背组织决定，遇到问题要找组织、依靠组织，不得欺骗组织、对抗组织。五是必须管好亲属和身边工作人员，决不允许他们擅权干政、谋取私利，不得纵容他们影响政策制定和人事安排、干预正常工作运行，不得默许他们利用特殊身份谋取非法利益。

（三）改进工作作风，敢于担当勤于奉献

党员的作风，关系到党的威信。新时代党支部需要改进工作作风，始终坚持走群众路线，扑下身子深入群众，一心一意服务于群众，在服务群众中，坚决摈弃特权、霸道思想，拒绝特权之心、不伸特权之手、不做特权之事，坚决反对形式主义、官僚主义、享乐主义和奢靡之风。工作中要敢于担当，找准党建工作与业务工作融合的切入点和结合点，时刻坚持用责任、担当、细心完成每一项工作，做到善始善终、尽善尽美。时刻遵守党规党纪，坚持党的理论、路线和方针，牢固树立政治意识、大局意识、核心意识和看齐意识。在工作和生活中，不发表违背党的言论，不做违背党纪法律之事。特别是在信息传媒技术发达的今天，不利用微信、微博等传播负能量信息，做到不造谣、不信谣，不传谣。同时，当不当言行危及到党和人民、国家利益时，要立场坚定，头脑清醒，挺身而出，坚决与之作斗争，勇敢地站出来维护党和人民的利益。

（四）强化监督制约，保障党员纯洁性

纪律的效用取决于纪律的执行力。抓好纪律的执行，既是纪律建设的基本要求，也是检验纪律建设成效的重要标准。一要防微杜渐，注重预防。"禁微则易，救末者难。"坚持抓早抓小、防微杜渐，坚持"治病于未发之时"。对于一些潜在的问题，要关口前移，提前提醒，防患未然。通过开展组织生活会，开展批评和自我批评，扯扯袖子、咬咬耳朵，红红脸、出出汗。注重开展预防警示教育，以案明纪、引为镜鉴，警醒党员时刻牢记纪律的红线，把铁的纪律转化为其日常的习惯和自觉遵循。二要强化惩治，严格落实责任追究。强化日常监督执纪，做到真管真严、敢管敢严、长管长严，强化对违纪行为的惩处的力度，严格落实责任追究。对于党员违纪违法案件，坚决严肃查处，不以问题小而姑息，不以权势大而破规，发现一起查处一起，坚决处理到位，杜绝护短、偏袒，杜绝处罚失之于宽、失之于软，让纪律始终成为带电的高压线。

党的十九大把纪律建设纳入了党的建设的总体布局，进入新时代，纪律建设是全面从严治党的治本之策。加强纪律建设是党支部履行职责的本质要求，也是党支部监督、约束、管理党员的有效方式，加强严肃纪律教育，使党的纪律内化于心、外化于形，转化为价值取向和行为习惯，教育党员干部要时刻牢固树立"四个意识"，坚定"四个自信"，坚决做到"两个维护"。身为一个党员干部，无论何时，都要明确自己的入党动机，时刻自警自省，防微杜渐，做新时代的合格党员。

知识点

"三大纪律、八项注意"的形成始末

"三湾改编"后，毛泽东率领工农红军向井冈山进发。上山之

前，正值当地红薯收获的季节，由于有的战士纪律性不强，肚子饿了就顺手挖吃了老乡的红薯，老乡对此颇有意见；有的战士行动散漫、不听指挥，打土豪没收的东西不交公，塞入自己的腰包。偷吃一个红薯事小，损害群众利益事大。于是在部队出发前，毛泽东在江西茨坪荆竹山"雷打石"前向部队讲话，郑重宣布了三大纪律：第一，行动听指挥；第二，不拿老百姓一个红薯；第三，打土豪要归公。这也成为中国工农红军"三大纪律"的雏形。

1928年1月，工农革命军占领遂川县城后，以"宣传队"开展宣传活动，还派人下乡领导贫苦农民打土豪。其间，也有些人把商人、小贩的货物没收了，甚至把药店里称药的戥秤也拿了。为了解决部队存在的纪律和作风问题，毛泽东于1月25日在遂川李家坪向部队宣布了最早的"六项注意"：上门板；捆铺草；说话和气；买卖公平；借东西要还；损坏东西要赔。

1928年3月，工农革命军到达湖南桂东沙田，其间出现了部队侵犯群众利益的事情。4月3日，在桂东县沙田圩后的老虎冲三十六担丘的田中，毛泽东正式宣布了"三大纪律六项注意"。"三大纪律"在原有的基础上有所修改：第一，行动听指挥；第二，不拿工人农民一点东西；第三，打土豪要归公。"六项注意"则沿用先前在遂川提出的条文。1929年1月，根据形势的发展和部队的实践经验，"六项注意"中又增加了两项：洗澡要避女人、不搜俘虏的腰包。形成了最初的"三大纪律八项注意"。

1947年10月10日，毛泽东起草了《中国人民解放军总部关于重新颁布三大纪律八项注意的训令》（又称"双十训令"），训令指出："本军三大纪律八项注意，实行多年，其内容各地各军略有出入。现在统一规定，重行颁布。望即以此为准，深入教育，严格执行。"三大纪律是：一、一切行动听指挥；二、不拿群众一针一线；三、一切缴获要归公。八项注意是：一、说话和气；二、买卖公平;三、借东西要还;四、损坏东西要赔;五、不打人骂人;六、不损坏庄稼;七、不调戏妇女;八、不虐待俘虏。

习近平讲党史故事

背着金条乞讨的故事

第五次反"围剿"失利后,江西省苏维埃政府主席刘启耀背着金条乞讨数年,历尽千辛万苦寻找党组织继续干革命,不动用分毫党的经费。我们只有继承和发扬党的优良传统,才能应对"四大考验"、克服"四种危险",才能正确处理公私关系、破除"四风"顽疾。

——2019年5月22日习近平在江西考察工作结束时的讲话

第十六讲
发展党员

  党员是党的生命细胞，是党组织的活力源泉，是践行党的初心使命，贯彻落实党的战略方针政策，推动中华民族实现从站起来、富起来到强起来的伟大飞跃的主体力量。回顾过去的100年，对中国来说，这是决定民族生死存亡的100年；是中华民族从百年沉沦到百年复兴，最终掌握了自己的命运，走上全面社会主义现代化的100年。支撑这100年历史变革的是中国共产党党员！党的一大时期57名党员、二大时期195名党员、三大时期432名党员、四大时期994名党员……，直到今天9191.4万名党员，正是一批又一批共产党员点燃了中华民族一代又一代人的心中之火，才使我们至今未曾堕落、未曾被黑暗吞没，如果没有他们的前仆后继，我们今天很可能还在黑暗中摸索和徘徊。中国共产党之所以能够完成其他政治力量无法完成的使命，就因为这个党的党员最英勇、最顽强、最无私利、最能为广大人民群众的利益而忘我奋斗。新时代，要实现中华民族伟大复兴，绝不是轻轻松松、敲锣打鼓就能实现的，全党必须付出更为艰巨、更为艰苦的努力，都要靠一个坚强有力的党组织和"特殊材料"制成的先进队伍。做好党员的发展工作，就是要把最符合时代要求和党员标准的人吸收到我们的党的队伍中来。

一、新时代发展党员的根本遵循

  这一部分主要回答吸收什么样的人入党的问题。

党的十八大以来，党中央就党员队伍建设作出一系列新的重大部署。2013年1月，习近平总书记主持召开中央政治局会议，对加强新形势下发展党员和党员管理工作进行专题研究部署，提出"努力建设一支规模适度、结构合理、素质优良、纪律严明、作用突出的党员队伍"，要求"严格坚持标准，始终把政治标准放在首位"。2013年2月，中央办公厅印发相关文件，对严格发展党员程序、提高发展党员质量等提出明确要求。2014年5月，中共中央办公厅印发了《中国共产党发展党员工作细则》（以下简称《细则》），将"控制总量、优化结构、提高质量、发挥作用"的总要求写入总则，强化了党组织的领导责任和把关作用，体现了习近平总书记系列重要讲话精神，体现了党要管党、从严治党方针，体现了实践探索的新经验，是做好新形势下发展党员工作的重要遵循。

《细则》的核心是提高发展党员的质量，保持党的先进性和纯洁性。那么，新时代高质量合格党员的标准有哪些要求呢？习近平总书记对推进"两学一做"学习教育常态化制度化作出重要指示，强调广大党员要做到政治合格、执行纪律合格、品德合格、发挥作用合格。这是中央第一次对"合格党员"系统性地提出明确要求。做好党员发展工作，就要从"四个合格"入手，把合格党员的标杆立起来。

（一）政治合格

始终坚持讲政治，确立铁一般的理想信念，是做合格党员的第一要求。旗帜鲜明讲政治是我们党作为马克思主义政党的根本要求，是党不断发展壮大、从胜利走向胜利的重要保证。习近平总书记指出："政治问题，任何时候都是根本性的大问题。"[①]当一名共产党员，首先要解决好政治合格问题。要增强战略定力、站稳政治立场，在"乱花渐欲迷人眼"的诱惑干扰面前，保持"乱云飞渡仍从容"的政治定力。

中国有句古话，"志不立，天下无可成之事"。我们党是否坚强有

---

① 习近平在第十八届中央纪律检查委员会第六次全体会议上的讲话，《人民日报》，2016年5月3日。

力,既要看全党在理想信念上是否坚定不移,更要看每一位党员在理想信念上是否坚定不移。这种坚不可摧的理想信念是在严酷的环境造就的。周恩来曾感慨:"敌人可以在三五分钟内消灭我们的领袖,我们却无法在三五年内将他们造就出来。"①

1927年,大革命失败后,蒋介石发动"四一二"反革命政变,共产党人尸横遍野,血流成河,李大钊、罗亦农、赵世炎、陈延年、李启汉、萧楚女、邓培、向警予、熊雄、夏明翰、陈乔年、张太雷等领导人相继遇害。严酷的白色恐怖中,组织被打散,党员同党组织失去联系,彷徨者动摇者纷纷脱党,有的公开在报纸上刊登反共启事,并指认捉拿搜捕自己的同志。在大浪淘沙式的革命中,当时背叛者也比比皆是,向忠发被捕叛变、中共特科负责人顾顺章被捕叛变、上海中央局负责人李竹声和盛忠亮被捕叛变、中共军区参谋长龚楚叛变,还有闽赣分区司令员宋清泉、红十六军军长孔荷宠、赣粤分区参谋长向湘林、湘赣省委书记陈洪时、闽赣分区政治部主任彭祐、闽浙赣省委书记曾洪易、红十军副军长倪宝树、闽北分区司令员李德胜、瑞金红军游击司令部政委杨世珠等,统统当了叛徒。全世界没有哪一个政党遭受过中共这般炼狱地火似的考验。

习近平总书记一再强调,理想信念是共产党人精神上的"钙",没有理想信念,理想信念不坚定,精神上就会"缺钙",就会得"软骨病"。我们常说"共产党人是用特殊材料制成的"。之所以被称为"特殊材料",就是因为共产党人能够坚持共产主义目标始终如一,拥有坚不可摧的理想信念。

做到政治合格,最核心的要求是要守住共产党员的"本",守住对马克思主义的信仰,对中国特色社会主义和共产主义的信念,对党和人民的忠诚。一个政党的衰落,往往从理想信念的丧失或缺失开始,共产党员要始终做到坚定这份信仰、坚定这份信念、坚定这份忠诚。因此要做到政治合格,必须要对照党章,不断加强政治理论修养和理想信念修养,牢固树立政治意识、大局意识、核心意识、看齐意识,坚定维护以习近平同志为

---

① 呼东荣、王丹:《"久经考验"意味着什么》,《榆林日报》,2018年7月30日。

核心的党中央权威和集中统一领导，保证全党的团结统一和行动一致，保证党的决定得到迅速有效的贯彻执行。

一是必须旗帜鲜明讲政治。习近平总书记指出："历史经验表明，我们党作为马克思主义政党，必须旗帜鲜明讲政治，严肃认真开展党内政治生活。"①

二是做政治的明白人。要做政治的明白人，对党绝对忠诚，始终同党中央在思想上政治上行动上保持高度一致，坚定理想信念，坚守共产党人的精神家园，自觉践行社会主义核心价值观，自觉执行党的纪律和规矩，真正做到头脑始终清醒、立场始终坚定。

三是不能拿政治纪律和政治规矩当儿戏。干部在政治上出问题，对党的危害不亚于腐败问题，有的甚至比腐败问题更严重。在政治问题上，任何人同样不能越过红线，越过了就要严肃追究其政治责任。有些事情在政治上是绝不能做的，做了就要付出代价，谁都不能拿政治纪律和政治规矩当儿戏。

（二）执行纪律合格

始终坚持讲规矩，铸就铁一般的纪律观念，是做合格党员的基本底线。一个组织如果没有纪律和规矩的约束，就会成为一盘散沙。中国共产党是靠铁的纪律组织起来的马克思主义政党。组织严密、纪律严明是中国共产党的政治传统、政治优势，更是力量所在。始终坚持有纪律，同时能够严格执行纪律是中国共产党历经革命、建设、改革，克服千难万险应对各种风险考验，取得一个又一个胜利的重要原因之一。

毛泽东同志说，路线是"王道"，纪律是"霸道"，这两者都不可少。习近平同志在谈到苏联解体时也强调指出，苏联共产党作为一个有着90多年历史、连续执政70多年的大党老党轰然倒塌，其中很重要的一个原因就是政治纪律被动摇了，谁都可以言所欲言、为所欲为。现实中，我们

---

① 《关于新形势下党内政治生活的若干准则》，2016年10月27日中国共产党第十八届中央委员会第六次全体会议通过。

一些党员干部违法无不始于违纪,而违纪无不始于违章。少数党员干部对党的纪律和规矩视若无睹、我行我素,有的热衷于搞小团伙、小圈子,有的对中央部署阳奉阴违、搞软抵制;有的口无遮拦、信谣传谣;还有少数党员组织纪律散漫,不按规定参加党的组织生活,不按时交纳党费,不完成党组织分配的任务,不按党的组织原则办事,等等。解决这些纪律松懈和丧失问题,需要把党章党规的权威树立起来,切实使纪律成为带电的高压线;需要深入学习习近平总书记的纪律规矩要求,树立起纪律和规矩意识。

党的纪律不仅是防腐的利剑,从个人职业生涯、政治生命的意义上说,守纪律亦是对党员干部的一种保护。全面从严治党已经进入常态化,常态化的基本标志就是制度化。而对于每一名党员来讲,首先要把纪律挺在前面,放在心中,按照党章的基本要求明白哪些该做、哪些不该做,做到知大知小、知进知退、知荣知辱、知是知非,用纪律和规矩来规范和约束自己的言行。因此,自觉遵守党的纪律,按照纪律和规矩办事,做到执行纪律合格,是合格党员的一项基本要求、底线要求。

一是以党的纪律为尺子。要坚持高标准和守底线相统一,教育引导党员、干部自觉向着理想信念高标准努力,同时要以党的纪律为尺子,使党员、干部知敬畏、存戒惧、守底线。

二是把纪律挺在前面。1859年,马克思在致恩格斯的信中指出:必须绝对保持党的纪律,否则将一事无成。无数案例证明,党员"破法",无不始于"破纪"。只有把纪律挺在前面,坚持纪严于法、纪在法前,才能克服"违纪只是小节、违法才去处理"的不正常状况,用纪律管住全体党员。

三是加强纪律建设。加强纪律建设是全面从严治党的治本之策。我们党是用革命理想和铁的纪律组织起来的马克思主义政党,组织严密、纪律严明是党的优良传统和政治优势,也是我们的力量所在。全面从严治党,重在加强纪律建设。我们现在要强调的是扎紧党规党纪的笼子,把党的纪律刻印在全体党员特别是党员领导干部的心上。

（三）品德合格

始终坚持讲道德，形成铁一般的品行素养，是做合格党员的行为之基。党员，有一种政治立场必须始终坚定，那就是党性；有一道德境界必须始终固守，那就是品行；有一种榜样风范必须始终践行，那就是表率。品德修养是人的根本素养，评价一名党员是否合格，"德行"永远居于第一位，大德、公德、私德缺一不可。

"人以品为重，官以德立身"，党员的道德和品行绝不是小节、小事，而是关系党和国家兴衰存亡的大事。从干事创业和德才关系上看，少德之人，纵有经纶满腹，也不能成大事；德为导向、才为基础，德靠才来发挥，才靠德来统率。德更为根本，这就是人们常说的："有德有才是正品，有德无才是次品，无德有才是毒品，无德无才是废品。"高尚的道德品行是合格党员的行为基础，是发挥先锋模范作用的内在动力。合格党员是一种政治要求，同时也是一种道德要求。现实中有些党员在工作生活中未能坚守基本的道德底线，触犯党纪国法，不但使自己身败名裂，也给党的形象造成巨大损失。在当前新形势下更具有非常重要的意义，它关乎党的向心力、凝聚力和公信力。我们讲党员的模范带头作用，很重要的就是党员在思想道德方面要起到模范带头作用，在德行方面带得起头，才能在群众中说得起话、站得住脚。我们很多优秀共产党员，之所以具有自己的人格魅力，就是因为他们首先是一个道德楷模。

因此合格党员需要对照党章要求，不断加强思想道德修养。追求积极向上的生活情趣，向往和追求讲道德、尊道德、守道德的生活，养成共产党人的高风亮节，做到富贵不能淫、贫贱不能移、威武不能屈；要崇德向善、见贤思齐，努力在全党形成积善成德、明德惟馨，培育知荣辱、讲正气、作奉献、促和谐的良好风尚；要着力培育并身体力行社会主义核心价值观，做到言为士则、行为世范；要利用好中华优秀传统文化蕴含的丰富的思想道德资源，使之植根于党员内心，实现潜移默化、润物无声的效果。

一是保持高尚道德情操和健康生活情趣。要保持高尚道德情操和健康生活情趣，严格要求亲属子女，过好亲情关，教育他们树立遵纪守法、艰苦朴素、自食其力的良好观念，明白见利忘义是不道德的事情，要为全社会做表率。

二是弘扬劳模精神和社会主义核心价值观。"爱岗敬业、争创一流、艰苦奋斗、勇于创新、淡泊名利、甘于奉献"的劳模精神，生动诠释了社会主义核心价值观，是我们的宝贵精神财富和强大精神力量。要对标劳模精神和社会主义核心价值观，树立高尚精神追求，加强党性修养，筑牢思想道德防线，永葆政治本色，让思想自觉引领行动自觉，用行动自觉深化思想自觉，校准思想之标，调整行为之舵，绷紧作风之弦，要充分运用先进典型的示范引领作用和反面案例的深刻教育，特别是用身边事教育身边人，警示自己时刻用党章党规党纪规范自己，用共产党员标准严格要求自己。

三是把加强道德修养作为人生必修课。面对纷繁复杂的社会现实，党员特别是领导干部务必把加强道德修养作为十分重要的人生必修课，自觉从中华优秀传统文化中汲取营养，老老实实向人民群众学习，时时处处见贤思齐，以严格标准加强自律、接受他律，努力以道德的力量去赢得人心、赢得事业成就。

（四）发挥作用合格

始终坚持讲奉献，发挥先锋模范作用，是做合格党员的责任义务。作为一个有9000多万党员的大党，这支庞大的队伍有没有战斗力，能不能发挥先锋模范作用，事关我们伟大事业的成败。在革命、建设、改革的历史进程中，无数优秀共产党员在不同岗位上展现了敢于担当的宝贵品格。在烽火连天的战争岁月，共产党员心怀崇高革命理想，用气吞山河的英雄气概谱写了惊天地、泣鬼神的历史篇章。在和平建设和改革开放时期，广大共产党员同样表现出敢为人先的担当精神，哪里有困难、哪里最危险，哪里就有共产党员的身影。李大钊、方志敏、邱少云、雷锋、王进喜、焦裕禄、杨善洲、沈浩……就是不同历史时期中国共产党人无私奉献、敢于担当的杰出楷模。新时代党员敢担当、善担当，就要有谋改革、促发展、保稳定的紧迫感和责任感，具有只争朝夕、时不我待的干事创业、开拓进取的精气神，平常时候看得出来，关键时刻冲得上去，在实现民族复兴的伟大征程中时刻善作善为、建功立业，彰显共产党人的风采。

"空谈误国，实干兴邦"，做合格党员不能只是嘴上说说，或纸上谈兵，而是必须落实到实际行动上的身体力行。每个党员都是国家这个大机器中的一枚螺丝钉，力量虽小却不可或缺，只有大家都发挥出各自的作用，整个机器才能顺利运转，国家才能更加富强。我们中华民族的伟大复兴中国梦，需要广大党员干部的团结协作，需要每个党员干部的作用发挥。在每个行业、每个岗位，每个党员都要"撸起袖子加油干"，营造起浓厚的干事创业氛围，团结起推动发展的强大力量。

一是把人民放在心中最高位置。全党同志要把人民放在心中最高位置，坚持全心全意为人民服务的根本宗旨，实现好、维护好、发展好最广大人民根本利益，把人民拥护不拥护、赞成不赞成、高兴不高兴、答应不答应作为衡量一切工作得失的根本标准，使我们党始终拥有不竭的力量源泉。

二是充分发挥先锋模范作用。要严格党员日常教育和管理，使广大党员平常时候看得出来、关键时刻站得出来、危急关头豁得出来，充分发挥先锋模范作用。

三是弘扬铁一般的担当精神。"无私才能无畏，无私才敢担当，心底无私天地宽。"敢于担当是中国共产党先进性的题中应有之义，是中国共产党人的鲜明政治品格。党的干部必须坚持原则、认真负责，面对大是大非敢于亮剑，面对矛盾敢于迎难而上，面对危机敢于挺身而出，面对失误敢于承担责任，面对歪风邪气敢于坚决斗争。

二、新时代发展党员的工作流程

这一部分主要回答怎么样做好发展党员工作的问题。

根据《中国共产党发展党员工作细则》（以下简称《细则》）规定，发展党员共分为5个阶段25个步骤。5个阶段包括：申请入党；入党积极分子的确定和培养教育；发展对象的确定和考察；预备党员的接收；预备党员的教育、考察和转正。

（一）申请入党

▶ 递交入党申请书

《细则》规定：年满十八岁的中国工人、农民、军人、知识分子和其他社会阶层的先进分子，承认党的纲领和章程，愿意参加党的一个组织并在其中积极工作、执行党的决议和按期交纳党费的，可以申请加入中国共产党。

入党申请书由本人自愿提出、书面申请，应当向工作、学习所在单位党组织提出入党申请，没有工作、学习单位或工作、学习单位未建立党组织的，应当向居住地党组织提出入党申请。流动人员还可以向单位所在地党组织或单位主管部门党组织提出入党申请，也可以向流动党员党组织提出入党申请。

▶ 党组织派人谈话

《细则》规定：党组织收到入党申请书后，应当在一个月内派人同入党申请人谈话，了解基本情况。

由党支部书记或副书记或组织委员与入党申请人进行谈话，主要是了解入党申请人基本情况，介绍入党条件和程序，加强教育引导等。

（二）入党积极分子的确定和培养教育

▶ 推荐和确定入党积极分子

《细则》规定：在入党申请人中确定入党积极分子，应当采取党员推荐、群团组织推优等方式产生人选，由支部委员会（不设支部委员会的由支部大会，下同）研究决定，并报上级党委备案。

范围：已递交入党申请书且党组织已派人与其进行谈话的入党申请人。

方式：党员推荐、群团推优等方式产生入党积极分子人选。

决定：支部委员会（支部大会）集体研究决定。

注意：综合运用推荐、推优结果，防止简单以票取人。

▶ 报上级党委备案

需要上报的材料：入党申请人基本情况；推荐、推优情况；支部委员会意见等。需要注意的要求：了解入党积极分子是否具备条件，手续是否齐全；发放《入党积极分子、发展对象培养教育考察登记表》。入党积极分子备案审查合格的，基层党委要将《入党积极分子、发展对象培养教育考察登记表》发给党支部，党支部负责按培养教育进度据实填写。

▶ 指定培养联系人

《细则》规定：党组织应当指定一至两名正式党员作入党积极分子的培养联系人。培养联系人的主要任务是：（一）向入党积极分子介绍党的基本知识；（二）了解入党积极分子的政治觉悟、道德品质、现实表现和家庭情况等，做好培养教育工作，引导入党积极分子端正入党动机；（三）及时向党支部汇报入党积极分子情况；（四）向党支部提出能否将入党积极分子列为发展对象的意见。

▶ 培养教育考察

《细则》规定：党组织应当采取吸收入党积极分子听党课、参加党内有关活动，给他们分配一定的社会工作以及集中培训等方法，对入党积极分子进行马克思列宁主义、毛泽东思想和中国特色社会主义理论体系教育，党的路线、方针、政策和党的基本知识教育，党的历史和优良传统、作风教育以及社会主义核心价值观教育，使他们懂得党的性质、纲领、宗旨、组织原则和纪律，懂得党员的义务和权利，帮助他们端正入党动机，确立为共产主义事业奋斗终身的信念。

方式方法：党支部每半年对入党积极分子进行一次考察。基层党委每年对入党积极分子队伍状况作一次分析。针对存在的问题，采取改进措施。

相关要求：入党积极分子工作、学习所在单位（居住地）发生变动，应当及时报告原单位（居住地）党组织。原单位（居住地）党组织应当及时将培养教育等有关材料转交现单位（居住地）党组织。现单位（居住地）党组织应当对有关材料进行认真审查，并接续做好培养教育工作。培养教育时间可连续计算。

（三）发展对象的确定和考察

🚩 **确定发展对象人选**

《细则》规定：对经过一年以上培养教育和考察、基本具备党员条件的入党积极分子，在听取党小组、培养联系人、党员和群众意见的基础上，支部委员会讨论同意并报上级党委备案后，可列为发展对象。

相关要求：听取党小组、培养联系人、党员和群众意见。

确定方式：支部委员会讨论同意，支委会研究决定后要将拟确定发展对象情况公示五个工作日，并记录公示结果，确定发展对象人选。

🚩 **报上级党委备案**

要求：认真审查；提出意见。

注意：同意后列为发展对象。

🚩 **确定入党介绍人**

《细则》规定：发展对象应当有两名正式党员作入党介绍人。入党介绍人一般由培养联系人担任，也可由党组织指定。受留党察看处分、尚未恢复党员权利的党员，不能作入党介绍人。

入党介绍人的主要任务是：（一）向发展对象解释党的纲领、章程，说明党员的条件、义务和权利；（二）认真了解发展对象的入党动机、政治觉悟、道德品质、工作经历、现实表现等情况，如实向党组织汇报；（三）指导发展对象填写《中国共产党入党志愿书》，并认真填写自己的意见；（四）向支部大会负责地介绍发展对象的情况；（五）发展对象批准为预备党员后，继续对其进行教育帮助。

🚩 **进行政治审查**

《细则》规定：党组织必须对发展对象进行政治审查。政治审查的主要内容是：对党的理论和路线、方针、政策的态度；政治历史和在重大政治斗争中的表现；遵纪守法和遵守社会公德情况；直系亲属和与本人关系密切的主要社会关系的政治情况。

基本方法：同本人谈话、查阅有关档案材料、找有关单位和人员了解情况以及必要的函调或外调。在听取本人介绍和查阅有关材料后，情况清楚的可不函调或外调。对流动人员中的发展对象进行政治审查时，还应当征求其户籍所在地和居住地基层党组织的意见。

政治审查必须严肃认真、实事求是，注重本人的一贯表现。审查情况应当形成结论性材料。凡是未经政治审查或政治审查不合格的，不能发展入党。

🚩 开展集中培训

《细则》规定：基层党委或县级党委组织部门应当对发展对象进行短期集中培训。培训时间一般不少于三天（或不少于二十四个学时）。培训时主要学习党章、《关于党内政治生活的若干准则》等文件。中共中央组织部组织编写的《入党教材》，可以作为学习辅导材料。未经培训的，除个别特殊情况外，不能发展入党。

（四）预备党员的接收

🚩 支部委员会审查

《细则》规定：支部委员会应当对发展对象进行严格审查，经集体讨论认为合格后，报具有审批权限的基层党委预审。基层党委对发展对象的条件、培养教育情况等进行审查，根据需要听取执纪执法等相关部门的意见。审查结果以书面形式通知党支部，并向审查合格的发展对象发放《中国共产党入党志愿书》。发展对象未来三个月内将离开工作、学习单位的，一般不办理接收预备党员的手续。

🚩 上级党委预审

方法：对发展对象的条件、培养教育情况等进行审查，根据需要听取执纪执法等相关部门的意见。

要求：根据审查情况和党支部公示结果，将审查意见以书面形式通知党支部。审查合格的，发放《中国共产党入党志愿书》。

注意：发展对象未来三个月内将离开工作、学习单位的，一般不办理接收预备党员的手续。

🚩 填写入党志愿书

🚩 支部大会讨论

支部大会讨论接收预备党员的主要程序是：（一）发展对象汇报对党的认识、入党动机、本人履历、家庭和主要社会关系情况，以及需向党组织说明的问题；（二）入党介绍人介绍发展对象有关情况，并对其能否入党表明意见；（三）支部委员会报告对发展对象的审查情况；（四）与会党员对发展对象能否入党进行充分讨论，并采取无记名投票方式进行表决。赞成人数超过应到会有表决权的正式党员的半数，才能通过接收预备党员的决议。因故不能到会的有表决权的正式党员，在支部大会召开前正式向党支部提出书面意见的，应当统计在票数内。

要求：支部大会讨论两个以上的发展对象入党时，必须逐个讨论和表决。

🚩 上级党委派人谈话

《细则》规定：党委审批前，应当指派党委委员或组织员同发展对象谈话，作进一步的了解，并帮助发展对象提高对党的认识。谈话人应当将谈话情况和自己对发展对象能否入党的意见，如实填写在《中国共产党入党志愿书》上，并向党委汇报。

🚩 上级党委审批

《细则》规定：党支部应当及时将支部大会决议写入《中国共产党入党志愿书》，连同本人入党申请书、政治审查材料、培养教育考察材料等，一并报上级党委审批。

支部大会决议主要包括：发展对象的主要表现；应到会和实际到会有表决权的党员人数；表决结果；通过决议的日期；支部书记签名。预备党员必须由党委（工委，下同）审批。乡镇（街道）党委所属的基层党委，不能审批预备党员，但应当对支部大会通过接收的预备党员进行审议。党总支不能审批预备党员，但应当对支部大会通过接收的预备党员进行审议。除另有规定外，临时党组织不能接收、审批预备党员。党组不能审批预备党员。

内容：主要审议审批对象是否具备预备党员条件、入党手续是否完备。

要求：必须集体讨论和表决；审批两个及以上的审批对象入党时，应当逐个审议和表决。

时间：应当在三个月内审批。如遇到特殊情况可适当延长审批时间，但不能超过六个月。

注意：乡镇（街道）党委所属的基层党委，党总支、党组不能审批预备党员；除另有规定外，临时党组织不能接收、审批预备党员。

🚩 再上一级党委组织部门备案

《细则》规定：党组织应当及时将上级党委批准的预备党员编入党支部和党小组，对预备党员继续进行教育和考察。

目的：掌握预备党员结构、分布、质量等情况，发现问题及时解决。

（五）预备党员的教育、考察和转正

🚩 编入党支部和党小组

要求：及时将上级党委批准的预备党员编入党支部和党小组，对预备党员继续进行教育和考察。

🚩 入党宣誓

《细则》规定：预备党员必须面向党旗进行入党宣誓。入党宣誓仪式，一般由基层党委或党支部（党总支）组织进行。

🚩 继续教育考察

《细则》规定：预备党员的预备期为一年。预备期从支部大会通过其为预备党员之日算起。预备党员预备期满，党支部应当及时讨论其能否转为正式党员。认真履行党员义务、具备党员条件的，应当按期转为正式党员；需要继续考察和教育的，可以延长一次预备期，延长时间不能少于半年，最长不超过一年；不履行党员义务、不具备党员条件的，应当取消其预备党员资格。预备党员违犯党纪，情节较轻，尚可保留预备党员资格的，应当对其进行批评教育或延长预备期；情节较重的，应当取消其预备党员资格。预备党员转为正式党员、延长预备期或取消预备党员资格，应当经支部大会讨论通过和上级党组织批准。

🚩 提出转正申请

预备党员转正的手续是：本人向党支部提出书面转正申请；党小组

提出意见；党支部征求党员和群众的意见；支部委员会审查；支部大会讨论、表决通过；报上级党委审批。讨论预备党员转正的支部大会，对到会人数、赞成人数等要求与讨论接收预备党员的支部大会相同。

🚩 支部大会讨论

支部大会讨论、表决程序：（一）预备党员汇报思想情况。申请转正的预备党员向支部党员大会汇报自己在预备期间的表现，肯定成绩和进步，找出缺点和不足，表明自己的态度和决心，向党组织说明有关问题。（二）预备党员所在党小组介绍情况、提出意见。预备党员所在党小组介绍预备党员在预备期间的表现情况，并提出预备党员能否按时转正的小组意见（如未设立党小组，不涉及此环节）。（三）支委会介绍情况、提出意见。支委会介绍对预备党员的审查情况，并提出预备党员能否转为正式党员的意见。（四）支部大会讨论、表决。支部大会进行讨论，与会党员充分发表意见，并采取无记名投票的方式进行表决，作出预备党员按期转正、延长预备期或取消预备党员资格的决议，将支部大会决议写入《中国共产党入党志愿书》。讨论预备党员转正的支部大会，对到会人数、赞成人数等要求与讨论接收预备党员的支部大会相同。

决议主要包括：预备党员在预备期间的主要表现；支部大会讨论情况；党员应到、实到会议人数；表决结果；通过决议的日期；支部书记签名等。

🚩 上级党委审批

《细则》规定：党委对党支部上报的预备党员转正的决议，应当在三个月内审批。审批结果应当及时通知党支部。党支部书记应当同本人谈话，并将审批结果在党员大会上宣布。党员的党龄，从预备期满转为正式党员之日算起。

🚩 材料归档

《细则》规定：预备党员转正后，党支部应当及时将其《中国共产党入党志愿书》、入党申请书、政治审查材料、转正申请书和培养教育考察材料，交党委存入本人人事档案。无人事档案的，建立党员档案，由所在党委或县级党委组织部门保存。

知识点

入党宣誓仪式的一般程序

1. 宣布仪式开始，全体起立，奏《国际歌》；2. 党组织负责同志致词；3. 预备党员宣誓（宣誓人、领誓人面向党旗，一般举右手握拳，领誓人领誓）；4. 参加宣誓的预备党员代表讲话；5. 自由发言（参加宣誓的人员都可以发言）；6. 党组织负责同志讲话；如上级党组织派人参加，也应请其讲话。根据实际情况，以上程序可作适当调整。

 习近平讲党史故事

深藏功名的战斗英雄张富清的故事

老党员张富清是原西北野战军359旅718团2营6连战士，在解放战争的枪林弹雨中九死一生，先后荣立一等功三次、二等功一次，被西北野战军记"特等功"，两次获得"战斗英雄"荣誉称号。1955年，张富清退役转业，主动选择到湖北省最偏远的来凤县工作，为贫困山区奉献一生。60多年来，张富清刻意尘封功绩，连儿女也不知情。2018年底，在退役军人信息采集中，张富清的事迹被发现，这段英雄往事重现在人们面前。习近平指出，老英雄张富清60多年深藏功名，一辈子坚守初心、不改本色，事迹感人。在部队，他保家卫国；到地方，他为民造福。他用自己的朴实纯粹、淡泊名利书写了精彩人生，是广大部队官兵和退役军人学习的榜样。要积极弘扬奉献精神，凝聚起万众一心奋斗新时代的强大力量。

第十七讲
主题党日

　　主题党日是基层党组织在党员教育管理中，开展的一系列旨在增强党员政治思想素质和专业技能素养的党内活动，是落实"三会一课"，加强党员教育管理，对党员进行党性锻炼，促进党员发挥先锋模范作用，加强党组织自身建设的有效载体。近年来，特别是在"两学一做"学习教育中，许多地方和部门系统以党支部为单位开展主题党日活动，深化学习教育效果，受到广大基层党员和干部、群众的欢迎。实践证明，支部主题党日接地气、有实效，是党的组织生活方式的重要创新。

一、主题党日的基本知识

（一）主题党日的基本内涵

　　从概念角度看，主题党日包括"主题"和"党日"两个主要内容。"党日"一词出现在党内文件最早是1936年9月，中国工农红军第十五军团政治部的《关于党支部工作的总结》一文中明确要求，每个星期日及星期三的党日用来上党课召开党的会议等，这是"党日"的最早出处。"党日"即固定的党的活动日。

　　2006年中共中央办公厅印发的《关于做好党员联系和服务群众工作的意见》一文中提到"党员要积极参加党组织开展的以服务群众为主要内容的主题实践活动"，开始引入"主题"这一概念。2017年3月，《关于推进"两学一做"学习教育常态化制度化的意见》,要求"推广党支部主题党日",标志着主题党日在全国全面推行。2018年,党中央制定的《中国共产党支部工作条例(试行)》把主题党日上升为党内法规内容,主题党日制度在各领域的党支部迅速得到全面推行。

由此可见,主题党日是我党历史上"党日制度""党员活动日制度""党员主题实践活动"的延续和集大成,汲取了党在革命、建设和改革历程中积累的诸多党支部建设宝贵经验,是党组织生活形式的重要创新。

2014年10月,在党的群众路线教育实践活动总结大会上,习近平总书记指出:"党内政治生活和组织生活都要讲政治、讲原则、讲规矩,不能搞假大空,不能随意化、平淡化,更不能娱乐化、庸俗化。"[①]这一论述,是做好主题党日活动的根本遵循。经过这些年的实践发展,主题党日这一活动载体,从"自选动作"到"规定动作"、从"软要求"到"硬指标"、从"补充"到"前台",已成为加强基层党组织建设,提高党支部战斗力,保持党员先进性的重要抓手。实践中,主题党日活动时间固定、主题鲜明、党味浓厚、紧贴实际、形式灵活,深受党员和群众欢迎,成为广大党员政治学习的阵地、思想交流的平台、锤炼党性的熔炉,基层党组织的政治功能和服务功能不断得到增强,组织力进一步得到提高。但是,如何使党日活动主题更凸显、效果更明显仍然是值得思索和探讨的问题。

(二)主题党日的创新之处

建党以来,我们党形成了"三会一课"制度、民主生活会和组织生活会制度、谈心谈话制度、对党员进行民主评议、请示报告等党的组织生活各项制度。既然党内组织生活形式有很多种,为什么还要强调主题党日?要回答这个问题,需要明确主题党日的创新之处。

一是主题党日创新了党内组织生活方式。《中国共产党支部工作条例(试行)》中明确规定,党支部每月相对固定一天开展主题党日,组织党

---

① 《习近平在党的群众路线教育实践活动总结大会上的讲话》,新华网,2014年10月18日。

员集中学习、过组织生活、进行民主议事和志愿服务等。主题党日制度以党内法规形式固定下来，解决了党内组织生活时间不统一、不规范、应付了事的问题，统筹党支部的组织生活，让活动和学习一起进行，接地气、有实效，既武装了党员思想，锤炼了党性，又推动了工作，受到广大基层党员和干部群众的欢迎。

二是主题党日突出了党员身份意识。党员是党的肌体细胞，党的先进性、纯洁性来源于党员的先进性、纯洁性。理想信念是共产党人的政治灵魂，是共产党人保持先进性和纯洁性的强大精神动力。习近平总书记指出："坚定理想信念，坚守共产党人精神追求，始终是共产党人安身立命的根本。"[1]党性如铁，淬炼才能成钢。主题党日是加强理想信念教育、强化党性锤炼的"大熔炉"，强化政治性、体现庄重感，强化政治功能、教育功能、管理功能、服务功能，让党员同志感受到满满"仪式感"。每月支部主题党日当天，所有党员按规定按标准主动向支部交纳党费，不准从工资中代扣，不准一次性交纳，时刻唤醒党员的身份意识。在严肃的主题党日活动中，党员不断实现自我净化、自我完善、自我革新、自我提高。在主题党日活动上，要求党员戴党员徽章，组织党员交纳党费、上党课、唱国歌、重温入党誓词、过组织生活、诵读党章、过政治生日、开展红色教育、参加志愿服务、民主议事等，有助于党员牢记自己的第一身份是共产党员，第一职责是为党工作，做到知党、爱党、护党，听党话，跟党走；牢记党的宗旨，挺起共产党人的精神脊梁，把好世界观、人生观、价值观"总开关"。

三是主题党日优化了政治生态。主题党日的每一个动作，都饱含着满满的正能量。组织党员和群众代表对涉及支部重大决策、重点工作和涉及群众切身利益的事项开展民主讨论，解决过去议事存在的"一言堂"、干部办事"一手抓"问题，激发广大党员的议事热情，让党内民主氛围、民主意识更加浓厚。各党支部在每月支部主题党日期间，把本月的党务、

---

[1] 2012年11月17日习近平在第十八届中共中央政治局第一次集体学习时的讲话。习近平：《紧紧围绕坚持和发展中国特色社会主义学习宣传贯彻党的十八精神》，《人民日报》，2012年11月19日。

政务、财务等内容在党员大会上通报，并在户外公开栏公开，让"阳光党务""阳光政务"落地落实，让广大党员放心服气。

（三）主题党日的相关要求

支部主题党日作为一项制度安排，一般根据不同类型党支部特点，每月相对固定一天，每次确定主题，组织党员集中学习、听党课、交纳党费，开展民主议事和志愿服务等活动。开展支部主题党日，要明确主题，紧扣"两学一做"内容，结合支部和党员实际，把思想和工作摆进去，让党员每次都有收获。要注重主题党日的政治性和庄重感，让党员从中得到锻炼、受到熏陶，不能搞成茶话会甚至游山玩水、观光娱乐。要通过定期开展活动，让党员养成经常参加组织生活的习惯和自觉，增强对党组织的归属感，使党组织更有凝聚力、影响力。

二、主题党日的实践路径

习近平总书记指出："要创新方式方法，增强吸引力和感染力，提高组织生活质量和效果。"[①]这就要求党的组织生活要紧跟时代步伐，紧贴实际需求，紧扣当前问题，根据这些要求，主题党日活动的开展要从结合实际、宣传引导、创新方式、总结提升等方面下工夫。

（一）在强化政治功能中开展主题党日活动

主线是灵魂。确保"主题党日"活动要贯穿党员党性教育这根主线，以学习贯彻习近平新时代中国特色社会主义思想为主题党日灵魂。习近平新时代中国特色社会主义思想，贯穿着马克思主义立场观点方法，闪耀着马克思主义真理光芒，展现了当代中国共产党人的政治立场、价值追求、精神风范，具有鲜明的理论品格。主题党日要结合"两学一做"学习教育

---

① 2016年10月27日习近平在党的十八届六中全会第二次会议上的讲话，《习近平关于全面从严治党论述摘编》，北京：中央文献出版社，2016年，第143页。

制度化常态化,"不忘初心、牢记使命"长效机制和党史学习教育,将习近平新时代中国特色社会主义思想、党的十九大精神和党章党规等作为主题党日必学内容,强化政治引领、突出理论武装,强化思想教育功能,使党日活动有思想、有灵魂,既让每位党员深刻掌握习近平新时代中国特色社会主义思想的核心要义、精神实质、丰富内涵,又准确把握贯穿其中的马克思主义立场观点方法,在学懂弄通做实上下工夫,努力打通理论与实践相结合的"最后一公里"。

主题是抓手。《中国共产党支部工作条例（试行）》规定:"主题党日开展前,党支部应当认真研究确定主题和内容。"好的主题使人既能精神振奋、灵魂升华,又能沁人心扉、回味无穷。主题党日要根据党内学习教育、党中央和上级党委决策部署,结合单位和支部实际确定,既要紧盯中央,把握党和国家大政方针政策和党委决策部署,也要结合支部党员思想工作实际,做到有的放矢、解决问题；既要立意深远,寓意深刻,具有很强的理论性、指导性,又要具有实践意义,对实践能够起指导性的作用。

政治是首位。"党日"姓"党",内涵在"党味",重点在"政治"。主题党日活动现场要设置会标,悬挂党旗,党员要佩戴党徽,通过强化主题党日活动的庄重感、仪式感,突出主题党日的政治性、严肃性,让党员在"形式"中增强党员意识,提升党性观念。

（二）在载体形式创新中开展主题党日活动

固定时间。有的党支部组织生活存在"说起来重要、做起来次要、忙起来不要"的问题,时间一再随意调换,甚至以工作繁忙为借口不开展活动。主题党日需要党支部每月相对固定一天来开展,必须严肃主题党日活动开展时间,将开展主题党日活动固化为一种制度、一种常态,让党员养成经常参加组织生活的习惯和自觉。例如湖北咸宁,以"主题党日+"拓宽主题党日新途径,出台了《关于健全完善"主题党日+"长效机制的实施意见》,其核心内容概括为"一、二、六、+":"一"就是统一时间,规定全市各级党组织每月第一周周一下午开展"主题党日+"活动;

"二"就是活动开展要覆盖每个党支部、每名党员;"六"就是诵读党章、缴纳党费、学习党规党情、开展组织生活、实行民主议事、落实公开制度的"六事联动"规定动作;"+"就是各党支部结合自身实际,自选动作,积极探索丰富多彩的活动内容。再比如,青海化隆县将每月的1号固定为党员活动日,村党组织"三会一课"、党员教育培训、党员活动、民主评议党员、组织生活会等统一安排在每月1号进行。各乡镇党委严格制定规定,推动制度落实,村党组织建立考勤制度。同时,将固定党日活动作为民主评议党员、党员先锋指数考评和村党组织年度目标责任考核的重要内容。要求驻村干部对固定党日开展情况进行全程参与并指导。县委组织部坚持每月督查、每月通报,将检查结果列入年度基层党建工作考核的重要内容。

挖掘资源。目前有的党支部主题党日活动形式单调,缺乏吸引力,党员刻板应付,存在形式主义。高质量的主题党日活动,不仅要严肃认真,也要形式上灵活多样,具有吸引力和感召力。要应用新技术手段,打造网上主题党日新阵地,实现线上线下相结合。使用互联网、党员微信群、党务APP等平台发布学习资料,组织党员进行网上答题和思想交流;利用网上图、文、声、像等生动直观教学资源,开展教育培训。例如,策克口岸经济开发区综办党群联合党支部以"学习强国"平台为载体,围绕创建学习型党组织,组织了一次别开生面的主题党日活动。活动主要包括以下内容:一是进行一次线上学习。通过"学习强国"APP向支部党员发起线上微党课,大家围绕文明健康、生态环保、疫情防控等主题进行集体学习,并结合实际,对目前工作中存在的问题展开讨论。二是在"学习强国"平台上观看一次抗疫先进事迹宣传片。一幕幕感人的画面、一句句朴实的语言,是战疫场上千千万万奋斗者的缩影。三是开展一次"学习强国"挑战答题人比拼。通过"书记带头答、党员抢答"的形式,激发全体党员学习热情,形成了你追我赶、争先恐后的学习氛围。可以党的重要纪念活动为契机,以党史、国史、改革开放史及各种革命遗址旧址如焦裕禄纪念馆、红旗渠、大别山红色教育基地等红色文化资源为依托,开展主题党日红色教育,组织党员唱红歌,重温入党誓词,弘扬革命精神。还可以把思想政治教育和实践体验活动结合起来，探索情景性、体验性活动，组织党员走进工作一线、走进教育基地、深入社区，开展现场教育、提供现场服务、从事志愿活动、带头教书育人，让党员学起来、干起来，让学生课堂、红色基地、警示教育、志愿服务、扶贫现场等成为主题党日的主战场。

（三）在中心工作链条中开展主题党日活动

结合业务工作开展。习近平总书记指出："基层党组织组织能力强不强，抓重大任务落实是试金石，也是磨刀石。"[①]坚持党建引领，规范落实主题党日制度，结合工作实际，围绕加强党性锻炼、提高素质能力、发挥先锋作用安排活动内容，组织党员集中学习、过组织生活，加强党员管理，推进组织生活常态化、制度化、长效化，把"党的一切工作到支部"的要求落到实处，推进全面从严治党向纵深发展。例如，厦门海沧在874个基层党支部推行"学""会""做""工""课"的"党日五件事"工作制度，使之更加具体化、规范化、常态化，确保从严治党在基层落实、落细、落小。"学"：组织党员学习。采取诵读党章、理论辅导、专题研讨、"党员e家"等形式，组织党员学习党章党规、学习习近平总书记系列重要讲话精神，将"四个意识"和党性观念固化于心。"会"：召开党员大会。组织召开党员大会、支委会和党小组会，严格落实双重组织生活制度，通过在会议场地悬挂党旗，党员佩戴党徽等方式，凸显庄重感和仪式感。"做"：开展党性实践。通过组织参观党性教育基地、开展党员志愿服务、本职岗位创先争优、在职党员进社区为群众服务等活动，依托党建富民强村"三带三创"示范基地、"马上办、就近办"党员服务平台等载体，建立"党员责任清单"，引导党员为服务经济发展、民生保障等中心工作发挥作用。"工"：落实党务工作。组织党员过"政治生日"，通过现场逐人交纳党费、重温入党誓词等方式，时刻唤醒党员身份意识。集中开展党籍管理、接转党员组织关系、处置不合格党员等工作，从严抓紧

---

① 2018年7月3日习近平在全国组织工作会议上的讲话。喻云林：《让基层党组织焕发强大组织力》，《中国组织人事报》，2019年2月25日。

党员各项教育管理。"课"：实施党课教育。充分发挥党委中心组学习的示范带动作用，区领导按照工作分工和"三联四抓"挂钩安排，每年至少到基层党支部上一次党课；其他党员领导干部每半年到挂钩联系的基层党支部上一次党课，建立专家师资库队伍的同时，以党支部书记备课授课为主，引领党员走进红色阵地、企业一线等形式，丰富党课内容、提高党课质量。

（四）在党员主体作用中开展主题党日活动

主题党日制度要实现对每个党支部、每名党员的全覆盖，让所有党支部都定期开展、所有党员都准时参加主题党日活动。主题党日活动计划要向全体党员公开，每次主题党日活动提前通知党员，运用宣传栏、微信平台等载体，公布活动时间、活动主题和活动内容，方便党员合理安排时间和个人事务，提前做好准备，确保活动质量。所有党员必须按时参加所在党支部的主题党日活动，如有特殊情况确实不能参加的，严格履行请假制度。对于一些无正当理由或借口业务工作忙故意不参加的党员，要上报党委并进行通报批评。请假或缺席主题党日的党员事后要"补课"，由党支部把"补课"情况上报上级党组织。建立动力驱动机制，把党员参加主题党日活动作为评价党性的重要标准，立下硬规矩、强化自觉性，使党员由"要我"参加转变为"我要"参加。主题党日活动前征求党员意见建议，商量确定活动议程、活动内容。在主题党日上，组织党员参与党支部重大事务的讨论，鼓励党员主动发言，谈认识、谈体会，激励党员模范带头、当好表率、树好标杆，激发党员参加组织生活的积极性、主动性。党员领导干部要放下架子，普通党员也要放下思想包袱，党员领导干部这个"关键少数"带动普通党员这个"绝大多数"一起参加主题党日活动，共同融入到组织生活中去。

 **案例**

广州市深化主题党日制度

在居民家门口开设民生服务集市、党员"社区规划师"助力老城区微改造、党员带头打好拆违攻坚战、党员志愿者走街串巷为居民群众普及河涌治理知识……2018年以来,广州市坚持从"小"处着手,从"细"处着力,把开展主题党日作为锻炼坚强党性、发挥党员作用的重要载体,以主题党日"小支点"撬动基层组织力"大提升",从主题设计、实施主体、组织方式等方面对主题党日制度进行全面规范,全市两万多个基层党组织通过推行创意主题党日、建立组织生活案例库等创新举措,促进了党员队伍教育质量的有效提升,激发了基层党建工作的生机活力,赢得了党员认可和群众点赞,凝聚形成了主题党日制度的"广州特色"。

中国梦再出发,
感悟祖国伟大风云录。

第十八讲
组织生活

党的组织生活是党的生活的重要内容，是党组织对党员进行教育、管理、监督的重要形式，主要依托党支部、党小组开展活动，主要形式有党员大会、支部委员会、党小组会、党员领导干部民主生活会以及党课、民主评议党员、评选先进党员和党组织等。

党的组织生活的内容一般包括：对党员进行党的知识教育，学习马克思主义基本理论和党的方针政策及有关业务知识，传达中央和上级党组织的文件、指示，开展批评与自我批评，发展党员，处理违纪党员和不合格党员，开展适合党员特点的各种形式的活动。党的组织生活的形式应当富有生气，丰富多彩，以起到对党员进行有效教育管理和凝聚感召的作用。

一、"党的组织生活"的由来与演变

无产阶级政党区别于其他政党的一个重要标志是严格党的组织生活。1847年，国际性的工人组织"正义者同盟"更名为"共产主义者同盟"，该同盟规定了民主选举、报告工作、交纳党费等制度，其中就包含有对组织生活的规定。《共产主义者同盟章程》第二十四条规定：支部、区部委员以及中央委员会至少每两周开会一次。第二十八条规定：盟员至少每三个月同所属区部委员会联系一次。1952年10月13日第十九次代表大会通过的《苏联共产党章程》第五十八条规定：在各部中央机关工作的全体共产党员，都编入该部的党组织。列宁坚持把参加党的一个组织并开展组织生活作为党员必备的条件之一,这是无产阶级政党史上的一个创举,是列宁对无产阶级政党组织生活的重要理论贡献。

中国共产党是一个以马克思主义为行动指南、以共产主义为奋斗目标的政党,自党诞生始就高度重视党的组织生活制度建设。从党的历史上看,党的组织生活在党的建设中具有基础性和根本性意义,严格党的组织生活,是党的重要政治优势。在开展党的组织生活中,党不仅形成了优良传统和作风,而且通过健全和完善制度,不断提高党的组织生活的质量,深入推进党的建设伟大工程。建党初期,通过党纲和党章把党的组织生活统一规范下来,组织生活紧紧围绕党的政治路线和任务开展。1922年7月中国共产党第二次全国代表大会通过的《关于共产党的组织章程决议案》中指出,党"组成一个做革命运动的并且一个大的群众党,我们就不能忘了两个重大的律",一是党的一切运动都必须深入到广大的群众里面去,二是党的内部必须有适应于革命的组织与训练。否则,"只有革命的愿望便不能够有力量去做革命的运动"。① 党领导革命胜利,前提是必须把党建设好,而党的政治生活、组织生活则是党建的重要基础。在党的建设中,党还把支部作为"党的命令传达所和宣传机关"。党的二大通过的《中国共产党章程》第十一条规定:各组,每星期由组长召集会议一次;各干部,每月召集全体党员或组长会议一次;各地方由执行委员会每月召集各干部会议一次;每半年召集本地方全体党员或组长会议一次;各区,每半年由执行委员会定期召集本区代表大会一次;全国代表大会每年由中央执行委员会定期召集一次。

古田会议前,毛泽东同志就主张"有计划地进行党内教育"。在古田会议上,他总结出召开"小组会""支部大会""支部委、组联席会"等18种进行党性教育的方法。延安时期,毛泽东同志高度重视党员领导干部讲党课,他自己还亲自参加。

中华人民共和国成立后,党的组织生活围绕党的工作中心、根据国家

---

① 中央档案馆:《中共中央文件选集(第1册)》,北京:中共中央党校出版社,1989年,第90页。

建设和发展面临的形势与任务，其内容和形式不断发生调整和变化，并融入党和国家的政治生活之中。从1950年开始，在基层支部逐步明确了"三会一课"制度，同时明确基层党员负责干部兼任党课辅导员。此后，党的组织生活制度不断丰富和完善。

党的十一届五中全会通过《关于党内政治生活的若干准则》，明确规定每个党员不论职务高低，都必须编入党的一个组织，参加组织生活。各级党委或常委都应定期召开民主生活会，交流思想，开展批评和自我批评。党的十二大将这一原则的基本内容写入了党章，而且将"党的一个组织"具体化为"党的一个支部、小组或其他特定组织"，增加了"接受党内外群众的监督""不允许有任何不参加党的组织生活、不接受党内外群众监督的特殊党员"等重要内容。改革开放以来的第一次整党，就包括加强党的组织生活和严格党的组织生活，同时也推进了党的组织生活制度化建设。党的十四大则进一步完善了这一原则的表述。此后，党章虽经修改，但这一重要原则被保持并巩固下来，确立为党的组织生活的基本政治规范和制度基础。

我们党自成立之日起就对组织生活制度严格执行。当时，党的"一大"代表周佛海，组织观念淡薄，对过组织生活高兴就参加，不高兴就不参加，不参加事先也不请假。后来，周佛海由于罔顾党组织规定，被开除出党。对不认真履行党员义务和不参加组织生活的党员，坚决予以组织处理和纪律处分。

我们党的领导人都是严格执行组织生活制度的楷模。在艰苦的革命岁月，毛泽东曾因临时有要事不能参加党小组会议，亲自到党小组开会的地方去请假。周恩来在红军长征过草地后的一天，曾就"为什么很长时间不开党小组会"的问题询问担任党小组组长的警卫员，原来是党小组看他工作忙而没有通知他。为此，他严肃地说，在我们党内，每个人都是普通党员，谁都要过组织生活，这是党性问题。朱德也从来是自觉参加党小组活动，而把不参加党小组活动视为搞"特殊化"，指出在我们党内只有特殊的工作，没有特殊的党员。

二、党的组织生活的主要内容和形式

党的组织生活是党的生活的重要内容,主要是指以学习党内文件、汇报思想、总结报告工作等为主要内容的支部大会、支委会、党小组会、党课和组织生活会,以及党员领导干部单独召开的党内民主生活会。

(一)组织生活的内容

党的组织生活大致包括以下内容。

1. 进行党员教育

主要是对党员进行党的性质、宗旨教育,党的基本路线教育,党风党纪教育,党的群众路线教育。传达中央及上级党组织的文件、指示,并组织党员学习讨论,领会其精神,同时结合本单位、本部门的实际,讨论本支部贯彻落实执行的计划和措施,提出意见和建议。

2. 学习马克思主义基本理论

主要是组织党员学习马克思列宁主义、毛泽东思想、邓小平理论、"三个代表"重要思想、科学发展观、习近平新时代中国特色社会主义思想,学会运用马克思主义的立场、观点和方法研究解决改革开放和社会主义现代化建设中出现的新情况、新问题。

3. 发扬党内民主

组织生活是党员参与党内事务、行使民主权利的主渠道。发扬党内民主,让党员参与党内各项事务的管理,充分发挥其积极性、主动性和创造性,是党的组织生活的重要内容。

4. 开展批评和自我批评

批评与自我批评是解决党内矛盾,清除各种错误思想的侵袭,保持党的肌体纯洁健康的有力武器,也是历来党的组织生活的重要内容。

5. 发展党员

做好发展党员工作是党的组织生活的又一项重要内容。发展党员的工作计划、培养考察的具体措施,都可以在组织生活内讨论、分工、落实和检查。

6. 处理违纪党员和不合格党员

对违纪党员和不合格党员进行党纪处理和组织处理，是保持党组织的纯洁性，提高党的战斗力的组织保证。这些问题处理一般都要经过支部大会全体党员讨论和决定。

7. 学习业务知识，开展有益活动

适应改革开放和现代化建设事业发展的要求，组织党员结合本单位实际学习有关的技术、业务知识，提高党员的文化业务素质，也是新形势下党的基层组织生活的一项重要内容和要求。党的基层支部应当通过多种多样的、内容丰富的形式，使党的组织生活更加生动活泼和充满活力，为提高党员的业务素质和能力创造条件。

（二）组织生活的形式

1. 支部大会

时间安排。一般每季度召开一次，可根据工作需要适当增加次数。

参加人员。支部全体党员参加，必要时上级党组织可派人参加。支部党员大会通过决议时，必须有支部五分之四以上有表决权的正式党员出席。根据会议内容的需要，支部党员大会有时可吸收非党干部或入党积极分子列席。一般由支部书记主持。

会议任务。一般包括：传达学习党的路线方针政策和上级党组织的决议、指示，制定本支部贯彻落实的计划、措施；听取审议支部委员会的工作报告，对支部委员会的工作进行审查和监督；讨论接受新党员和预备党员转正，讨论决定对党员的表彰，讨论对犯错误党员的处分和处置不合格的党员；选举新的支部委员会、增补或撤销支部委员、选举出席上级党代会的代表；讨论决定其他需要由支部党员大会讨论决定的重要问题。

会前准备。支委会根据上级党组织指示和本单位实际工作的需要，确定支部党员大会的议题。议题要明确，中心要突出，准备好拟提请支部党员大会讨论的报告、决议等材料的草案。然后，把会议的内容、目的、时间和要求，提前通知全体党员做好准备工作。

2. 支部委员会

时间安排。支委会一般每月召开一次,根据工作需要可临时召开支委会讨论研究问题和作出有关决策。

参加人员。全体支部委员参加。召开支部委员会议,必须要有超过半数的支部委员参加。否则,无权决定重大问题。如遇重大问题急需作出决定,而能到会的支部委员又不过半数,在这种情况下,只能召开支部党员大会对急需解决的重大问题进行讨论决定。召开支部委员扩大会议,列席会议的同志在会上可以发表意见,但没有表决权。

会议议题。一般包括:研究贯彻上级党委的指示和支部大会的决议,制定支部工作计划,检查总结工作;讨论参与单位重大问题决策的意见建议,讨论制定完成生产工作任务的措施和办法;研究党的建设和党员管理教育方面的问题;研究有关干部队伍建设方面的问题;讨论研究思想政治工作、精神文明建设和工、青、妇等群众组织工作。

3. 党小组会

党小组的划分。党支部划分党小组应根据本支部党员的数量、分布、工作需要等方面的情况综合考虑。一个支部所划分的党小组不宜过多。每个党小组不得少于三名党员(其中至少要有一名正式党员)。可根据工作需要,及时建立或调整党小组。党员人数较少的党支部,是否划分党小组,可根据实际情况研究确定。

时间安排和参会人员。党小组会一般每月开一至两次,工作需要时也可提前召开或增加开会次数。党小组全体党员参加。

会议主要内容。一般包括:组织学习,传达党内文件和党的决议,研究贯彻执行决议的办法;根据支部的布置,讨论本小组的工作以及党员应该承担和完成的工作任务;安排小组生活会,检查执行支部大会决议的情况,开展批评与自我批评;讨论分析要求入党的积极分子、发展对象和预备党员的思想、学习、工作状况,并向支部反映意见;分析并反映群众的思想情况和意见,帮助群众办实事、做好事。

4. 党课

时间安排。一般每半年至少安排一次党课,每次党课时间一般以

40～100分钟为宜。

讲课教员。由党支部成员或邀请上级党组织负责人和专家讲党课，支部书记要带头讲党课。

课前准备。确定课题、讲课时间和讲课教员，并及时通知党支部全体党员。课前，教员要认真备好课。要围绕所讲的专题，认真进行调查研究，了解党员的思想和工作情况，重点把握党员所关心和希望了解并需要回答的问题，掌握一个时期党员的思想动态，为备好课提供鲜活的素材。要结合上级精神，在熟悉课题内容、掌握基本观点的基础上，联系实际，归纳提炼，写出详细的讲课提纲或讲义。有条件的可制作光盘（电教片）。讲课内容要新鲜，观点要正确，努力回答党员思想上、工作中遇到的问题和最关心的问题，解开他们的思想扣子，做到有的放矢、讲其所需、解其所惑。

集中组织党员听课。党员（含预备党员，工作需要时还可安排入党积极分子）必须自觉参加党课学习，无特殊情况，不得请假或缺席。讲党课要善于学习，吸收新知识、发现新问题、接受新观点，更新观念、更新讲授的方式方法。老课题，要老课新讲，根据新的形势、新的任务和党员思想新的变化，充实新的内容，讲出新的味道。讲课中涉及的事例要真实、生动、典型、贴切，能抓住人心、说明问题。讲课要有逻辑性，做到脉络清晰、层次分明、深入浅出、通俗易懂。要善于运用各个学科的知识来说明问题，以丰富讲课的内容，拓宽讲课的路子，提高讲课的质量。

党支部组织的党课一般应控制在一到两个小时为宜，提倡普通党员讲"微党课"，十分钟、二十分钟也行。

5. 组织生活会

组织生活会是党支部或党小组以交流思想、总结经验教训、开展批评与自我批评为中心内容的组织生活的一种形式。党支部（党小组）组织生活会一般每年召开一至两次。一般由支部书记（党小组组长）支持。

方法：对照党的方针政策要求，检查党员发挥作用情况；选好第一个发言人和提批评意见的人；党员自我批评后，发动大家为其"画像"，点明优缺点；防止组织生活会没有"党味"。

内容：贯彻执行党的路线、方针、政策和上级党组织的决议情况；完成党组织交给的任务、履行党员义务的情况；在关键时刻经受考验的情况，包括在严峻的政治斗争面前、当人民的生命财产遭受损失以及面临严重困难需要个人作出牺牲时的表现情况；在平时工作、学习、生活中处理国家、集体、个人三者利益关系，服从党和人民利益、服从整体利益的情况；学习马克思列宁主义、毛泽东思想、邓小平理论、"三个代表"重要思想和科学发展观，不断地进行思想修养和思想改造的情况；遵守党的纪律情况。

知识点

党的组织生活的问题释疑

1. 没有转来组织关系的党员能否安排其参加党的组织生活？

在党员流动中，没有转来党员组织关系或没有出具党员证明信或没有出具流动党员活动证的，所去地方或单位的党组织，不得承认其党员身份和安排其参加党的组织生活。

2. 支部通过接收的预备党员在审批前能否参加党的组织生活？

按照党章规定，申请入党的人，要经支部大会讨论通过和上级党组织批准，才能成为预备党员。因此，申请入党的人在上级党组织批准其为预备党员后，才能参加党的组织生活。

3. 保留团籍的青年党员应怎么样参加组织生活？

保留团籍的青年党员应继续参加团支部的组织生活和活动。遇到党团组织活动时间相冲突，一般应参加党的组织生活和活动；也可以在征得党组织同意后，参加团的组织生活和活动。

4. 什么是双重组织生活会？

双重组织生活会是指由党委（常委）、党组召开的民主生活会和党的支部委员会或党小组会召开的组织生活会。

5. 民主生活会的主题如何确定？

民主生活会主题，一般由上级党组织统一确定，或者由领导班子根据自身建设实际确定，并报上级党组织同意。

6. 长期外出党员如何过组织生活？

组织党员过好党的组织生活，是党的基层组织的一项重要工作。对长期外出的党员，党组织要区别不同情况，采取多种办法，解决好他们过组织生活的问题。

一是因公外出的党员，如被借调到另一单位帮助工作，或者被派到外单位实习、进修等，时间超过半年的，应带组织关系介绍信；时间在一月以上、半年以内的，可带党员证明信，由所到单位的党组织，把他们编入支部和小组参加党的组织生活，阅读党内有关文件，听取有关报告，没有表决权、选举权和被选举权。

二是对由单位组织长期外出执行任务，时间超过半年，正式党员在三人以上，均应成立党支部或党小组，组织他们过好组织生活。党支部或党小组负责人应定期向原单位党组织汇报党员的思想、工作等情况。

三是对自发组织长期外出的党员，地点固定，正式党员在三人以上的，应建立临时党支部或党小组，由原单位党组织或所在地党组织领导，安排并监督他们过好组织生活。其临时党组织的负责人应与原单位或所在地党组织保持联系，定期汇报组织生活及党员的思想和表现情况。

四是对政策允许，单独外出，地点固定，外出时间在一月以上、半年以内的党员，应开党员证明信，外出时间在半年以上的，应转组织关系，由所在地党组织把他们编入党支部和党小组，参加党的组织生活。单独长期外出，地点不固定，无法参加党支部和党小组活动的党员，党支部要根据具体情况，规定他们定期向党组织汇报学习、思想和工作情况，以便接受党组织的教育和监督。

7. 离退休或退职党员如何过组织生活？

对离休、退休、退职的党员，党组织应加以关心和爱护，根据中央有关规定，对他们的组织生活，应分别不同情况妥善安排。

一是凡就地安置并归原单位管理的离休、退休干部中的党员，原单位的党组织应将他们编入支部，或建立离、退休干部支部。居住地离原单位较远的，可根据具体情况，将他们单独编成小组或支部，由党组织指派专人负责联系，也可以与居住地的街道党委联系，平时在街道参加一定的社会活动，定期回原单位参加党的组织生活，过去已转归街道党委管理的离、退休党员干部，可仍在街道参加党的组织生活。

二是就地安置的退休工人党员和退职干部党员，其党的组织关系一般应转到居住地区街道（或农村）的党组织，他们的组织生活应当由街道（或农村）党组织安排。

三是易地安置的离休、退休、退职党员，其党的组织关系应转到接受地区，由接受地区的党组织负责安排和组织他们参加党的组织生活。

四是离休、退休党员，因看病、探望子女和亲属，外出时间超过六个月的，所在单位的党组织，应给他们开具党员证明信（即临时组织关系介绍信），有关单位（或地区）的党组织，应接受并安排其参加党的组织生活。

五是对于年老多病、行动不便的党员，可根据他们的身体状况，适当组织他们参加党内有关会议和其他活动。党组织应指定党员负责联系，向他们传达党内文件精神，并反映他们的意见和要求。

六是离休、退休党员较多的地区或单位，为使他们及时看到文件或听到文件的传达，党组织可根据具体情况，适当增发一部分文件，作为专用，由专人负责保管。

七是安排离休、退休、退职的党员过组织生活，参加社会活动，要照顾他们的身体情况，次数不宜过多，负担不宜过重。

8. 临时外出党员如何过组织生活？

一是党员长期外出，且有固定单位，时间在六个月以上，不能回原单位参加组织生活的，单位的党组织可将他们的组织关系转到外出所在单位的党组织，参加当地党组织的组织生活。

二是党员外出在三个月以上六个月以内的，原单位党组织可出具党员证明信，由所到单位的党组织将其编入党支部或党小组过组织生活。

三是党员外出地点不固定，不能按时参加党的组织生活的，时间在三个月以上者，应主动与原单位党组织保持经常联系，汇报外出情况，并按时交纳党费，定期向党组织汇报思想、工作情况。

四是党员临时出差（三个月以内），经党组织同意，可暂不参加组织生活，返回原单位后应向党组织汇报外出期间的工作、学习、思想等情况。党组织要组织他们过组织生活，传达党内有关文件。

五是有三个人以上党员一起外出，可成立临时党支部或党小组，定期过组织生活。

六是持临时组织关系的党员，同所到单位的党员一样，参加那里的组织生活，但无表决权、选举权和被选举权；所到单位建立临时性党组织的，他们在这些临时党组织内有表决权、选举权和被选举权。党员短期外出（六个月以内）或长期外出，但暂时无法转移组织关系，要领取流动党员活动证。党支部对持有流动党员活动证的党员，验证后应及时接收并将其编入党组织，同时上报上级党组织备案。要安排他们参加党的组织生活和其他党内活动，收缴他们的党费，并分配他们做适当工作，还要认真填写流动党员活动证中的有关内容。

9. 对受处分党员如何进行组织生活管理？

一是受警告、严重警告、撤销党内职务、留党察看等党纪处分和作出缓期登记、暂缓登记、限期改正、延长预备期等组织处理的党员，仍可过组织生活。党员留党察看、缓期登记、暂缓登记期间，仍要参加组织生活，但没有表决权、选举权和被选举权，其他权利和义务都同原来一样。

二是经支部党员大会决定取消预备党员资格的党员，或劝其退党的党员，或开除党籍的党员，一般在上级党组织批准之前，仍可参加组织生活。如其问题性质十分严重，应当停止其组织生活。

三是党员干部在停职反省期间一般应照常参加组织生活。如有的党员干部违法犯罪，错误严重，经上级党组织批准，也可以不让其参加组织生活。

四是党员如触犯法律被劳教，虽没有被开除党籍，但应停止其组织生活。党员被判处三年以下有期徒刑或缓刑、拘役、管制及其他更轻的刑罚，不附加剥夺政治权利的，党组织应根据其犯罪情节和一贯表现，给予开除党籍或其他必要的处分。未开除党籍的，也应停止其组织生活，待刑罚执行期结束后开始过组织生活。

五是党员因经济问题被司法机关宣布立案侦查，但没有被收审、逮捕，仍在单位交待问题，如果司法机关没有采取暂时限制其人身自由的强制性措施，一般不要停止其组织生活。当然，为了使被告人更好地交待问题，也可以暂时停止其组织生活。

六是在民主评议党员中，被要求限期改正的党员，在限期改正期间，党员的权利、义务不受影响，应让他们参加组织生活，以通过严格的组织生活加强对他们的教育帮助，促使他们振奋精神，努力改正缺点和错误，尽快达到党员标准。

10. 怎样安排长期病休的党员过组织生活？

对于因病长期休养的党员，党组织要从政治上、思想上、生活上关心他们，对于他们的组织生活，应视具体情况采取相应的方式：

一是对于那些身体状况较差，参加党的组织生活有困难的党员，党组织不要勉强要求他们参加组织生活，可指定专人负责与他们联系，向他们传达党内文件精神和党内重要活动的情况，听取他们的意见和要求。

二是对于那些身体条件许可，本人坚持要求参加组织生活的同志，可安排他们参加组织生活，但次数不宜太多，时间不要太长。

三是对于休养地点距离单位较远，休养时间较长的党员，党组织可开具党员证明信，把他们介绍给疗养单位或有关地方的党组织，由这些党组织酌情安排他们过组织生活。

第十九讲
党费收缴

党费是党员向党组织交纳的用于党的事业和党的活动的经费。按照党章规定向党组织交纳党费，是共产党员必须具备的起码条件，是党员对党组织应尽的义务。做好党费工作，是党组织的一项经常性任务，也是加强党员教育管理的一项重要内容。我们党一直高度重视党费工作，在不同历史时期都有专门党费收缴管理方面的文件规定，这些规定不断完善发展，形成了我们党特有的党费制度。历经90多年的发展，党费制度依然发挥着凝聚党的力量、规范党的组织、坚定党的信仰的重要作用。

一、党费制度的历史沿革

（一）党费制度的初步探索

1922年，党的二大通过的《中国共产党章程》，是党成立后的第一个党章。二大党章列有《经费》专章，这是我们党关于党费制度的最早规定。二大党章明确规定了党员交纳党费的标准、收支权限和纪律要求。二大党章要求："本党一切经费收支，均由中央执行委员会支配之。"作为一项纪律，二大党章严格规定，党员"欠缴党费三个月"必须开除之。三大、四大、五大党章基本上延续了二大党章关于党费的规定，只是对具体的党费标准作了适当调整。从五大党章开始，交纳党费成为党员的基本义务，并在历次党章中加以强调。

六大党章没有确定党员缴纳党费的标准，但在六大后，1928年11月，中共中央发出《中央通告第18号——合理分配党的经费的几个原则》，明确规定了党费使用的几个基本原则，并附有中央征收党费的标准。1938年，中共中央发出《关于征收党费的通知》，明确规定了不同情况交纳党费的具体要求，并首次规定了党费报告制度，指出："党部应负责将每月党费收齐交地方党部取得收据，并向上级机关报告。"1941年，《中央关于党费的决定》对党员交纳党费标准作出详细规定，重申了党费报告制度，并首次对党费的性质、用途、交纳方法和检查等作出具体规定。

七大党章规定："各地党员及候补党员应缴党费数额，由各省委、边区党委或其他相当的党委规定实行之。"此后，党费的征收标准因地而异。

1949年6月，中央组织部出台《关于缴纳党费办法的暂行规定》，初步统一了党费收缴标准，明确了党费的使用范围，重申了党费报告制度，改变了使用权主要集中在中央的做法，规定"党员所缴党费，暂作为党员教育之补助经费，由县委或相当于县委以上党委处理之"，并对农村党员作出更符合实际的具体规定。

民主革命时期，我们党处在复杂多变的革命战争环境中，党费制度的沿革主要集中在交纳标准上，虽然还处在初创和探索时期，但这一制度不断增加了广大党员为党尽义务的意识和职责。

（二）党费制度的框架形成

中华人民共和国成立后，党费制度经历了一个多次调整的过程，逐步发展、规范。这一时期，根据形势发展和环境变化，逐步形成全国统一的、尊重党员主体地位的党费缴纳标准，规定了党费收缴办法，细化了党费使用范围，完善了监督制度和报告制度，形成了党费制度的基本框架，对党费制度建设具有重大意义。

为改变1949年《关于缴纳党费办法的暂行规定》将党费收支权限下放地方造成的党费使用不当现象，1952年，中央颁布《关于党员缴纳党费的规定》，将党费集中由中央统一使用、拨付，重新明确了党费收缴标准和党费使用办法；提出党员"应按时向其所属支部自动缴纳党费"，"如有自愿多交者不限"，要求"每个支部，应按时检查党费的征收"。

为了对党费的收缴和使用情况进行有效监督，1952年9月，中共中央办公厅和中国人民银行总行签订《代收全国党费合同》，要求各地认真按规定缴纳党费。1955年8月，中央办公厅下发《关于改变全国党费上缴办法的通知》，规定全国各地党的组织征收的党费，改由县以上各级党委按月直接上缴中央办公厅特别会计室。

1956年7月，针对"党费集中于中央用处不大，而且地方党组织，有些必要的党的活动的费用却无法解决"的情况，中央批转了中央组织部《关于党费收支情况和今后党费使用意见的报告》。规定从1956年7月1日起，各地征收的党费停止上缴中央。把党费交由"各省（市）委、自治区党委、西藏工委、中直机关党委、中央国家机关党委和人民解放军总政治部自行分配使用"，并按规定做好报告和备案工作。在此基础上，1956年11月，中共中央公布《关于共产党员缴纳党费的规定》，重新明确了党费缴纳标准，进一步完善了党费报告制度，成为党费制度规范发展的重要标志。

（三）党费制度的发展完善

1980年1月中央组织部下发《关于党费的收缴、使用和管理的意见》，全党开始着手恢复和建立新的党费收缴、使用和管理的相关制度。1985年，中央组织部下发《关于国家机关和事业单位工作人员工资制度改革后党员交纳党费的通知》，对工资制度改革后党员交纳党费的标准进行了明确。为了规范党费管理使用，1989年中央组织部下发《关于改进党费管理和使用办法的通知》，进一步明确了党费使用范围和使用办法，健全和规范了党费管理和报告制度。

1992年中央组织部印发《关于共产党员交纳党费办法的规定》，对党费的收缴、管理、使用审批、报告和检查制度进行了全面细致的规定，成为我们党建立系统化、科学化党费制度的重要标志。

1994年，为适应工资制度改革的需要，中央组织部下发了新的《关于共产党员交纳党费办法的规定》。1998年中央组织部印发《关于中国共产党党费收缴、管理和使用的规定》，从党费收缴、党费管理、党费使用三个方面作出严格规定。

2008年2月，为适应形势发展需要，在1998年规定的基础上，中央组织部印发了《关于中国共产党党费收缴、使用和管理的规定》，共三章三十三条，从收缴、使用、管理三个方面，对党费制度作出全面、明确、细致的规定。确定了在职党员交纳党费的计算基数，调整了档次和比例；对离退休人员、农民、学生党员、领取当地最低生活保障金等低收入党员交纳党费制定了新的标准；对特殊党费作出具体规定。该规定完整科学、系统严谨、规范条理，具有很强的操作性和实践性。

（四）特殊党费制度的形成

"特殊党费"这个词一般出现在建党、入党周年等纪念日，由党员用来表达对党的特殊情意。更多时候，"特殊党费"出现在党员的遗嘱中，作为个人上交的最后一笔党费。在"5·12"汶川特大地震中催生的"特殊党费"现象，给全中国人民带来了深刻思想启迪和巨大精神震撼。

2008年5月13日，即四川汶川发生特大地震的第二天，浙江企业家祁友富便将10万元人民币交到了绍兴县柯岩街道党工委书记办公桌上，这成为了第一笔用于支援灾区的"特殊党费"。五天后，中共中央组织部下发了《关于做好部分党员交纳"特殊党费"用于支援抗震救灾工作的通知》，开启了全国性党员交纳"特殊党费"赈灾的"第一次"。本着"自愿、不定标准、不强行摊派"的原则，有4550多万名党员（包括国家最高领导人）缴纳了"特殊党费"，用以赈灾。

作为党费，"特殊党费"之特殊，在于其用途超出了中组部下发的《关于中国共产党党费收缴、使用和管理的规定》。根据该规定，"党费必须用于党的活动，主要作为党员教育经费的补充"。也就是说，党费只能用在党内。而抗震救灾的"特殊党费"，主要用在了灾区的教育、民生、慰问、党建上，非党员同样是"特殊党费"的受益者。作为捐款，"特殊党费"之特殊，在于其受到的重视程度及其运作模式。从一开始，"特殊党费"就受到了中央的特殊"关怀"，中央领导曾先后作出重要批示，要求认真做好"特殊党费"的使用和监督。另外,"特殊党费"捐款与普通捐款的最大不同,在于其特殊的捐款渠道和管理体系。一个普通公民要支援灾区,可以捐款给红十字会、扶贫基金会、中华慈善总会等公益性社会团体,也可以直接捐给灾区的学校、医院等公益性非营利事业机构。而"特殊党费"是由党员上交到县级以上党委组织部门,然后经由地方党委组织部→中央组织部→民政部→汶川地震灾区的流通渠道到达灾区。

二、交纳党费的标准要求

(一)革命时期的党费标准

在中国共产党屡次修订的章程里,对党费的规定,从来也不会遗漏,且在1949年前,都规定"无故不缴党费三个月,地方执委会必须开除之"。

1922年召开的二大通过的《党章》第二十六条规定:本党经费的收入如左各项:(一)党费。党员月薪在五十元以内者,月缴党费一元;在五十元以外者,月缴党费按月薪十分之一计算;无月薪者及月薪不满二十元之工人,每月缴费二角;失业工人及在狱党员均免缴党费。(二)党内派捐。(三)党外协助。第二十七条规定:本党一切经费收支,均由中央执行委员会支配之。

二大时期全国才有党员195名,且多为清贫的知识分子、职业革命家,他们没有收入或收入很少,上缴的党费自然不足以支撑党的活动。那时,党的经费保障一是来自于"党内派捐",即党内收入较高的同志的主动承担,比如李大钊同志,在建党前,他每个月拿出80元用于北京共产主义小组的活动费用,"在已知的共产主义者中,他是每月拿出资助革命最多的人"。当时他月薪有120元,算很高了,但日子却过得很拮据,让李大钊同志的夫人常常抱怨。后来,北大决定每月把工资交给李夫人,扣除了他一家七口的生活费用之后,才由李大钊自行支配。

二大时期党费的征收标准也显得过高,每月能有50元固定收入的同志几乎没有。所以，在三大修订的党章里，对党费的征收标准作了调整。第二十七条规定：本党经费的收入如左各项：（一）党费。党员月薪在三十元以内者，月缴党费两角；在三十元以上至六十元者缴一元；六十元以上至百元者缴二十分之一；在一百元以外者缴十分之一。失业及在狱党员均免缴党费。（二）党内义务捐。由地方会酌量地方经费及党员经济力定之。（三）党外协助。以后还有修订，但基本都参考三大的标准而来。

（二）新时代现行党费标准

经党中央批准，中央组织部2008年2月4日印发《关于中国共产党党费收缴、使用和管理的规定》。按照机关、事业单位工资制度改革后的工资构成和目前企业工资构成的实际，明确了在职党员交纳党费的计算基数，并根据新形势下党员收入变化情况，将在职党员交纳党费的档次和比例，由过去的五个档次五个比例调整为四个档次四个比例。

一是按月领取工资的党员，每月以工资总额中相对固定的、经常性的工资收入（税后）为计算基数，按规定比例交纳党费。工资总额中相对固定的、经常性的工资收入包括：机关工作人员（不含工人）的职务工资、级别工资、津贴补贴；事业单位工作人员的岗位工资、薪级工资、绩效工资、津贴补贴；机关工人的岗位工资、技术等级（职务）工资、津贴补贴；企业人员工资收入中的固定部分（基本工资、岗位工资）和活的部分（奖金）。党员交纳党费的比例为：每月工资收入（税后）在3000元以下（含3000元）者，交纳月工资收入的0.5%；3000元以上至5000元（含5000元）者，交纳1%；5000元以上至10000元（含10000元）者，交纳1.5%；10000元以上者，交纳2%。实行年薪制人员中的党员，每月以当月实际领取的薪酬收入为计算基数。不按月取得收入的个体经营者等人员中的党员，每月以个人上季度月平均纯收入为计算基数。

二是离退休干部、职工中的党员，每月以实际领取的离退休费总额或养老金总额为计算基数，5000元以下（含5000元）的按0.5%交纳党费，5000元以上的按1%交纳党费。

三是农民党员每月交纳党费0.2~1元。学生党员、下岗失业的党员、依靠抚恤或救济生活的党员、领取当地最低生活保障金的党员，每月交纳党费0.2元。

四是交纳党费确有困难的党员，经党支部研究，报上一级党委批准后，可以少交或免交党费。

五是党员自愿多交党费不限。自愿一次多交纳1000元以上的党费，全部上缴中央。具体办法是：由所在基层党委代收，并提供该党员的简要情况，通过省、自治区、直辖市党委组织部，中央直属机关工委、中央国家机关工委组织部，国务院国资委党委、中央各金融机构党委组织部，铁道部政治部、民航总局党委组织部，解放军总政治部组织部转交中央组织部。中央组织部给本人出具收据。

三、交纳党费的其他事项

1. 交纳党费有什么时间要求

预备党员从支部大会通过其为预备党员之日起交纳党费。

党员应当主动按月交纳党费。遇到特殊情况，经党支部同意，可以每季度交纳一次党费，也可以委托其亲属或者其他党员代为交纳或者补交党费。补交党费的时间一般不得超过六个月。

2. 在哪里交党费

党员一般应当向其正式组织关系所在的党支部交纳党费。持《中国共产党流动党员活动证》的党员，外出期间可以持证向流入地党组织交纳党费。

3. 如不按时交纳党费会如何

对不按照规定交纳党费的党员，其所在党组织应及时对其进行批评教育，限期改正。对无正当理由，连续六个月不交纳党费的党员，按自行脱党处理。支部大会应当决定把这样的党员除名，并报上级党组织批准。

4. 党费如何使用

党费必须用于党的活动，主要作为党员教育经费的补充，其具体使用范围包括：培训党员；订阅或购买用于开展党员教育的报刊、资料、音像制品和设备；表彰先进基层党组织、优秀共产党员和优秀党务工作者；补助生活困难的党员；补助遭受严重自然灾害的党员和修缮因灾受损的基层党员教育设施。

5. 预备党员是否要交纳党费，从何时开始交纳党费

预备党员应履行和正式党员一样的义务。因此，在上级党委批准后，预备党员应从支部大会通过其为预备党员之日起交纳党费。

6. 党员党费是否可以预交或补交

党员交纳党费一般按月交纳。如遇特殊情况，经党支部同意，可以预交或补交党费，但一般不得超过六个月。如果核定的党员党费提高了，应在下次交纳党费时补交相应月份的差额部分。

 党史小故事

周恩来交特殊党费

周恩来同志是伟大的无产阶级革命家，他与邓颖超一生廉洁，生平收入除了工资和从银行所得的利息外，没有其他进账。1935年10月，中央红军到达陕北后，周恩来同志忙于处理各种工作。有一次，警卫员魏国禄不忍打扰他，就替他交了5分钱的党费。不久，周恩来同志找到魏国禄交党费，在得知自己的党费被其交纳后，他说，党费不能让别人代交，军政大事重要，交党费也很重要，这是每个党员的义务，他把5分钱党费交给了魏国禄。周恩来夫妇除了每月按时交纳党费外，两人手中的钱凑到近5000元的时候就会作为党费上交，据他侄子回忆，他们总共交纳了二次"特殊的党费"，最多一次交了7000元，总共交了14000元。周恩来同志去世后，他和邓颖超同志的积蓄合计5709.80元。之后，邓颖超同志又交过3000元党费。邓颖超同志去世后，她嘱托身边人，要将她的所有积蓄11146.95元，其中包括购买的550元国库券，全部用来交党费。周恩来夫妇不仅每月按时交纳党费，而且还交纳了"特殊的党费"。他们的做法，是每一个共产党人学习的榜样。

党史小故事

朱德在逝世前要求将存款交党费

"中国共产党反腐倡廉历程展"展出的文物中,有一张"朱德委员长一九七六年存款清单",展览说明上写道:朱德节衣缩食积攒了1.9万多元,加上银行利息,凑成两万余元,由夫人康克清于1977年1月19日代交最后一笔党费。

故事原委是这样的:朱德省吃俭用20多年,积累下两万元存款,逝世前,他嘱咐夫人康克清,这笔钱不要动用,不要分给孩子,把它交给组织,做他的党费。他说:"子女们应该接革命的班,继承艰苦奋斗的光荣传统,而不是接受金钱和物质享受,给他们钱是害了他们。"

第二十讲
民主评议

民主评议党员就是按照党章规定的党员条件,通过对党员的正面教育、自我教育和党内外群众的评议,以及党组织的考核,对每个党员在各项工作中的表现和作用作出客观的评价,并通过组织措施,达到激励党员、纯洁组织、整顿队伍的目的。

一、民主评议制度的由来

民主评议党员制度来源于基层党组织的创造。早在1984年,当时的上海铁合金厂党委就在厂里定期评议党员,也组织群众民主评议党员,增强党组织战斗力,突出党员的先锋模范作用。

1987年10月后,河北满城县、辽宁锦州市、河南辉县市、山东泰安市等地先后通过民主评议党员活动,处理不合格党员。1988年7月,中组部负责人到辽宁调研党建情况,发现锦州市实施民主评议党员、妥善处置不合格党员的做法值得推广,便及时向党中央作了汇报。同年10月18日至11月9日,中组部负责人在山东、浙江和上海调研换届工作和党建情况后又指出:"民主评议党员,是加强基层党员教育、管理和监督的一种行之有效的形式,也是新时期加强基层党组织建设和增强党员互助、互勉、督促进步的一种好形式,似可推广,逐步形成制度。"1988年11月18日,中组部制定《关于建立民主评议党员制度的意见》,12月15日,党中央予以同意转发并指出"建立民主评议党员制度,是从严治党,提高党员素质的一项重要措施,是通过制度建设加强对党员进行经常性教育、管理和监督的有效方法"。按照中央通知精神,各地在试点基础上逐步推行。民主评议党员制度已成为党内一项经常性制度。

二、民主评议的内容

一般以党支部为单位召开党员大会,按照个人自评、党员互评、民主测评、组织评定的程序,对党员进行评议。党员人数较多的党支部,可以党小组为单位开展个人自评和党员互评。个人自评、党员互评要讲学习、工作、生活等实际表现,用具体事例说话,指出问题和不足。民主测评采取发放测评表的方式,按照"优秀""合格""基本合格""不合格"四种等次,对党员进行投票测评。组织评定要综合民主测评情况和党员日常表现,结合评星定级、积分管理等,给每名党员评定等次并向本人反馈,评为"优秀"的比例一般不超过三分之一。要用好民主评议结果,表扬先进、鞭策后进,对不合格党员按照《关于做好处置不合格党员工作的通知》(中组发〔2014〕21号)规定的办法程序作出组织处置。对失联党员重新取得联系、本人不能正确认识错误的,要严肃批评教育,经教育不改的要作出组织处置。同时,组织党员对党支部班子工作、作风等进行评议,评议结果作为上级党组织考核党支部班子的重要依据。开展民主评议,党员要简便易行,不搞复杂的表格、台账和材料,突出以下内容。

第一,是否具有坚定的共产主义信念,能否坚持四项基本原则,坚持改革开放,把实现现阶段的共同理想同脚踏实地做好本职工作结合起来,全心全意为人民服务。

第二,是否坚决贯彻执行党在社会主义初级阶段的基本路线和各项方针、政策,在政治上同党中央保持一致,为推动生产力的发展和社会主义精神文明建设作出贡献。

第三,是否站在改革的前列,维护改革的大局,正确处理国家、集体、个人利益之间的关系,做到个人利益服从党和人民的利益,局部利益服从整体利益。

第四，是否切实地执行党的决议，严守党纪、政纪、国法，坚决做到令行禁止。

第五，是否密切联系群众，关心群众疾苦，艰苦奋斗，廉洁奉公，在个人利益同党和人民的利益发生矛盾时，自觉地牺牲个人利益。

三、民主评议的步骤

为了深入学习贯彻习近平新时代中国特色社会主义思想，推进"两学一做"学习教育常态化制度化，提升基层党组织组织力，严格党员教育管理监督，按照《中国共产党支部工作条例（试行）》等规定要求，基层党组织组织生活会和开展民主评议党员可按照以下进行。

（一）突出重点组织学习

党支部召开组织生活会和开展民主评议党员前，要采取适当方式组织党员集中学习、相互交流。结合本地本单位实际和职能职责，重点学习领会习近平总书记关于加强党的政治建设，坚决贯彻党中央决策部署，敢于担当负责，狠抓工作落实，突出基层党组织政治功能，提高基层党建工作质量，防止和克服形式主义、官僚主义等重要指示精神，学习掌握《中国共产党纪律处分条例》《中国共产党支部工作条例（试行）》。通过深化学习，准确把握党中央要求，准确把握党章等规定，把党支部职责任务搞清楚，把合格党员标准搞清楚，打牢开好组织生活会和开展民主评议党员的思想基础。对确有特殊原因不能参加集中学习的党员，党支部要采取灵活方式，及时向他们提供学习材料，传达党组织相关要求。

（二）普遍开展谈心谈话

党支部委员之间、党支部委员与党员之间普遍进行一次谈心谈话，谈心谈话要诚恳听取党员对支部工作和班子成员的意见建议，注意了解党员工作生活情况、思想状况和心理状态，肯定成绩、指出不足，沟通思想、交换意见。对流动党员、退役军人党员、家庭生活困难党员、身心健康存在问题的党员，以及受到纪律处分或者组织处置的党员等，党支部委员特别是支部书记要重点谈，表达组织关怀，做好心理疏导，针对思想实际给予帮助和引导。

（三）述职评议查摆问题

党支部根据党员人数等实际情况，以党员大会、党支部委员会会议或者党小组会形式，召开组织生活会，并组织开展民主评议党员。党支部书记代表党支部委员会向党员大会述职，党员对党支部委员会的工作、作风等进行评议。党支部委员会着重从发挥政治引领作用、贯彻落实上级党组织工作部署、定期开展党的组织生活、严格党员日常教育管理监督、联系服务群众、改进工作作风等方面，查摆存在的问题。党员着重从认真学习贯彻习近平新时代中国特色社会主义思想，树牢"四个意识"、坚定"四个自信"、坚决做到"两个维护"和履职践诺、担当作为、真抓实干、遵规守纪等方面，查找差距和不足，并采取个人自评、党员互评的方式开展批评和自我批评。批评和自我批评要联系具体人、具体事，直接点问题、摆表现，不说空话套话，不搞一团和气。党员领导干部参加所在党支部组织生活会。

（四）客观公正作出评定

党支部委员会会议或者党员大会根据民主测评情况，综合党员日常表现，实事求是地对每名党员提出评定意见，不搞好人主义，不搞平衡照顾。评定为"优秀"的党员比例一般不超过三分之一。对党员的评定意见要向本人反馈。对评定为"优秀"的党员要予以表扬褒奖，上级党组织开展党内表彰一般应从中遴选。对评定为"基本合格"的党员，要进行教育帮扶。对评定为"不合格"的党员，要按规定程序作出相应组织处置。对党支部委员会的评议结果，作为基层党委考核党支部的参考依据。

（五）言出必行抓实整改

根据查摆出的问题和党员群众的意见建议，党支部委员会要制定整改措施，党员要作出整改承诺。整改措施和整改承诺要对着问题去，落在具体实事上，实打实、可操作，定一条、做一条、兑现一条，不放空炮，不搞大而全。整改措施要向党员群众公开，向上级党组织报备，接受各方面监督。党支部书记是党支部委员会整改第一责任人，向上级党组织和党员大会述职时，应报告整改措施落实情况。

（六）压实责任加强指导

各地区各部门各单位党委（党组）组织人事部门要根据本通知要求，结合实际确定基层党组织组织生活会主题，并作出具体安排，不能简单转发文件。县级党委组织部门要针对行业领域特点，沉到一线加强指导，深入党员群众了解实际效果。基层党委要派人列席指导所属党支部组织生活会和民主评议党员，切实保证质量。要注意加强对流动人才党支部、离退休干部职工党支部、非公有制企业党支部和社会组织党支部的指导，帮助他们采取简便灵活方式进行。要防止和纠正形式主义，不要求党支部搞工作方案、报表台账、总结报告等材料，不要求党员撰写个人发言材料，上级党组织对基层党组织不搞"痕迹管理"。

> **知识点**
>
> ### 民主评议释疑
>
> 1. 民主评议党员可否与年终总结结合起来？
>
> 民主评议党员一般每年进行一次，可以同年终总结结合起来，还可以与创先争优、党支部书记述职评议考核、党日活动、党支部年度工作总结等组织生活结合起来。
>
> 2. 预备党员怎样参加民主评议？
>
> 预备党员参加民主评议党员活动，但在表彰处理阶段，预备党

员与正式党员有两方面不同：

一是预备党员不宜评为优秀党员。

二是对预备党员不能做劝其退党处理，这里应该根据具体情况，可以进行批评教育，帮助其在预备期内改正错误；有的可以延长预备期；有的可以取消预备党员资格。

3. 哪些党员可不参加民主评议？

一是患有精神疾病或其他疾病导致不能表达本人意志的。

二是自费出国半年以上的。

三是虽未收到留党察看以上党纪处分，但正在服刑的。

四是年老体弱卧床不起和长期生病生活不能自理的。

五是工作调动、下派锻炼或蹲点、外出学习或工作半年以上等，按规定应转正式组织关系而没有转出的。

后 记

作为党内政治生活长期坚持的一项重要制度,"三会一课"对于支部建设有着不可或缺的基础性作用。"三会一课"中的党课也已然发展成为党内政治生活的"传家宝"。在庆祝中国共产党百年华诞的重要时刻,以习近平同志为核心的党中央要求在全党开展党史学习教育,宣示了新时代中国共产党人不忘初心、牢记使命的坚定决心,展现了再接再厉把中国特色社会主义事业推向前进的奋进姿态,为深入推进党的建设新的伟大工程注入了强劲动力。历史是最好的教科书,也是最好的营养剂,为了让党课在党史学习教育中发挥应有的作用,我们组织编写了这本《用党史讲党课》,通过将党史知识深度融入党的思想理论、党的建设、党务实操等方面,帮助基层党组织及广大党员更好地学习党史,切实增强党课的吸引力、提升党课的感染力,让信仰之火熊熊燃烧,让精神谱系绵延不绝。

全书在结构上分成了"党的历史篇""思想理论篇""党的建设篇""党务实操篇"四大板块,共二十讲。孟源北研究员负责了本书的选题、基本思路、框架设计和最后的统稿定稿等工作,并撰写了"思想理论篇"与"党的建设篇"的部分章节;陈迁达博士负责"党的历史篇"部分(1~5章);黄丽华教授负责"思想理论篇"部分(6~10章);张明春同志负责"党的建设篇"部分(11~15章);王超教授负责"党务实操篇"部分(16~20章)。另外,华南师范大学政治与公共管理学院的李嘉琳、卢欣如、张帅、黄俊康、李东泽、李灵衔、周越、陈雯雯、梁泽琪等同学参与了资料收集与部分章节的编写工作。本书的出版得到了广东人民出版社梁茵女士及责任编辑廖志芬、陈泽航、胡萍等同志的全力支持。本书的写作还参阅借鉴了国内大量现有的研究成果。在此一并表示衷心感谢！

由于水平所限，本书的内容还有待不断完善。若有疏漏之处，敬请各位专家和读者不吝指正！